本书是重庆市教育科学"十三五"规划2019年度重点有经费课题"普通高中选课走班制实施路径与策略研究"（课题批准号：2019-03-059）、重庆市教育科学"十四五"规划2022年度重点有经费课题"'双减'背景下学校课程教学体系重构与实践研究"（课题批准号：K22YB103021）的最终研究成果

乡村治理理论与实践

主　编：兰　婷　　吴宜男　　王世友

副主编：刘　娜　　漆海燕　　马　丽

西南交通大学出版社

·成　都·

图书在版编目（CIP）数据

乡村治理理论与实践 / 兰婷，吴宜男，王世友主编. -- 成都：西南交通大学出版社，2024.4（2025.10重印）
ISBN 978-7-5643-9790-6

Ⅰ.①乡… Ⅱ.①兰…②吴…③王… Ⅲ.①乡村－社会管理－研究－中国 Ⅳ.①D638

中国国家版本馆 CIP 数据核字（2024）第 075017 号

Xiangcun Zhili Lilun yu Shijian
乡村治理理论与实践

主　编 / 兰　婷　吴宜男　王世友	责任编辑 / 郭发仔
	封面设计 / 墨创文化

西南交通大学出版社出版发行
（四川省成都市金牛区二环路北一段 111 号西南交通大学创新大厦 21 楼　610031）
营销部电话：028-87600564　　028-87600533
网址：http://www.xnjdcbs.com
印刷：成都蜀通印务有限责任公司

成品尺寸　185 mm×260 mm
印张　15　　字数　382 千
版次　2024 年 4 月第 1 版　　印次　2025 年 10 月第 2 次

书号　ISBN 978-7-5643-9790-6
定价　48.00 元

课件咨询电话：028-81435775
图书如有印装质量问题　本社负责退换
版权所有　盗版必究　举报电话：028-87600562

序 言 Preface

党的十九大做出了乡村振兴的战略部署。乡村治理既是维护乡村社会发展、繁荣和稳定的基础，也体现了地方治理和国家治理的效能水平。党和国家高度重视乡村治理工作，努力夯实乡村振兴的根基，通过《关于实施乡村振兴战略的意见》《乡村振兴战略规划 2018—2022》《关于加强和改进乡村治理的指导意见》等文件完善了乡村治理体系的顶层设计，建立了乡村治理的体制机制，明确了乡村治理的目标和要求，勾画出乡村治理的美好蓝图。

编写组为推动乡村治理人才高质量培养，特编写了《乡村治理理论与实践》，从乡村治理概念、理论基础、历史沿革、总体制度框架、治理机制、治理体系、创新与发展、考核评估体系等方面全方位介绍我国目前乡村治理的理论与实践。本书具有以下特点：第一，以培根铸魂为价值追求，突出内容的思想性；第二，紧扣国家法律、政策组织教材内容，保证内容系统、准确；第三，根据"法律政策为纲，理论原理为辅，实践案例为补充"的原则组织素材，内容难易程度适中；第四，引入最新的乡村治理研究成果和实践经验，提升教材理论性、科学性、时代性；第五，植入大量乡村治理的典型案例，增强教材的生动性、可读性。本书适合作为全国高等院校城乡规划学、社会学等相关本科专业，以及农村发展、城乡规划等相关研究生专业的教学用书，也可作为新时代乡村治理与乡村建设领域管理人员、规划设计人员的参考用书。

本书共十一章，撰稿人包括四川农业大学的颜勇、兰婷、吴宜男、王世友、刘娜、漆海燕、马丽、李军妍、耿鹏飞，浙江工商大学的季长龙，成都大学的宋雨，成都工业学院的赵珂等老师，其中，兰婷、王世友负责统稿，万世花、李红桂参与文稿校对工作。

《乡村治理理论与实践》编写组

2023 年 11 月 29 日

目 录 Contents

第一章 绪 论 ·· 001
 第一节 相关概念 ·· 001
 第二节 乡村治理的现状 ·· 005
 第三节 乡村治理的基本原则 ·· 014

第二章 乡村治理的理论基础 ·· 021
 第一节 乡村治理理论的内涵 ·· 021
 第二节 马克思主义关于乡村发展相关理论 ······································ 023
 第三节 中国共产党历届领导人关于农村工作的重要论述 ··················· 024
 第四节 习近平关于"三农"工作的重要论述 ·································· 027

第三章 乡村治理制度的历史发展 ··· 032
 第一节 古代乡村治理制度 ··· 032
 第二节 近代乡村治理制度 ··· 036
 第三节 新中国成立后的乡村治理制度 ·· 037
 第四节 新时代乡村治理制度 ·· 046

第四章 乡村治理的总体要求与制度框架 ·· 049
 第一节 乡村治理的总体要求 ·· 049
 第二节 乡村治理的党内法规体系 ·· 050
 第三节 乡村治理的法律法规体系 ·· 051
 第四节 乡村治理的政策体系 ·· 059

第五章 乡村治理的机制 ·· 068
 第一节 党委领导机制 ··· 068

第二节　政府负责机制…………………………………………………070

　　第三节　社会协同机制…………………………………………………075

　　第四节　公众参与机制…………………………………………………076

　　第五节　法治保障机制…………………………………………………077

　　第六节　科技支持机制…………………………………………………079

第六章　乡村自治体系概述……………………………………………………086

　　第一节　乡村自治概述…………………………………………………086

　　第二节　村民自治组织…………………………………………………088

　　第三节　农村基层协商民主制度………………………………………092

　　第四节　村级组织工作事务制度………………………………………098

第七章　乡村德治体系…………………………………………………………107

　　第一节　乡村德治概述…………………………………………………107

　　第二节　弘扬社会主义核心价值观……………………………………113

　　第三节　培育文明乡风…………………………………………………119

　　第四节　树立道德模范…………………………………………………126

　　第五节　加强农村文化建设……………………………………………131

第八章　乡村法治体系…………………………………………………………137

　　第一节　乡村法治概述…………………………………………………137

　　第二节　法治乡村建设…………………………………………………138

　　第三节　平安乡村建设…………………………………………………142

　　第四节　乡村矛盾纠纷调处化解………………………………………145

　　第五节　基层小微权力腐败惩治………………………………………147

　　第六节　农村法律服务…………………………………………………149

第九章　乡村治理保障体系……………………………………………………154

　　第一节　乡村治理的组织保障…………………………………………154

　　第二节　乡村治理政策保障……………………………………………162

　　第三节　乡村治理人才保障……………………………………………167

　　第四节　乡村治理的监督保障…………………………………………173

第十章 乡村治理的创新与发展·······179
第一节 治理现代化·······179
第二节 数字治理·······187
第三节 生态治理·······192
第四节 贫困治理·······197

第十一章 乡村治理的评价指标·······208
第一节 乡村治理的指标体系概述·······208
第二节 综合性乡村治理评价指标体系·······213
第三节 乡村特定领域治理评价指标体系·······217

参考文献·······224

第一章
绪　论

内容提要：国家治理体系和治理能力现代化离不开乡村治理的创新与发展，因为乡村治理为国家治理现代化提供了具体的实践场域和经验样本。本章在对"乡村"定义的基础上辨析乡村治理的内涵，介绍乡村治理取得的成效、呈现的特点、存在的问题，阐释乡村治理的原则与现实意义。

学习目标与要求：掌握乡村治理的内涵、特点、原则，了解乡村治理的成效与存在的问题，理解乡村治理的现实意义。

第一节　相关概念

一、乡村的概念

尽管我们对"乡村"一词耳熟能详，但对于乡村概念的理解却因人而异、因时而异。如从地理位置、生活生产角度，乡村可以被描述为一个相对于城市的区域，由村落、农舍、田园构成的一个特定区域，又可以被描述为以传统农业产业为主的生产空间。但从文化形成、制度安排角度，乡村则可以被描述为现代化进程中农耕文明、传统习俗等的载体，或者可以被描述为缓解城乡二元对立、实现国家基层自治、走中国特色社会主义乡村振兴道路的制度安排。乡村的界定总是相对于某一中心事物而言，并不是一成不变的，主要反映一定时期、一定社会背景下人们对于乡村概念的内涵和外延的主观认识。诚如张小林在《乡村概念辨析》一文中所强调的，乡村概念应该是不断变化的，在不同阶段有不同内涵，不能拿过去的乡村定义当代的乡村。[①]

如何准确认识和理解乡村社会，是实施乡村振兴战略、实现农业农村现代化的重要前提之一。反观现实，乡村概念本身也在不断被乡村发展的现实所突破和颠覆。2018年7月，由全国人民代表大会常务委员会牵头启动了《中华人民共和国乡村振兴促进法》的立法程序。2021年4月29日，十三届全国人大常委会第二十八次会议表决通过《中华人民共和国乡村振兴促进法》，这部法律自2021年6月1日起施行。《中华人民共和国乡村振兴促进法》第二条第二款规定："本法所称乡村，是指城市建成区以外具有自然、社会、经济特征和生产、生活、生态、文化等多重功能的地域综合体，包括乡

中华人民共和国乡村振兴促进法

[①] 张小林．乡村概念辨析[J]．地理学报，199(4)：368．

镇和村庄等。"由此可以看出，关于乡村的概念不再是静态的，而具有动态性，即通过乡村发展、经济建设、生产生活等与外界联系，乡村概念的内涵不断更新，其话语建构也越来越多元化。与此同时，法律中关于乡村的概念，也是以城市为中心划分区域，通过认知城乡所呈现的二元体系路径，采取相对方式定义的。

二、国内外关于乡村的理论探讨

（一）国外的理论探讨

国外关于乡村理论探讨主要集中在以下两个重要视角。

1. 社会学视角

国外学者对于乡村的认知源于社会学研究领域。《共同体与社会》一书提出，乡村和城市是"共同体"与"社会"最典型的代表。[1]而作为"共同体"代表的乡村实际上就是建立在血缘、亲缘关系基础上的社会团体，这一团体的同质化与情感共鸣程度相比其他群体更为突出。社会学家涂尔干在此基础上进一步阐述，乡村这种社会团体实际上是一种以同质性为基础非正式地联系在一起的"机械团体"。而作为"有机团体"的城市则更加注重个体之间的差异性，且正是这种差异性的存在，个人的全面、自由发展才有了更为广阔的空间与可能。

城市社会学作为最早的社会学分支学科，关于城市与乡村提出了一个著名论断——"城市是一种生活方式"[2]。在其支撑下，城市与乡村的差异仅体现在城市与乡村的人口密度、建设规模以及由此产生的社会异质性。Sorokin等所构建的"城乡连续体"理论与上述有所差异[3]，其主要表达城市与乡村之间并不存在一个明显的界限，从乡村到城市是一个连续发展的整体，也是"现代化"发展的过程。上述两种理论存在一个共同特点，就是基于城乡概念对立的假设，在城乡二元主义话语体系下建构出城市与乡村的形式逻辑。

2. 政治经济学视角

20世纪80年代早期，政治经济学在西方乡村地理学的研究中逐渐居于主导地位。其试图通过政治经济学分析出乡村的一般性规律，总结出普适性的公式，最终将乡村定义为一种广泛的社会存在形式，使得其抽象化，乡村作为经济和政治过程的产物不再具有独特性。这种形而上学的研究最终导致乡村研究被简化为农业研究，乡村也成为城市的附庸，不再是区别于城市而独立存在的区域，从而失去了存在论上的意义。20世纪90年代，随着后结构主义、后现代主义思潮的兴起，乡村研究范式出现转型。这个时期对于乡村的研究更加关注多样化的乡村空间，更加深入地研究被忽略的乡村中的社会群体，真正将实践作为研究的基础，即乡村并非先验的存在，而是在社会实践中产生的。

---

[1] [德] 斐迪南·滕尼斯. 著. 共同体与社会[M]. 林荣远，译，北京：商务印书馆，1999: 75.
[2] Louis Wirth. Urbanism as a Way of Life[J]. American Journal of Sociology, 1938, 44(1): 1-24.
[3] Sorokin P A, Zimmerman C C. Principles of Rural-urban Sociology. [M]. New York: Henry Holt and Company, 1929.

（二）我国的理论探讨

我国关于乡村概念的理论探讨主要集中于乡村要素流动的时空动态性、乡村空间系统的不整合性和乡村概念自身的相对性三个方面。

1. 动态性

乡村要素的动态性在时间维度和空间维度上均有所体现。时间维度上体现为乡村概念历时发展所产生的差异性，而且随着经济发展、乡村经济社会转型，乡村要素也会发生转变，社会各界对于乡村形象的诉说也将发生变迁。空间维度上则体现为乡村区域与外部世界的关联性和乡村中社会群体的流动性。我国如今并不存在完全孤立的乡村地区，无论是政治领域还是依托于商品、货币的经济领域，或者生态文明建设领域等，都与如今的乡村建设有千丝万缕的联系。我国城市化发展使得乡村劳动力流向城市，而乡村振兴背景下城市人才又流向乡村，人员要素的相互流动使得社会关系发生变化，不能再以固定的模式定义乡村社会。并且，互联网技术的发展也使得乡村空间区域由实体扩展到了虚拟空间。因此，由于人员流动、社会关系变化以及区域空间的非固定性，乡村的特征也就具有多样性和动态性。

2. 不整合性

乡村空间的不整合性所讨论的是当代中国多层次的乡村空间系统。物质空间、社会空间、文化空间在如今比任何时候都更加破碎化，也就是说，以单一空间中不同要素的拼凑已经无法对乡村空间进行系统阐释。在乡村概念多元化的当下，中国乡村空间已经逐渐由过去的"同质同构"转变为"异质异构"了。①

3. 相对性

乡村概念的相对性并非简单地就城乡二元体系谈论乡村具体概念，而应针对乡村本体论研究，而不是将乡村放置在城市的对面。无论是从城乡二元对立还是城乡连续体角度看，乡村的概念都不具备排他性。由乡村本体论研究所衍生出来的乡村性成为政策导向下城乡融合的重要前提，乡村本体论与乡村性的二元辩证关系也成为乡村概念相对性存在的基础。

三、乡村治理的概念

"治理"一词源于西方，最早出自亚里士多德的《政治学》一书，包含控制、指导、操纵之意。其主要用于表示统治阶级为了实现其阶级利益，以公权力为手段管理公共事务，通过公共资源配置支配社会影响，引导和规范社会主体的行为，从而实现维护有利于统治阶级社会秩序的目的。乡村治理的概念最早由徐勇等学者提出，此后引起学术界的广泛关注。它的内涵非常丰富，涵盖治理主体、治理行为、治理目标等。乡村治理，是"治理"这一话语与实践在乡村社会的一种具象体现。从治理主体而言，它更加强调主体的多元化，力求在政党、政府、社会、农村群众之间形成"共治"格局；从治理行为上看，乡村治理强调各类治

---

① 李红波，张小林. 城乡统筹背景的空间发展：村落衰退与重构[J]. 改革，2012(1): 148-153.

理活动应当在互动的基础上进行，注重不同主体之间通过民主协商的形式达到治理目标；从治理目标上看，乡村治理几乎涵盖了农村社会生活的各个方面与重要领域，尤其是社会公共事务领域。值得注意的是，乡村治理的目标在不同发展阶段的具体要求与重点任务是不尽相同的。

党的十八届三中全会首次提出"推进国家治理体系和治理能力现代化"这个重大命题，乡村治理现代化便成为实现国家治理体系和治理能力现代化的重要路径。党的十九大提出"健全自治、法治、德治相结合的乡村治理体系"，这就要求乡村治理要动员广泛的社会力量，尤其要注重发挥广大农村群众的主体作用，采取制度化、规则化、规范化的形式参与农村建设与发展实践，共同促进农业、农村现代化目标的顺利实现。党的十九届四中全会、五中全会都着重阐明了"推动社会治理重心向基层下移，建设社会治理共同体"的重大命题。党的十九届六中全会通过的《中共中央关于党的百年奋斗重大成就和历史经验的决议》再次明确了"建设人人有责、人人尽责、人人享有的社会治理共同体"，强调了提升乡村治理效能的关键在于构建乡村治理共同体，为新时代乡村治理明确了方向。

中共中央关于党的百年奋斗重大成就和历史经验的决议

四、乡村治理的概念阐释

我国乡村治理系统性、规范性的研究起步于 20 世纪 80 年代初，学术界因视角不同而对乡村治理具体内涵的解读也不统一。例如，从"治理"词源角度，认为其就是公权力对于乡村社会化公共事务的管理与规范，从而形成国家所要维护的秩序。学者党国英认为，乡村治理是一种为乡村社会提供公共物品的活动。政府和乡村其他权威机构作为主体，秉持维护乡村社会的基本公正、促进乡村社会的经济增长以及保障乡村社会可持续发展的理念，在乡村资源整合、组织机构调整以及生产方式优化方面发挥重要作用，同时构建起行之有效的乡村治理机制。[①] 有学者认为乡村治理实际上是一种自我管理，并非以公权力强制介入的方式来实现乡村社会有序发展。[②] 其中需要重视的两个方面是地方治理的独立自主性和农村社会发展中所产生的问题何以解决。在这样的背景下，村庄治理就成为乡村治理的核心问题。也有学者从国家治理能力和治理体系现代化的角度考虑，认为乡村治理并非单一事项，其涉及政治、经济、文化、社会、生态等方方面面，是一种国家机器与乡村社会接触过程中所形成的各种关系的综合体。[③] 在此观点下，乡村治理呈现出双重性：一方面是作为实现国家治理能力和治理体系现代化的基础，另一方面则是乡村自治能力的运用、群众自治组织管理公共事务的综合体。

除上述从乡村治理概念本身讨论外，还有学者从乡村治理的学术范畴与政策范畴的差异性进行研究。例如，学者陈明认为乡村治理是合理配置公共资源以构建乡村秩序的过程。政策范畴只瞄准狭义的治理体系问题，而学术范畴则更关注政策背后的反思，治理活动所蕴含

---

① 党国英，卢宪英. 新中国乡村治理研究回顾与评论[J]. 理论探讨，2019(5): 5-14.
② 贺雪峰. 乡村治理研究与村庄治理研究[J]. 地方财政研究，2007(3): 46.
③ 吕德文. 乡村治理 70 年：国家治理现代化的视角[J]. 社会科学文摘，2019(12): 57-58.

的主体间、领域间的关系问题。乡村治理研究要取得深化，必须要跳出狭义的概念范式的局限，沿着合理的政治经济线索逐步深入，特别是从提升乡村社会治理能力和治理体系现代化的角度来展开讨论。①从短期看，乡村治理与政策走向关系十分密切，政策甚至带有决定性。但从长期看，一些乡村治理的演化趋势会影响乡村治理的底层逻辑，政策要有效，也不得不适应这些趋势。

综合学界的观点来看，乡村治理就是在中国共产党的领导下，各级党委、政府、社会团体以及农村群众等各类相关主体，采取制度化、规范化的形式，坚持"自治、法治、德治"相结合的工作思路，聚焦农村经济社会发展、民生改善等重点工作领域，共同致力于实现农业、农村现代化这一目标的理论与实践。

第二节 乡村治理的现状

乡村治理是国家治理体系的重要组成部分，乡村治理现代化也是国家治理现代化的题中之义。乡村社会的有效治理，不仅事关党在农村的执政基础，也关乎农业、农村现代化目标的顺利实现，更关系到广大农村群众的获得感、幸福感、安全感。

我国的乡村治理大致经历了"村社合一""政社合一""乡政村治""三治结合"四个阶段。当前，我国的乡村治理获得了长足发展，成效显著，乡村治理的制度框架和政策体系基本形成，村民自治实践持续深化、自治能力显著提升，农业、农村现代化的步伐稳步向前。在充分肯定乡村治理成效的基础上，也必须充分认识到我国在乡村治理进程中依然还面临着农村基层党组织软弱涣散、农村集体经济相对薄弱、农民参与村庄治理的主动性相对不足等现实难题。

一、乡村治理的成效

（一）组织建设不断强化

习近平总书记强调："农村工作千头万绪，抓好农村基层组织建设是关键。"②党的十八大以来，各级党委认真落实从严管党治党主体责任，坚持抓基层、强基础、固基本，农村基层党组织建设得到长足进步和明显跃升，为农业农村取得历史性成就、发生历史性变革提供了坚强的组织保证。③

我国乡村治理取得的主要进展

---

① 陈明."十四五"乡村治理现代化走向及2035年远景展望[J].治理现代化研究，2022(3)：26-37.
② 中共中央文献研究室编.十八大以来重要文献选编（上）[M].北京：中央文献出版社，2014：684.
③ 推动农村基层党建全面进步整体提升 为农村改革发展稳定提供坚强组织保证——党的十八大以来农村基层党建工作综述[N].人民日报，2021-06-08(1).

（1）政治功能不断强化。通过不断强化农村基层党建引领作用，各地积极推动组织下沉，更加注重基层党组织在农业、农村工作过程中的先锋模范作用，将党对农村工作的政治引领、组织保障功能同农村社会经济发展具体工作相结合，积极主动践行党的群众路线，将服务群众和维护发展群众利益作为工作的出发点与落脚点。

（2）组织引领更加有力。各地农村基层党组织更加自觉地将自身建设同脱贫攻坚、乡村振兴等工作相结合，着力克服"两张皮"问题，以更加积极有为的姿态将党的领导以及党对农村工作的方针政策贯彻落实到实际工作过程中，通过组织优势进一步激发农村社会的发展活力，不断提升乡村治理效能。

（3）自身建设持续加强。在工作开展过程中，农村基层党组织紧紧着眼于组织设置、标准化建设、作风建设、干部队伍培养、责任落实等具体环节，结合自身建设存在的短板与不足，以极大的决心和勇气进行自我完善，以此促进农村基层党组织建设质量不断提升，不断推动组织自身全面进步。

（4）责任保障更加有力。当前党对农村工作高度重视，"各地普遍建立以财政投入为主的稳定的村级组织运转经费保障制度，推动人往基层走、钱往基层投、政策往基层倾斜，党组织凝聚服务群众能力明显增强"①。在此基础上，乡村振兴与乡村治理等各项工作在深入推动实施过程中也有了更为坚强的组织保障和更加清晰明确的责任体系。

（二）发展水平显著提升

近年来，我国农业农村发展取得显著成效，农业现代化建设有序推进，农村居民收入水平不断提升，脱贫攻坚取得全面胜利，乡村振兴与农村改革共同促使农村发展面貌不断改善。

农业现代化建设持续发力。农业科技进步贡献率突破60%，全国农作物耕种收综合机械化率超过70%，主要农作物良种实现全覆盖。②农业机械化正在从主要作物耕种收环节向植保、秸秆处理、烘干等全程延伸，正由种植业加速向畜牧业、渔业、设施农业、农产品初加工业拓展，智能农用航空实验全域大规模应用。③截至2023年9月，全国农民合作社、家庭农场分别超过222万、400万个，农业社会化服务组织超过107万个。④

农民收入水平稳步提升。收入增长事关群众切身利益，也是衡量农村发展成效最为关键的指标。通过对2013到2022年的数据整理不难发现，十年以来，我国农村居民的可支配收入保持稳步增长态势，且增速均高于当年全国居民和城镇居民可支配收入增长速度，城乡居民之间的收入差距也在逐年缩小。就收入结构上而言，工资性收入、经营净收入、财产净收入、转移净收入共同构成了我国农村居民的收入来源。如图1-1所示。

---

① 推动农村基层党建全面进步整体提升 为农村改革发展稳定提供坚强组织保证——党的十八大以来农村基层党建工作综述[N]. 人民日报，2021-06-08(1).
② 国务院新闻办发布会 介绍"十三五"时期农业农村发展主要成就有关情况[EB/OL]. (2020-10-27)[2023-12-28]. http://www.gov.cn/xinwen/2020-10/27/content_5555058.htm.
③ 农业农村部发展规划司. 农业现代化成就辉煌全面小康社会根基夯实[EB/OL]. (2021-05-10)[2023-12-28]. http://www.moa.gov.cn/xw/zxfb/202105/t20210510_6367489.htm.
④ 国新办举行2023年上半年农业农村经济运行情况新闻发布会[EB/OL]. (2023-10-23)[2023-12-28]. http://www.moa.gov.cn/hd/zbft_news/gxbjqsjdgzqk/wzzb_29511/.

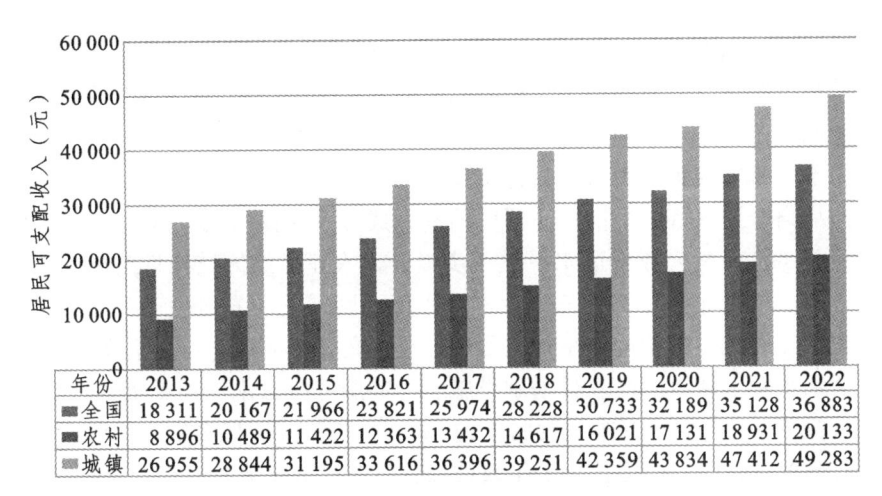

图 1-1　2013—2022 年我国居民人均可支配收入

年份	2013	2014	2015	2016	2017	2018	2019	2020	2021	2022
全国	18 311	20 167	21 966	23 821	25 974	28 228	30 733	32 189	35 128	36 883
农村	8 896	10 489	11 422	12 363	13 432	14 617	16 021	17 131	18 931	20 133
城镇	26 955	28 844	31 195	33 616	36 396	39 251	42 359	43 834	47 412	49 283

注：数据由编者根据国家统计局公布的年度统计公报（详情参见：http://www.stats.gov.cn/sj/tjgb/ndtjgb/）整理所得，以下未特别标明，一律与此相同。

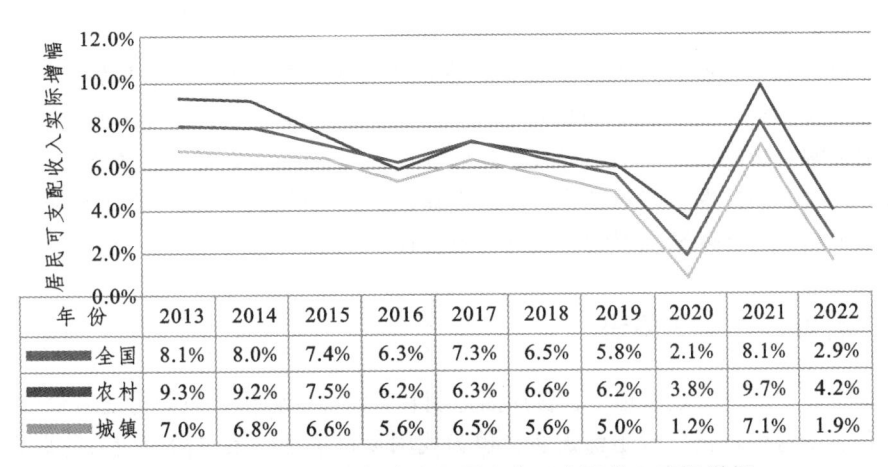

图 1-2　2013—2022 年我国居民人均可支配收入实际增幅

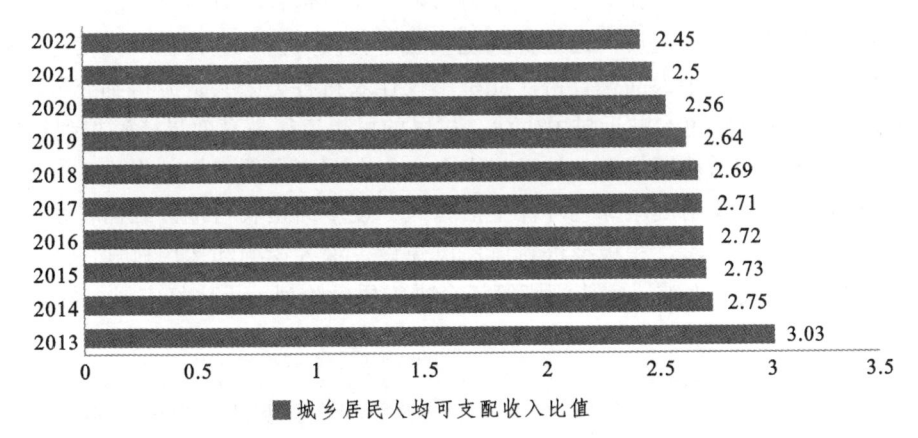

年份	2013	2014	2015	2016	2017	2018	2019	2020	2021	2022
全国	8.1%	8.0%	7.4%	6.3%	7.3%	6.5%	5.8%	2.1%	8.1%	2.9%
农村	9.3%	9.2%	7.5%	6.2%	6.3%	6.6%	6.2%	3.8%	9.7%	4.2%
城镇	7.0%	6.8%	6.6%	5.6%	6.5%	5.6%	5.0%	1.2%	7.1%	1.9%

图 1-3　2013—2022 年我国城乡居民人均可支配收入比值

年份	城乡居民人均可支配收入比值
2022	2.45
2021	2.5
2020	2.56
2019	2.64
2018	2.69
2017	2.71
2016	2.72
2015	2.73
2014	2.75
2013	3.03

脱贫攻坚取得全面胜利。2021年2月25日，习近平总书记在全国脱贫攻坚总结表彰大会上庄严宣告：我国脱贫攻坚战取得了全面胜利！随着9899万农村贫困人口全部脱贫，中国解决了困扰了中国人民几千年的绝对贫困这一历史性难题，"一个都不掉队"成为全面小康的标志性成就，为下一步实现第二个百年目标奠定了坚实的基础。

乡村振兴战略开局良好。当前，我国已顺利完成《乡村振兴战略规划（2018—2022年）》所设定的目标任务。乡村产业发展水平进一步提升，农业供给侧结构性改革深入推进，农业产业链不断延伸，农村第一、二、三产业融合程度不断深化。农村生态环境得到持续改善提升，"自治、法治、德治"的善治体系加快形成，现代文明生活理念与生活观念逐渐深入人心，农村群众生活水平跃上新台阶，农村基础设施、公共服务综合水平不断提高。

农村改革持续深化。农村基本经营制度进一步巩固完善，2亿多农户领到土地承包经营权证。第二轮土地承包到期后再延长三十年政策出台，农村承包地所有权、承包权、经营权"三权分置"取得重大进展，新一轮农村宅基地改革试点启动实施。农村集体资产清产核资基本完成，6亿多人集体成员身份得到确认。农业支持保护制度逐步健全，以绿色生态为导向的农业补贴制度初步建立，调整完善土地出让收入使用范围优先支持乡村振兴政策出台，农村改革"四梁八柱"基本构建。①

农村生态文明成就显著。随着《农村人居环境整治三年行动方案》等系列政策的出台与有效落实，过去长期困扰农村地区发展和威胁农村群众健康安全的生活垃圾、污水、农业面源污染等问题逐渐得到有效防范与化解。化肥农药持续减量增效，农业废弃物利用水平稳步提升，耕地资源保护利用水平不断提升，高标准农田面积达到9亿亩，黑土地保护工程深入实施，农业生物多样性保护成效显著，种质资源保护深入推进，长江"十年禁渔"稳步实施，草地贪夜蛾等重大危害外来入侵物种得到有效防控。②

（三）治理方式与时俱进

在我国的乡村治理实践过程中，各地因地制宜，积极探索出一系列行之有效的方式方法。此举不仅有益于村民自治实践走深走实，也为我国乡村治理体系与治理能力的提升提供了广阔的实践场域。

在实践过程中，一些地方充分发挥广播村村响、党员远程教育网络、农民夜校等阵地作用，面向基层开展理论政策宣讲。通过群众院坝会、村民大会、宣传栏、微信等方式广泛开展社会公德、家庭美德、个人品德宣讲。此举不仅让农村各类公共资源得到充分利用，而且由于这些方式极具地方特色，贴近村民生活，村民的思想道德教育效果能够得到较好保障。

也有地方积极利用道德评议会、村民议事会、红白理事会等组织的作用，开展移风易俗与乡风文明教育，倡导文明健康绿色环保生活方式，逐步纠正农村地区红白喜事铺张浪费、封建迷信、薄养厚葬等陋习。积极推进村风民风建设，深入挖掘和运用村规民约、家风家训资源，在农村书屋、文化大院、宗族祠堂等场合进行展示陈列，推广好家风、好家训。

---

① 国务院新闻办发布会介绍"十三五"时期农业农村发展主要成就有关情况[EB/OL]. (2020-10-27)[2023-12-28]. http://www.gov.cn/xinwen/2020-10/27/content_5555058.htm.
② 新华社. 我国农业生态环境建设取得显著成效[EB/OL]. (2022-10-01)[2023-12-28]. http://www.gov.cn/xinwen/2022-10/01/content_5715540.htm.

二、乡村治理的特点

习近平总书记指出，农业、农村、农民问题是关系国计民生的根本性问题，必须始终把解决好"三农"问题作为全党工作中的重中之重。[①]2021年6月1日，我国第一部以"乡村振兴"命名的法律——《中华人民共和国乡村振兴促进法》开始施行。该法为乡村振兴提供了最为重要的法律制度保障，也对我国当前及今后相当长时期内的乡村治理工作从组织保障、治理格局、目标任务、帮扶措施、监督检查等方面作出了具体要求与明确规定。认真学习、理解该法，有利于梳理我国乡村社会的治理特点。

（一）以党建为引领，国家治理与基层自治相结合

乡村治理处于国家治理体系的末端，是国家治理不可或缺的一环，是国家治理的根基，关系着乡村振兴与发展。国家治理只有与基层自治相结合，方能完成社会政治经济文化全面发展、国家长治久安的重任。

中国共产党的领导是中国特色社会主义最本质的特征。[②]通过全面强化党建引领乡村振兴是乡村治理的基本出发点，是国家治理乡村的重要抓手，坚持党的领导为新时代推进乡村治理现代化提供了根本组织保障。党的十八大以来，党的领导全面加强，全面从严治党取得显著成效，农村基层党组织软弱涣散的状况有了改善。中央要求"在有条件的地方积极推行村党组织书记通过法定程序担任村民委员会主任，因地制宜、不搞'一刀切'"[③]。此举在于进一步强化农村基层党组织在乡村治理的决策和执行过程中的领导作用。党建引领是政治领导和方向指引作用，目的在于保障群众自治制度真正得以有效运转，而非具体直接干预基层群众自治，更不是削弱村民自治组织的自治功能。作为乡村振兴和乡村治理的领导核心，农村基层党组织如何将党的领导融于基层自治，妥善处理"两委"关系，是国家治理在乡村取得良好效果的关键。因此，必须高度重视其领导方式的科学化、民主化、法治化。

基层是社会治理的基础和重心。乡村治理是国家政权向基层延伸的需要，是国家权力在基层治理中的重要体现，必须确保国家整合和乡村社会自治两种功能的双向互动。"国家治理自主性是乡村治理转型的第一推动力，其通过政策、规则及治理要求的不断输入来确保乡村治理体系和能力适应且引领乡村治理的方向。"[④]习近平总书记视察山西时强调，要"推动社会治理重心向基层下移"。李克强同志在介绍2019年政府工作任务时特别强调，要加强和创新社会治理，推动社会治理重心向基层下移，推广促进社会和谐的"枫桥经验"，构建城乡社区治理新格局。当前社会治理的薄弱环节在乡村，长期以来，乡村治理滞后于乡村发

《关于加强基层治理体系和治理能力现代化建设的意见》

---
① 《党的十九大报告辅导读本》编写组. 党的十九大报告辅导读本[M]. 北京：人民出版社，2017: 31.
② 新华社. 习近平在庆祝全国人民代表大会成立60周年大会上的讲话[EB/OL]. (2014-09-05)[2023-12-28]. http://www.gov.cn/xinwen/2014-09/05/content_2746242.htm.
③ 新华社. 中共中央 国务院关于全面推进乡村振兴加快农业农村现代化的意见[EB/OL]. (2021-02-21)[2023-12-28]. http://www.gov.cn/gongbao/content/2021/content_5591401.htm.
④ 韩鹏云. 乡村治理转型的实践逻辑与反思[J]. 中国社会科学文摘，2021(2): 157.

展，如何推进乡村治理现代化是一项重大的时代命题。

村民自治是乡村治理的基础。《村民委员会组织法》明确规定，村民委员会是村民自我管理、自我教育、自我服务的基层群众性自治组织，实行民主选举、民主决策、民主管理、民主监督。有学者将其概括为："以村民自治制度为重要组成部分的基层群众自治制度是我国的一项基本政治制度。所谓'基本'，既意味着其在整个国家政治制度中地位和作用的'基本'，又意味着其本身框架和结构的'基本'。坚持基层群众自治、村民自治的基本制度框架，是使其进一步完善和健全的基础。"[1]如何在国家治理和基层自治的总体格局中加强并改善党对农业、农村工作的领导，仍然是乡村治理现代化进程中的一个重点关注领域。

（二）以人民为中心，多元主体协同共治

构建共建共治共享的社会治理格局，推动治理重心向基层下移，"发挥社会组织作用，实现政府治理和社会调节、居民自治良性互动"[2]是现代治理的题中之义。2021年，中央明确要求"力争用5年左右时间，建立起党组织统一领导、政府依法履责、各类组织积极协同、群众广泛参与，自治、法治、德治相结合的基层治理体系"[3]。学界对于乡村治理主体多元化的趋势已经达成共识，实践亦证明唯有多元化主体协同共治，方能有效解决乡村振兴面临的全部问题；将各种力量充分动员起来，构建协同共治体制机制，才能为乡村振兴提供组织和制度保证。

人民至上是协同共治的中心。乡村治理中需突出人民的主体地位，明确其在多元协同治理体系中的重要作用。村民自治是农民参与乡村治理的基本途径和主要方式，应在党的领导下，通过政府的合理引导和扶持，充分发挥人民群众的自我管理、自我教育、自我服务能力。乡村治理现代化，农村群众是最为重要的参与者、最为直接的受益者，也是治理成效最具话语权的评价者。"坚持农民的主体地位，实现广大农民当家作主，不仅是乡村治理现代化的本质和核心，也是乡村治理现代化的出发点和落脚点，是由中国共产党以人民为中心与实现人民群众当家作主的根本政治立场决定的。"[4]

治理主体多元化是协同共治的前提。乡村治理主体主要包括农村基层党组织、乡镇政府、乡村社会组织、乡村经济组织、个体农民。治理主体在身份属性、权力（利）内涵、利益追求及管理方式等方面不尽一致，甚至可能出现矛盾冲突。若无统一高效的协同机制，治理主体间只是简单的外部机械组合而非共同机制内部的有机聚合，则将消解各治理主体在乡村治理中的作用，无法形成乡村振兴的合力。为此，党的十九届四中全会提出了"建设人人有责、人人尽责、人人享有的社会治理共同体"的治理目标，明确了各治理主体的地位与作用，设定权责，推动了治理共同体的有效建构，促进了治理主体间的良性互动，融合统一的治理规则，形成乡村振兴合力。

---

[1] 唐鸣. 从试点看以村民小组或自然村为基本单元的村民自治——对国家层面24个试点单位调研的报告[J]. 中国农村观察，2020(1): 15.
[2]《党的十九大报告辅导读本》编写组. 党的十九大报告辅导读本[M]. 北京：人民出版社，2017: 48.
[3] 新华社. 中共中央 国务院关于加强基层治理体系和治理能力现代化建设的意见[EB/OL]. (2021-07-11)[2023-12-28]. http://www.gov.cn/zhengce/2021/07/11/content_5624201.htm.
[4] 陈文胜. 农民主体地位与乡村治理现代化[J]. 中国社会科学文摘，2020(5): 138.

（三）以村规民约为载体，融合"三治"助推乡村振兴

乡村治理必须立足"三农"实际，因地制宜推进涉农工作与事务，乡土性与规范性相结合是乡村治理的规范前提。

村规民约是村民内部通过正式程序制定的，利于村民、村庄发展的行为规范或社会契约，对于村庄的和谐稳定、移风易俗乃至村民的现代精神塑造，发挥了举足轻重的作用，是村民自治的章程。村规民约的制定与实施体现了村民自治意识，内容涵盖道德、民俗等基本行为规范，融合了法治、自治、德治的"三治合一"的乡村治理现代化需求，体现了国家对乡村基层社会的治理原则。

作为基层自治的载体，村规民约与国家法律没有必然的冲突，在合法的前提下，应肯定并保障其对于乡村治理的价值。这意味着村规民约的制定，应尊重村规民约的自治意愿。在乡村治理现代化的背景下，村规民约有效适用需直面诸多挑战，要制定技术要求，还应确保内容合法。

村规民约的实施更多依赖于村民间的习惯性信任，这种不约而同的行为选择赋予村规民约一定的强制性。在基层治理中，约定俗成的习惯在潜意识中成为人们的行为准则。对习惯的遵循，并非对国家法律的否定，只是因为它的亲民性使之在基层治理中更具效果。必须承认的是，习惯良莠并存，乡村治理现代化需要的是与时俱进的良法，因而需对村规民约予以指导，确保德治、善治。

促进村规民约在国家法律框架内的自我完善，实现村规民约与国家法律的协调，发挥其对"自治、德治、法治"的统合功能。这不仅确保了乡村治理的自治性，而且确保了国家对乡村治理的有效性，对于实现乡村治理体系现代化具有支撑作用。村规民约能够为乡村治理提供保障，助力乡村治理能力的现代化，降低乡村治理的成本，推动乡村治理现代化的进程。

山东荣成市的"信用+"乡村治理

（四）以开放为趋势，创新提高乡村治理效能

随着乡村现代化进程的加速，现代化的力量正逐步打破自给自足、相对封闭独立的传统乡村生存发展环境。

开放已成为乡村治理不可逆之趋势。城市和乡村相互渗透，土地、农民等乡村发展核心要素从不流动到流动，资源、技术、人的各种要素逐步融合。村民或因外出务工，或因学习等开阔了视野、转变了思维，对新生事物充满好奇并将新想法付诸实施，试图对传统的习惯进行革新，也希望有更多的发言机会。外来资源、力量也在乡村寻找机会，对乡村的环境治理、土地流转、经济发展等方面提出新的要求。传统的乡村熟人社会正经历着变革，封闭的朋友圈越来越开放，人与人之间的信任也在经受考验。城乡统一的户口登记制度、逐步放开的落户限制，降低了农民流动的门槛和成本，弱化了城市和乡村的区分。农业税的取消、基本医疗保险制度和基本养老保险制度在城乡间的并轨，体现了城乡在治理权利上的公平和治理内容上的趋同。行政手段和市场要素的介入，推动乡村功能扩展，带动土地流转、土地整理及其功能变化。人口外流、"空心村"等现象使乡村治理面临越来越多的挑战，习惯被打破，

规则需要重组。

日趋同步的政治、经济、文化等方面的城乡改革，促使乡村治理在思维、手段、技术等方面创新以提高治理效能。通过网格化来实现精细管理，通过信息化手段创新基层治理的方式，通过大数据推进乡村治理数字化，已经成为乡村治理的创新模式，提升了乡村治理的能力和水平。比如，浙江桐乡市"乌镇管家"、湖南津市市的"三个存折"、山东荣成市的"信用+"乡村治理等。

三、当前乡村治理面临的主要问题

当前我国乡村治理体系正在不断趋于完善，治理能力也有显著提升，但也要清醒地看到，新形势下乡村治理仍然面临诸多问题和不足。这些问题的存在，有发展基础与发展条件的制约，但乡村治理主体在观念、行为、能力等方面的欠缺与不足同样也是这些问题长期存在的影响因素。

（一）党建引领作用发挥不充分

村党组织带头人素质能力不适应乡村治理新要求的现象还较为突出，一些村党支部书记习惯靠经验、"面子"办事，市场思维、规则意识、法纪意识较为淡薄，在带动村民发展方面缺乏行之有效的思路与举措，甚至心存"等、靠、要"思想，开展工作心存畏难情绪，不敢碰硬、不愿较真，面对群众缺乏向心力。部分村党组织存在自身管理松散、组织生活不规范等问题，主要表现在"三会一课"制度落实不到位、党员发展工作有待规范方面。一些基层党组织制度建设有待完善，各项制度之间联系不紧密，存在"头痛医头、脚痛医脚"现象，有的制度停留于挂在墙上或写在文件里。[①]

（二）部分主体治理能力相对不足

在我国中西部地区广大农村，人口外流，尤其是青壮年人口的流出，是一个较为普遍的社会现象。从现实角度看，农村青壮人口基于生计进行流动无可厚非，但留守人口在参与乡村治理的实践中也面临着意愿不强、能力不足、精力有限等约束性因素。参与乡村治理"无利可图"，农村留不住人，参与的积极性和主动性也就无从谈起。在人口净流出的背景下，不少村庄在治理实践中，主要依靠村庄内部留守人口，受自身能力或眼界阅历等主客观因素限制，这些治理主体更多地只能扮演"兜底"角色，即确保村内基本公共事务得以正常开展，但对于如何带动村庄发展，则缺乏足够的进取精神和行动能力。

（三）权责不匹配困扰乡村治理主体

乡镇政府权少责多，规划审批权、建设许可权等都在县级政府，遇到侵占基本农田、乱建、乱排等违法行为，乡镇必须督促整改却又无权执法。[②]村民委员会是实现村民自我管理和

[①] 刘卫东. 加强农村基层党组织建设的四大对策[N]. 农民日报，2021-09-11(003).
[②] 陈东辉. 乡村治理面临的现实问题及破解对策[N]. 农民日报，2022-01-22(005).

自我服务的自治组织，与乡镇政府并不存在行政隶属关系，但在实践过程中，乡镇政府通过财权、人员、事务等制度化手段，加强了对村级组织的行政管理和控制，压缩了村级自治组织的发育空间，日益呈现出行政化色彩浓厚的倾向。①"因国家密集的资源投入，村级组织承接了过密的基础设施建设和公共服务供给事项，而忽视了乡村社会的组织动员，导致村级治理行政化。"②上述情形表明，在乡村治理进程中，作为基层组织的乡镇与村庄，扮演着政策执行者的角色，繁重复杂的政策执行工作占用了他们绝大部分精力，使得他们在乡村治理过程中的主观能动性可能难以充分发挥和显现。

（四）乡村文化建设总体较为薄弱

乡土文化中的传统美德没有得到有效传承，攀比炫富、铺张浪费等陈规陋习根深蒂固，短期内难以完全得到克服和解决。一些农村地区，文化设施多处于闲置状态，没有发挥应有的作用。导致这一问题的主要原因有：一是缺乏专人管理，大多数行政村没有文化专干或文化辅导员。二是组织开展的农村文化活动流于形式、效果不明显。此外，供农民群众消费的文化项目较为单一且定位不准，缺乏吸引力。就农村图书室而言，农民群众"读什么""怎么读"和"怎么用"的问题没有得到足够重视。

（五）乡村发展的基础支撑有待加强

农村集体经济有一定的发展，但是集体经济薄弱仍然是较为普遍的现象，多数行政村集体经济规模较小，财力支撑不足，存在无钱办事的问题。一些地方存在综合服务水平较低、服务内容和服务供给方式单一等问题。基础设施建设虽有较大改善，但也难以完全适应当前农村发展需要，乡村公路建设与农民群众的热切期盼还有差距，一些偏远山区通达不深、通而不连。农村垃圾治理手段落后，污水管网和污水处理站亟待建设。

（六）农村社会治安问题不容忽视

当前农村地区社会治安形势总体平稳可控，但一些影响社会和谐稳定的因素和治安问题依然时有发生，对农村地区的治安稳定和人民群众安全构成一定威胁。这类问题主要呈现出以下特征：一是矛盾纠纷向多元化发展。土地纠纷、经济纠纷、征地拆迁、安置补偿等矛盾日益突出，化解难度大。因矛盾纷争引发的打架斗殴、故意伤害等恶性伤害案件时有发生，涉事群体往往因亲缘、宗族和地域关系，动辄以封门堵路、群体上访等方式向政府施压，严重影响社会稳定和经济发展。二是各类案件持续多发频发。电信网络诈骗、"盗抢骗"问题不断向农村地区发展蔓延，并且呈现出作案方法手段翻新、跨地区作案等特征。吸毒贩毒、赌博、封建迷信、打架等现象在农村屡禁不止。个别偏僻农村还存在非法宗教组织活动，影响平安乡村建设。三是治安防控基础相对薄弱。随着农村大量青壮年外出务工，农村的留守群

---

① 袁忠，刘雯雯. 我国乡村多元治理格局的困境及其破解——基于"三治合一"乡村治理体系的思考[J]. 广东行政学院学报，2019(6): 19.
② 韩玉祥，石伟. 村组共治：乡村治理有效的路径选择[J]. 理论月刊，2022(12): 44.

体由于自我保护能力较差、防范意识不够，极易受到不法分子侵害。[1]农村主要路段、易发案区域、村组出入口未形成视频监控全覆盖，视频防控作用发挥不尽如人意，治安防范和日常巡逻工作机制不健全，巡逻存在盲区，防控工作因人力、经费等制约难以长期坚持。

第三节 乡村治理的基本原则

一、坚持党的领导

中国共产党领导是中国特色社会主义最本质的特征，是中国特色社会主义制度的最大优势。中国共产党作为中国特色社会主义的领导核心，是推进国家治理现代化的领导核心。乡村治理作为国家治理的重要组成部分，必须坚持党的全面领导不动摇，把党的领导贯穿于乡村治理的各个领域和全部过程。坚持党对乡村治理的领导，是乡村治理取得成功的根本保证。

中华人民共和国成立70年来的历程充分证明，党的领导是农业农村工作的核心力量，也是重要法宝，我国乡村治理变革始终是在党的领导下进行的。党的十九届四中全会通过的《中共中央关于坚持和完善中国特色社会主义制度推进国家治理体系和治理能力现代化若干重大问题的决定》要求，健全党的全面领导制度，完善党领导基层群众自治组织等制度，完善党领导各项事业的具体制度，确保党在各种组织中发挥领导作用[2]。2018年12月28日开始施行的《中国共产党农村基层组织工作条例》，在第六章"乡村治理"中进一步细化和明确了村党组织在乡村治理中的领导地位和作用。

党对乡村治理的领导主要体现在政治、思想和组织方面，具体包括以下内容。

（一）党对乡村治理的顶层设计

乡村治理是一个复杂的系统工程，构建乡村治理格局，避免"碎片化"改革，就必须加强乡村治理的顶层设计，对乡村治理体系全局及推进进程进行统筹安排。党作为推进国家治理现代化的领导核心，在乡村治理中担负着总揽全局、协调各方的重任，党通过有效的顶层设计和制度安排，真正把党的理论优势、政治优势、制度优势、密切联系群众优势转化为社会治理的强大效能，为乡村治理有效和全面振兴提供坚强有力的政治保障。党对乡村治理的顶层设计包括治理目标的规划、治理内容的设计、治理进程的把控。

吉林省长春市双阳区"1+3+X"加强基层党组织建设，提升乡村治理能力

（二）基层党组织的战斗堡垒作用

党的基层组织是党在社会基层组织中的战斗堡垒，是党的全部工作和战斗力的基础。坚持党对乡村治理的领导，需要充

---

[1] 北川县公安局. 浅议农村社会治安工作的建议和对策[EB/OL]. (2021-06-28). http://www.beichuan.gov.cn/ywdt/bmdt/26666451.html.
[2] 中共中央关于坚持和完善中国特色社会主义制度 推进国家治理体系和治理能力现代化若干重大问题的决定[Z/OL]. (2019-10-31)[2023-12-22]. http://cpc.people.com.cn/n1/2019/1106/c64094-31439558.html.

分发挥基层党组织的战斗堡垒作用,强化各级党委在乡村治理中的主体责任,加强思想、组织、作风、纪律、制度建设,不断增强党支部的创造力、凝聚力和战斗力。在基层党组织带动下开展农村基层群众自治实践,保证了基层群众自治有活力、有秩序。农村基层党组织既是乡村治理体系的领导力量,也是推进乡村治理体系建设的领导力量。[1]

(三)农村基层党建保障乡村治理

乡村治理是我们党和国家在中国特色社会主义新时代提出的新任务,是一项改革创新的新事业,我们党作为中国特色社会主义事业的坚强领导核心,通过不断加强自身建设,不断自我革命、自我发展,以党的建设新的伟大工程推动乡村治理事业发展的新局面。农村基层党组织作为党在乡村治理中的战斗堡垒,应不断增强党组织的思想引领力、群众组织力和社会号召力,积极探索基层党组织政治引领、组织引领、机制引领的途径和载体。农村基层党组织建设应选好配强村"两委"班子,注重从基层群众、新乡贤、新阶层中发展和培养党员,培养造就一支懂农业、爱农村、爱农民的"三农"工作队伍,以基层党建引领乡村治理创新。[2]

二、坚持自治、法治、德治相结合

2017年,党的十九大报告明确提出健全自治、法治和德治相结合的乡村治理体系。2018年中央一号文件《中共中央、国务院关于实施乡村振兴战略的意见》进一步指出,建立健全党委领导、政府负责、社会协同、公众参与、法治保障的现代乡村社会治理体制,坚持自治、法治、德治相结合,确保乡村社会充满活力、和谐有序。[3]

中共中央、国务院关于实施乡村振兴战略的意见

党建引领"三治融合"乡村治理体系,"自治、法治、德治"既相互衔接,又相互补充,共同实现乡村有效治理。自治强调村民参与乡村自治的自主性,凸显村民在治理中的主体作用,激发治理活力;法治以国家强制力为后盾,保障治理在法治框架内进行,维护公平正义的治理秩序;德治通过道德力量纠正失德行为,增强基层社会治理的正能量。[4]

(一)自治是乡村治理的组织基础

自治是人民群众在基层党组织的领导下,依托自治组织进行自我管理和自我服务的基层群众自治制度。村民自治赋予村民参与乡村事务管理的权利,是人民当家作主的体现,是社会主义基层民主的有效实现形式。村民自我管理、自我服务,保证治理决策的本土化,更有

---

[1] 仝志辉.中国乡村治理体系构建研究[M].武汉:华中科技大学出版社,2021:136-137.
[2] 刘刚.乡村治理现代化理论与实践[M].北京:经济管理出版社,2020:57-60.
[3] 中共中央 国务院关于实施乡村振兴战略的意见[Z/OL](2018-01-02)[2023-12-22]. http://www.gov.cn/zhengce/2018-02/04/content_5263807.htm.
[4] 仝志辉.中国乡村治理体系构建研究[M].武汉:华中科技大学出版社,2021:143.

利于资源的可持续化开发利用。同时，随着决策过程的公开化、透明化，村民监督乡村事务更加方便，有助于提升乡村治理的实效，而自治过程中村民合作关系的加强，也有助于社区凝聚力的提升。

在"三治结合"的乡村治理体系中，自治为法治和德治奠定了组织基础。在依法治国的背景之下，村民自治组织在法律规范内实施自治管理，村民共同制定的村规民约，是法律之治在自治中的延续；村民自治组织通过宣传社会主义核心价值观、评选嘉奖道德模范、强化道德对村民的引导作用，是德治的实际推动者。

（二）法治是乡村治理的外在保障

法治的目的在于依据一定的法规体系协调和处理各种社会利益关系，从而保障社会的有序运行。乡村治理的顺利开展，离不开法治保驾护航，法治是乡村治理的外在保障：第一，乡村治理相关法律法规为乡村治理行为提供规范指引。法具有指引、评价、教育、预测、强制、告知六大规范作用，法律是国家意志规范化的表现形式，乡村治理的法律法规体系可以连续、稳定、高效地引导乡村治理行为，是建立乡村治理秩序必不可少的条件和手段。第二，行政执法是实现乡村治理秩序的重要途径。行政机关通过在乡村进行土地管理、农业管理、生态环境、公共卫生、道路交通等监督管理活动，确保乡村各领域的行为在现行法律法规的框架内进行，直接规范乡村治理秩序。第三，公正司法是乡村治理的最后一道保障。法律的作用在于定分止争，司法机关依法裁决各种乡村矛盾纠纷，通过国家强制力坚定维护村民的合法权益，确保治理取得实效。

（三）德治是乡村治理的内在支撑

德治主要是发挥道德规范的协调作用，处理社会关系。乡村治理中通过开展道德教育、组织道德评价、树立道德典范等方式，提升村民的道德素养，鼓励村民以高道德标准行事，为乡村治理提供价值支撑。

法安天下，德润人心。[1]法律与道德是维护社会秩序的两种重要手段，两者在功能上互补，相辅相成。法律将道德中最低限度的义务法律化，使之取得全社会遵守的法律强制力。道德既保障人们遵守法律的自觉性，又在法律规范缺位时起到补充作用。因此，在乡村治理过程中，可以把德治和法治结合起来，使两者相互弥补、相得益彰，充分发挥德治和法治的作用，共同促进乡村社会的有序运转。[2]

三、坚持推进多元共治

多元共治包括治理主体的多元化和治理方式的多元化。

---

[1] 习近平. 坚持依法治国和以德治国相结合 推进国家治理体系和治理能力现代化[Z/OL](2016-12-09) [2023-12-22]. http://cpc.people.com.cn/n1/2016/1211/c64094-28940092.html.
[2] 安娜. 改革开放以来中国共产党乡村治理的理论与实践[M]. 北京：当代中国出版社，2019：184-185.

（一）治理主体的多元化

乡村治理主体是指参与推动乡村治理的各种组织和个体，主要包括农村基层党组织、乡镇政府、乡村社会组织、乡村经济组织、农民个体。

农村基层党组织是党在农村的基层组织单位，在乡村治理中发挥着重要作用，主要包括两个层级：乡镇党委、村党支部。另外，在一些乡办企业中也设置有党支部、党小组等基层党组织。

乡镇政府是农村各项事业的主要组织者和执行者，承担着管理乡村政治、经济、文化和社会事务等多项职能。

乡村社会组织是指产生自乡村社会的、独立于政府的非营利组织，主要致力于提供公益服务以实现特定的社会目标。乡村社会组织类型多，有村务管理组织、志愿者组织、各种协会、文化团体等。其中，村务管理组织是广泛存在于乡村的社会组织，主要包括村民委员会、村民小组、村民会议和村民代表会议这类基层群众性自治组织。

乡村经济组织是指乡村中按照一定方式组织生产要素进行生产、经营活动的单位。乡村经济组织主要包括农户、农村集体经济组织、农民专业合作经济组织、农业企业等。

个体农民是村级权力的最终拥有者，随着农村自治制度的建立，村民的权利得到保障，权利意识显著增强，参与村务管理能力明显提高。[①]

多元主体共治是在坚持发挥基层党组织的领导核心作用、基层政权的主导作用的同时，在协调乡村多主体利益的基础上，调动多元主体参与党和国家乡村治理伟大实践的积极性，整合国家、社会组织、经济组织及农民个体的力量共同富有效率地执行乡村治理的公共政策，推动乡村的进步发展。

（二）治理方式的多元化

治理方式是指用于实现治理目标的方法和策略。乡村治理的方式呈现出多样性的特点，既有国家、政府主导的立法，政策制定等自上而下的方式，也有社会组织、公众参与政策制定、反馈政策意见等自下而上的方式；既可以通过行政、司法手段，也可以通过市场调控的经济手段实现治理目标；既可以是政府单一主体的行政强制行为，也可以是多方主体在法治的框架内采用对话、协商等治理方式实现治理目标。

行政强制为主的治理方式有直接、高效、权威的优点，也可能导致干群关系紧张，削弱治理实效。对话、协商的治理方式建立在主体之间平等协商的基础上，通过激发主体之间参与乡村治理的内在积极性，提升主体执行乡村治理政策的自觉性、主动性。

四、坚持乡村全面治理

乡村治理的根本目的是促进乡村的全面发展，因此乡村治理涵盖乡村社会治理、经济治理、政治治理、文化治理、生态治理、促进人的全面发展等内容。这些领域之间相互关联，相互交叉影响，需要综合协调治理。

---

① 安娜. 改革开放以来中国共产党乡村治理的理论与实践[M]. 北京：当代中国出版社，2019: 26-29.

乡村治理的具体内容在不同地域的侧重点也不相同，在相对贫困的地区，促进乡村经济发展、满足农民物质生活需要往往是乡村治理的重点，而在经济相对发达、农民物质生活水平较高的地区，促进乡村政治生活的民主化、保障农民民主权利的实现往往就会成为乡村治理更为重要的任务。①

五、坚持以人民为中心

乡村治理必须首先解决好为了谁、依靠谁的问题。我们党一直秉承坚持以人民为中心的发展思想，乡村治理必然坚持以人民为中心，尊重人民的主体地位，维护和发展好人民根本利益，提高人民的生活水平和生活质量，让人民能够安居乐业、生活幸福。

（一）乡村治理要尊重人民的主体地位

人民群众是历史的创造者，乡村治理必须尊重人民的主体地位。

第一，人民是乡村治理的主导者，我国是人民民主专政的社会主义国家，人民是国家的主人，乡村治理中尊重人民的主体地位是人民当家作主的应有之义。

第二，人民是乡村治理的主要践行者，长期居住乡村的人民了解本地产业经济、生态环境、民风民俗，能从治理实践中总结经验教训，提供符合乡村实际情况的建议或做法。只有尊重人民的主体地位，相信农民，充分发动人民，发挥人民的积极性、主动性和创造性，才有利于探索出契合村情民意的最佳治理方案。

第三，人民是乡村治理成果的享有者，也是乡村治理效果的衡量者，所有乡村的发展都是为了满足人民利益，促进人民全面发展，乡村的发展与人民息息相关。因此，应尊重人民的主体地位，保证人民参与乡村治理决策的权利，确保治理决策符合人民的实际需求和根本利益，才能不断提升人民群众的获得感和幸福感。

（二）乡村治理要维护和发展人民的根本利益

中国共产党是为绝大多数人谋利益的政党，全心全意为人民服务是我们党的根本宗旨。人民是乡村治理的主体，必须把维护人民群众，特别是广大农民群众的根本利益、促进共同富裕、促进全面发展作为乡村治理的出发点和落脚点。在中国，农民对于中国革命和建设起到了至关重要的作用，农民之所以支持中国革命和建设，根本在于党始终注意切实维护农民的根本利益。改革开放以来的实践证明，凡是乡村治理状况较好的时候，都是农民的利益和权利得到较好维护的时候；反之，农民的利益和权利不能得到保障时，乡村社会的稳定秩序也会遭遇威胁和挑战。可以说，尊重农民主体地位、尊重农民利益，从农民的利益出发，是保持乡村稳定和发展、实现乡村有效治理的前提。②

农民的根本利益由各方面具体的利益构成，要正视关系农民切身利益的"小事"，根本利益的维护与发展最后落脚在桩桩具体的"小事"上。农民的根本利益具有多样性，既有长远

---

① 安娜. 改革开放以来中国共产党乡村治理的理论与实践[M]. 北京：当代中国出版社，2019: 32-33.
② 卜建华. 当前社会思潮的传播与维护国家意识形态安全研究[M]. 南昌：江西人民出版社，2015: 227.

利益，也有短期利益；有物质利益，也有精神利益。对农民根本利益的维护，应当是全方位的，不能只看到一方面的利益而忽视另一方面的利益。农民的根本利益也是乡村治理成效的检验标准，乡村治理得好不好，关键是看农民是否真正得到了实惠、农民生活是否真正得到改善、农民权益是否真正得到保障。

【思考题】

1. 乡村治理的基本含义是什么？
2. 乡村治理的基本原则有哪些？
3. 为什么乡村治理必须坚持党的集中统一领导？
4. 乡村治理有哪些特点？
5. 如何理解乡村治理的多元化？
6. 如何理解乡村治理的现代化？

【案例分析】

案情：广安区花桥镇蒲莲社区由原蒲莲社区和团堡村合并，辖区面积2.722平方千米，共有13个居民小组、751户、2 195人，社区党委共有82名党员、下设3个党支部。蒲莲社区易地扶贫搬迁集中安置点是广安市最大的集中安置点，占地12.7亩，搬迁建档立卡贫困户151户477人，目前常住61户124人。蒲莲社区在乡村治理工作中，采取以下措施：

一、"一核两翼"强化党建引领。"一核"即蒲莲社区党委，"两翼"即蒲莲社区各党支部和自治管理委员会。坚持社区党委的领导核心地位，各党支部认真开展"三会一课"，每月开展一次"红色星期五"主题党日活动，严肃开展组织生活，党员亮身份亮承诺，充分发挥党支部战斗堡垒作用和党员先锋模范作用，强化党建引领。

二、建立基本信息、就业、收入三本台账，防止返贫。结合贫困人口动态调整和防止返贫监测工作集中大排查活动，全面压实村（居）两委、包村（户）干部、第一书记、驻村工作队、专干等人员责任，对脱贫享受政策户和防返贫监测帮扶对象逐户逐人"过筛子"，实现防返贫监测帮扶闭环。

三、多途径多方式发展经济，推进就业增收。发展主导产业，成立专业合作社，建成规模养猪场、规模养鸡场各1个。计划引进优质业主，流转土地，发展粮油、稻鱼，促进农业发展。盘活闲置资产，引进配件加工企业等劳动密集型企业，拓展居民就业渠道，提高居民本地就业率。发展壮大集体经济，收取土地管理费、生猪管理费、文化礼堂承接宴席费等费用，2021年集体经济收入31 200元。

四、完善多元共治，健全治理体系。健全"一核四治"治理体系，提升治理能力。选优配强社区"两委"，以"区招村用、岗编分离"方式引进基层治理专干1名，推行以社区管理为主、户籍地管理为辅的双重管理模式，土地、林地等权益继续由户籍地管理，其他常态化管理工作由社区"一站式"办理，解决人户分离的管理难题，有效提升治理能力。强化居民自治。成立蒲莲社区自治管理委员会，推选楼栋长5名、区域负责人15名，不断提升居民自治体系和自治能力建设。

五、不断优化社区服务，提升居民获得感和幸福感。打造文体广场、习礼长廊、儿童之家、老年活动中心、文化礼堂等基础设施，将党群服务中心建设成居民喜爱与热爱的"红色家园"。完善便民设施，补齐服务短板，为社区群众提供法律服务、心理疏导、课后辅导等多种优质公共服务。

问题：蒲莲社区的乡村治理工作遵循了哪些原则？

分析：坚持党的领导、坚持多元治理；坚持全面治理；坚持以人民为中心。

第二章
乡村治理的理论基础

内容提要：当前，在提升治理能力、完善治理体系的背景和要求下，治理理论不仅在世界范围内具有较大影响力，而且在国内也引起广泛的讨论和关注。在此背景下，乡村的治理问题也受到学者们的青睐。学者们在乡村振兴的时代要求下，积极研究探索，将"治理"用语应用于中国的乡村问题研究上。乡村治理理论在一代代中国共产党领导人的带领下逐渐发展完善，有了较为完整的体系和丰富的内容，对于开展乡村治理研究工作具有重大的意义。

学习目标与要求：理解乡村治理理论的内涵，了解中国乡村治理理论的发展，领悟习近平总书记的乡村治理重要论述，努力为乡村治理的实践与研究工作提供理论指导。

第一节 乡村治理理论的内涵

一、乡村治理理论的提出

"乡村治理"的概念约在20世纪90年代被提出，乡村治理理论是在治理理论的基础上提出与运用的，故治理理论是乡村治理的理论基础。在西方国家研究善治、治理等理论时，我国国内也在展开研究，在这个过程中逐步有了农村农民领域的治理研究。在国内，以徐勇教授领衔的华中师范大学中国农村问题研究中心，吸收了"治理"理念，并结合中国"三农"的实际情况，于1998年首次在庐山脚下的实验村召开的研讨会上提出了"乡村治理"的概念。[①]与"村民自治""村级自治"等概念相比，"乡村治理"这一概念对于研究处于转型和变革中的中国农村社会更具有广泛的适应性，能将社会变迁中的农村政治、经济、社会等诸多方面收纳进来，进行综合性分析。乡村治理，是一种新型基层政治的理想术语，包含乡村政治中的新机制与新实践，因而是一个更具包容性的概念。[②]一般而言，它是关于乡村服务的委托、组织和控制，这些服务包括乡村区域内的卫生、教育、治安、基础建设和经济发展。因此，它是乡村政治管理中的新模式、新理念，是治理范式从国家宏观层面下移到乡村基层的表现，不仅具有一般治理理论的内容与特征，而且还因其与上层乃至中央的关系而更趋复杂。以"乡村治理"为关键词的乡村问题研究成为主流范式，乡村治理理论成为一种新型基层政治的理想用语。可以说，乡村治理理论的提出与研究是"治理"理论与乡村研究成功嫁接的结果，为广大农村研究工作者提供了"寻求和开拓新的政治理论视野"的空间。

---

① 苏敬媛. 从治理到乡村治理：乡村治理理论的提出、内涵及模式[J]. 经济与社会发展，2010(9)：73-76.
② 苏敬媛. 从治理到乡村治理：乡村治理理论的提出、内涵及模式[J]. 经济与社会发展，2010(9)：73-76.

二、乡村治理理论的内涵

"乡村治理"是治理理论在乡村管理工作中的广泛应用,涉及乡村治理的主体、权力结构、目标、方式等不同维度,再加上汇集了不同学科领域、不同地理区域和不同学术流派的学者所进行的研究和阐释,它的内涵也变得非常丰富。乡村治理理论的内涵主要包括乡村治理的主体、治理权力配置的方式、治理的目的、治理的过程四方面。①

(一)治理主体多元化

治理主体多元化是治理理论的首要内容,治理理论特别强调治理主体的多元化,除政府外,治理主体还包括其他民间组织和公民个人。强调建立村级自治组织,使村民能够自主参与决策,管理本地事务,维护本村利益。鼓励村民建立农业合作社和其他社会团体,以集体的方式处理农业生产和其他社区事务。对于乡村治理的主体,赵树凯认为,在乡村治理体系中,多种主体相互依存,通过"参与""谈判"和"协调"等合作的方式来解决冲突,实现一种良好和谐的秩序。郭正林教授则更详细地进行了叙述,他明确提出,乡村治理就是性质不同的各种组织,包括乡镇的党委政府、七站八所、扶贫队、工青妇等政府及其附属机构,村里的党支部、村委会、团支部、妇女会、各种协会等村级组织,民间的红白理事会、慈善救济会、宗亲会等民间团体及组织,通过一定的制度机制共同把乡下的事务管理好。从以上可见,在乡村社会的公共事务管理中,并非只有政府部门,还有其他组织和机构参与其中。从某种意义上讲,乡村治理的成败在于是否能形成多元化的乡村治理主体并存的局面。

(二)权力配置多元化

在传统的乡村管理理念中,人们习惯性认为只有政府掌握着管理公共事务的权力,公共权力的运用呈现出自上而下的单向性运行的特点,但是治理理论打破了这一定向思维,提出了权力依赖与权力的多元化配置。探讨政府与市场的合理关系,强调政府的引导作用,同时鼓励市场机制在资源配置中发挥作用。事实上,提倡政府的权力主要运用在基础设施建设、公共服务提供、法规制定等方面,以确保农村地区的基本公共利益。对于社会权力即乡村社区的公共权力应该给予肯定和支持,适当下放政府权力,让乡村社区权力有更大的自主性和创新性,政府作为一只看不见的手,进行适度干预和兜底即可。

(三)以公共利益为目标导向

乡村治理的目标非常明确,就是实现对乡村公共事务的管理,实现乡村社会公共利益的最大化。以公共利益为导向,旨在创造一个公正、平等、和谐、可持续的社区环境,使社区居民共享治理带来的经济、社会和文化发展的成果。着眼于确保社区内各个成员的公正和平等,防止特定群体垄断。公共决策和资源分配应该遵循公正的原则,确保各个群体在发展中享有平等的机会和权益。关注农村土地、水资源的科学管理,推动可持续农业和环境保护。

---

① 苏敬媛. 从治理到乡村治理:乡村治理理论的提出、内涵及模式[J]. 经济与社会发展, 2010(9): 73-76.

关注提高农业生产效益，引导农业向科技化、智能化的方向发展，确保粮食安全和农民收入增长。强调政府在提供公共服务方面的角色，包括教育、医疗、基础设施建设等，以满足社区居民的基本需求，提升整体生活水平。关注农村地区的长远发展，强调在满足当前需求的同时，保护自然环境、维护生态平衡，以确保未来代际的可持续发展。

（四）治理过程自主化

乡村治理理论更强调农村社区、居民和相关利益方在治理决策和执行中具有更多的自主权和参与权。所以，该理论并不是研究如何让政府部门把所管辖的所有区域置于掌心之中，事实上也不可能对其实现完全控制。乡村治理理论要求村民基本上是在宏观层面接受国家的方针政策，而在微观层面上应该实行自主自治，即发展自治组织进行自主管理。

鼓励建立村民自治组织，使村民能够通过选举或其他合理途径产生自己的领导层，参与决策并管理公共事务。社区委员会由社区居民组成，负责处理本地事务，维护社区利益，实现农村治理的基层民主化。让社区居民有机会表达自己的意见，参与决策过程，形成多元化、民主化的治理结构。通过自主管理，让乡村社会成为一个极具自主性、组织性的社会体系。

第二节　马克思主义关于乡村发展相关理论

一、马克思主义关于乡村发展理论

乡村发展是马克思主义的一个基本观点。马克思主义认为，乡村是人们获取生存所需的衣食的来源地，但小农经济具有局限性，不利于物质财富的积累和生产力水平的发展，必须通过农业、农村的现代化以及农民的合作化道路，用大生产代替一家一户的小生产，才能实现乡村的发展和繁荣。马克思指出，城乡的分离和对立是造成乡村衰落的根源，因此，把农业和工业结合起来，促使城乡之间的对立逐步消灭，是乡村发展的关键。

马克思主义经典作家从生产力与生产关系的关系视角，一再强调农业在整个经济社会中的重要地位，深刻阐述了城市与农村的关系直接影响整个社会的各种面貌，从而凸显农村及其治理是社会治理的重中之重。乡村的治理和发展情况，是兴还是衰，可谓"牵一发而动全身"，将直接影响全国各个领域的治理和发展。

在《资本论》中，马克思认为，农业生产是一切生产能够正常进行的"自然基础"，是国民经济和其他部门进一步发展的基础，强调市场经济和城乡分离必须建立在农业自身的高度发展之上。恩格斯洞察了城乡分离的利与弊、得与失，颇有远见地指出城市和农村随着生产力和市场的发展而分离，既是人类文明发展的重大成果，又必将是人类文明要面对的难题，从而萌发城乡融合的思想，并且指出未来"城市和乡村的融合"是实现人与人的和谐、人与自然的和谐的必由之路。列宁则认为，存在城乡、工农业极端对立的社会，不会是真正能够实现共同富裕的社会主义社会，因此消除极端的城乡对立是社会主义建设和共产主义建设的重要议题。

二、马克思主义关于乡村发展理论的意义

马克思主义关于乡村发展的相关理论，为新时代中国农村治理提供了城乡融合发展的价值取向和价值愿景。中国共产党的乡村发展理论和实践，是马克思主义乡村发展理论与中国国情相结合的重要成果。中国是农业大国，重农固本是得民之心、安民之基、治国之要，建设好乡村、解决好"三农"问题，始终是中国共产党的工作重心，也是中国共产党执政兴国的重要经验。乡村发展得好不好，农业强不强、农村美不美、农民富不富，不仅关乎亿万农民切实的获得感和幸福感，而且决定中国共产党的执政能力、中国全面建成小康社会的成色和社会主义现代化建设的质量。

马克思主义关于城乡关系、乡村治理的经典理论是习近平关于"三农"工作重要论述的理论根基。习近平总书记始终坚持以马克思主义思想为指导，真正做到了洞察新时代中国乡村发展的规律和难题，真正做到了准确认知、深刻把握新时代中国"三农"发展过程中的主要矛盾和破解之道。马克思主义经典原理和科学理论是习近平治国理政的重要理论源头，马克思主义关于乡村发展相关理论为习近平总书记把脉新时代中国乡村治理提供了充足的理论滋养和思想指引。习近平总书记继承了马克思主义经典作家高度重视农业发展和农村社会治理的思想精华，根据中国城乡发展极度不平衡的现状，一贯强调解决好"三农"问题是"全党工作重中之重"，从战略和全局的高度部署，要统筹谋划、科学实施乡村振兴，指出要"优先发展"农业农村，要加快推进乡村治理体系和治理能力现代化。

第三节　中国共产党历届领导人关于农村工作的重要论述

一、毛泽东关于农村工作的重要论述

毛泽东同志对农村和农民有更为浓厚的情感。他认为："农民问题是国民革命的中心问题，农民不起来参加并拥护国民革命，国民革命不会成功。"[①]大革命的失败使以毛泽东为代表的中国共产党人开始独立探索中国的特殊国情及其革命规律，指出一味硬搬苏联模式在中国是根本行不通的，只有农村包围城市、武装夺取政权的道路才是中国革命取胜唯一正确的道路。农村敌对势力相对薄弱，群众基础好，易于发展革命队伍，建立稳固的工农联盟。中国共产党必须切实处理好农民最关心的土地问题，以农民为坚强后盾和主攻力量夺取新民主主义革命的胜利。针对农民群众的思想建设问题，毛泽东指出应使用无产阶级的先进思想并采取通俗易懂的方式对广大农民开展思想政治教育，把农民培养成旧社会的革命者、新社会的创造者。革命胜利后，毛泽东同志仍强调农村工作的重要性，并在1953年6月召开的中共中央政治局会议上提出以农业为基础助推国家工业化进程的过渡时期总路线，指出农业既是国民经济的重要支柱，又为社会主义工业发展提供必需的原料基础。因此，必须要推动农业优先发

[①] 陈建芬. 六十年宏观之脉——土地变法[J]. 中国企业家, 2009(18): 139-146.

展。只有农业实现稳固发展，社会建设才能逐步向好。[①]

面对新中国成立初期我国农业农村发展滞后、生产力低下等问题，毛泽东同志认为解决问题的根本途径在于发展工业，实现农业生产机械化，不断推进农业现代化发展进程。实现机械化生产是农业农村迈向现代化道路的前提和基础，在我国这样一个工业基础薄弱的农业大国要想发展现代农业，必然要改变以往生产工具粗糙简陋、纯粹依赖人力的状况，要推动农业生产技术不断革新，逐渐实现机械化，稳固工农之间的坚强纽带。然而，我国自古以来便鲜少有过在农业生产领域使用机械的先例，因此农业机械化的推行势必是一个长期和阶段性的过程。毛泽东同志将我国农业机械化的进程分为三步：第一步是从1953年到1962年，农业机器开始少量投放到生产领域；第二步是从1966年到1970年，增加机器在农业生产中的投放量，使农业机械化形成一定规模；第三步是从1971年到1980年，要在全国范围内基本上实现农业方面的技术革新。农业机械化的基本完成将我国农业、农村现代化事业推向了崭新的发展阶段。[②]

二、邓小平关于"三农"工作的重要论述

邓小平同志是我国改革开放的总设计师，也是中国特色社会主义现代化的奠基人。十一届三中全会后，我国进入改革开放新时期，邓小平同志在总结我国农业农村农民工作经验的基础上，赋予农业、农村建设思想以鲜明的时代要素。其主要内容可作如下概括。

第一，将"三农"问题作为发展的核心。邓小平同志站在整个国家繁荣兴盛的大局来思考农业、农村、农民问题。首先，他提出了农业为立国之本的观点，认为农业的繁荣稳定与工业实力持续增强、国家经济腾飞息息相关、休戚与共："工业越发展，越要把农业放在第一位。"[③]若农业生产无法保障正常供给，则过去付出的一切努力取得的一切成果将付之一炬。其次，他认为农民是农业生产的活动主体，若不重视农民的贫困问题，将会对我国经济社会发展带来沉重打击。最后，在客观分析我国特殊国情的基础上，邓小平同志进一步指出粮食问题是生产发展问题的核心与底线。我国是一个人口众多的超级大国，唯有粮食生产绝不可有任何懈怠，要紧紧瞄准增产增收这个首要任务，坚决捍卫中国人民的饭碗安全[④]。

第二，带领农民富起来。实施改革开放的核心主旨就是发展经济，使所有农民都能过有奔头的富足生活。邓小平同志对社会主义制度进行了再度阐释，指出"贫穷不是社会主义，社会主义要消灭贫穷"。他强调实现共同富裕才是社会主义制度区别于其他社会制度最大优越之处。他还提出了一系列针对社会主义生产发展的改革措施，如允许一部分人率先富起来，先富带后富，共同前进；发展农村经济，推动新型乡镇企业逐步兴起，转移农村过剩劳动力。在乡村经济发展方面，邓小平同志多次强调："农业是国民经济的基础，只有大力恢复和加快发展农业生产……逐步实现农业现代化，才能保证整个国民经济的迅速发展，才能不断提高全国人民的生活水平。"[⑤]这一基调奠定了我国农村改革开放的发展方向。

---

① 胡秀娥. 对农业社会主义改造的几点认识[J]. 山西大同大学学报：自然科学版，1997(4): 3.
② 王磊. 毛泽东农业机械化思想述论[J]. 当代中国史研究，1995(4): 8.
③ 邓小平文选（第二卷）[M]. 北京. 人民出版社，1983: 29.
④ 邓小平文选（第三卷）[M]. 北京. 人民出版社，1983: 30.
⑤ 农业是基础，始终要抓农业. [2018-4-27]http://cpc.people.com.cn/n1/2018/0427/c69113-29954077.html.

三、江泽民关于"三农"工作的重要论述

20世纪90年代,伴随着东欧剧变和苏联解体,在风起云涌的国际国内局势下,以江泽民同志为核心的第三代中央领导集体克服困难经受考验,立足国内外新局势新动态,在聚焦我国农业、农村、农民领域的具体实际的基础上,不断进取创新,提出了一系列新举措、新思路,开辟了我国农业、农村、事业的新境界。

第一,加大力度保护农业基础。农业与粮食始终是国计民生首要的重大问题。江泽民同志在福建考察时曾强调:"农业始终是战略产业,粮食始终是战略物资,必须抓得很紧很紧,任何时候都松懈不得。"①第二,推进农村税费改革。江泽民同志认为减轻税负是破解农民收入问题的前提。涉农税费过重既不利于民生福祉,又会导致农业基础不牢,税费制度改革则适时而生,有效化解了这一难题。此次改革取消了以往一些针对农民征收的相关费用,诸如农业税、农特产品税、屠宰税等,既使农村各项收费行为规范化,又促进了农村生产力发展,使农村经济得以稳速前进,意义重大。②第三,扩大农村基层民主。江泽民同志认为:"扩大农村基层民主,保证农民直接行使民主权利,是社会主义民主在农村最广泛的实践,……是确保农村长治久安的一项根本性大事。"③这一提法不仅为农村基层政权的演变发展奠定了基础,而且促进了农村社会的整体进步。

四、胡锦涛关于"三农"工作的重要论述

进入21世纪,我国经济取得了突飞猛进的发展,胡锦涛同志在认真归纳改革开放以来我国乡村建设经验、精准洞察国内外局势深刻变化的基础上,及时对"三农"工作布局作出科学调整,将我国"三农"事业推向又一历史新高度。

第一,始终将"三农"工作作为我党的工作重心。"三农"工作开展得顺利与否在很大程度上决定了我国国民经济是否能平稳健康运行和社会是否能持续和谐,是党和国家重点事业的命脉所在。为此,他强调:"解决好农业、农村、农民问题,事关全面建设小康社会大局,必须始终作为全党工作的重中之重。"④并自2004年起,连年在中央一号文件中颁布了一系列有利于促进农业农村繁荣兴盛、实现农民富足的策略部署,正式宣告了"三农"工作在全党工作的特殊地位。第二,关注城乡发展不平衡、城乡差距不断扩大的社会现实。第三,聚焦新农村建设。2005年,胡锦涛同志在十六届五中全会上首次描绘了社会主义新农村的美好图景,即要建设"生产发展、生活富裕、乡风文明、村容整洁、管理民主"的未来乡村。新农村建设战略的提出,对促进我国缩小城乡差距、建设现代化农业从而实现全面建设小康社会具有重要作用。此外,在管理制度上,胡锦涛同志对基层党组织建设尤为重视,强调党建引领村治,统筹城乡基层党建工作,处理好乡村基层党群关系,促进基层党员的管理和教育工作规范化,做到"促进以城带乡、资源共享、优势互补、协调发展"⑤。

---

① 江泽民论有中国特色社会主义(专题摘编)[M]. 北京. 中央文献出版社, 200: 120.
② 中共中央、国务院关于进行农村税费改革试点工作的通知(中发〔2000〕7号)http://www.shui5.cn/article/36/34890.html.
③ 秦洪良. 村民委员会民主选举成功之所在[J]. 农村农业农民, 2000(2): 2. DOI: CNKI: SUN: NNNM. 0. 2000-02-040.
④ 中央农村工作会议召开 胡锦涛温家宝作重要讲话[N/OL]. (2003-1-8)[2023-12-28]. http://www.gov.cn/govweb/test/2009-10/27/content_1449842.htm.
⑤ 中共中央第十六届五中全会公报[Z/OL]. (2005-10-11)[2023-12-28]. http://www.gov.cn/test/2008-08/20/content_1075344.htm.

第四节　习近平关于"三农"工作的重要论述

一、习近平关于"三农"工作的重要论述

习近平总书记立足中国"三农"工作的客观情况，继承马克思主义经典作家关于乡村治理的思想精髓，吸收中华民族传统乡村管理文化的精华，发展了中国共产党几代中央领导人治理乡村的战略精神，对新时代"三农"工作做出系统论述，形成了立意深远、内容广泛、导向明确、观点鲜明、体系完整的乡村治理理论体系。

（一）基层党建引领

习近平总书记强调："要夯实乡村治理这个根基。采取切实有效措施，强化农村基层党组织领导作用。"[①]农村基层党组织是党在农村全部工作和战斗力的基础，是乡村治理体系中的主心骨，是新时代加强和改进乡村治理、推动乡村治理现代化的核心领导力量。推进乡村治理，要把抓基层、打基础作为长远之计和固本之举，紧紧抓住基层党组织建设这个关键，使党建引领乡村治理的作用得到强化和巩固。把强化政治功能、注重政治引领作为首要任务，不断增强各级党组织的组织力，将党的政治优势和组织优势转化为治理效能，把乡村党组织建设成为宣传党的主张、贯彻党的决定、领导乡村治理、团结动员农民群众、推动改革发展的坚强战斗堡垒。

习近平总书记格外重视基层组织建设的重要性，认为搞好基层班组建设是搞好农村各项工作的保证。他明确指出务必要及时肃查、整顿基层党组织内现存的各项问题，在选拔党务工作者时要注重将德与才结合起来综合考察，一定要选择党性强、站位高、觉悟高、能力强的高素质人才，"以利于实现班子的革命化、年轻化、知识化、专业化"，建立起一支合格的基层队伍，党委严格抓落实，保证将党的方针政策及时落实于民、造福于民，进一步发挥基层组织的坚强堡垒作用，夯实党在广大农村的执政基础。

（二）自治、法治、德治"三治"融合

习近平总书记强调，要"健全党组织领导的自治、法治、德治相结合的城乡基层治理体系"[②]。推进乡村治理是一项系统性、协同性、整体性工程，是一项长期而艰巨的任务。只有坚持自治、法治、德治相结合，走中国特色乡村善治之路，才能不断增强广大农民群众的获得感、幸福感和安全感。

基层群众自治制度是我国的一项基本政治制度。完善这一制度，发展基层民主，是社

[①] 习近平. 十三届全国人大二次会议河南代表团审议时的讲话[Z/OL]. (2019-3-9)[2023-12-28]. http://www.xinhuanet.com/politics/2019-03/09/c_1124211673.htm.
[②] 习近平. 习近平在中国共产党第十九次全国代表大会上的报告[R/OL]. (2017-10-18)[2023-12-28]. http://cpc.people.com.cn/n1/2017/1028/c64094-29613660.html.

主义民主政治建设的基础，也是实现乡村善治的活力源泉。村民自治在乡村治理中发挥着基础性作用，坚持村民自治是人民当家作主最普遍、最有效的实现途径。推进乡村治理，要创新村民自治、基层民主协商的有效实现形式，进一步完善民事民议、民事民办、民事民管的多层次基层协商格局，全面实施村级事务阳光工程。激发农民群众参与的积极性，在乡村公共事务和公益事业中广泛实行农民群众自我管理、自我服务、自我教育、自我监督，拓宽农民群众反映意见和建议的渠道。聚焦农民群众关心的民生实事和重要事项，定期开展民主协商。完善党务、村务、财务公开制度，及时公开权力事项，接受农民群众监督。

中国古人讲："法者，治之端也。"习近平总书记反复强调："法治兴则国家兴，法治衰则国家乱。什么时候重视法治、法治昌明，什么时候就国泰民安；什么时候忽视法治、法治松弛，什么时候就国乱民怨。"[1]法治是推进乡村治理不可或缺的重要手段，乡村治理必然以法治为根本要求。推进乡村治理，要坚持把法治作为重要保障，重普法、抓源头、管重点，引导乡村干部学法、知法、守法、用法、敬法，不断提高乡村党员干部的法治素养，提升运用法治思维和法治方式化解乡村矛盾、破解乡村发展难题的能力。加强农村法治宣传教育，引导农民群众自觉学法、知法、守法，遇事主动找法、解决问题靠法。完善乡村小微权力清单制度，让监督与规范并行，将法治理念贯穿乡村治理全过程，切实增强乡村治理实效。国无德不兴，人无德不立。伦理道德是引导社会风气和凝聚社会人心不可替代的力量，是乡村治理的基础。德治具有引领作用，能够通过改善乡村社会风气、提升农民群众自我修养，引导乡村治理良性发展。推进乡村治理，要培育文明乡风、良好家风、淳朴民风，教育引导广大农民群众讲道德、扬美德，自觉抵制腐朽落后文化，不断提升思想道德素质和涵养。充分汲取不同地域文化中蕴藏的乡村治理智慧，融入农民群众认可的先进文化理念，遏制各类陈规陋习，抵制封建迷信活动。

（三）建立多主体共治的乡村治理体系

乡村治理是一个系统工程，需要多方治理主体共同参与，才能取得治理成效。党的十八大以来，习近平总书记多次强调乡村要在多元主体的协作下治理，不仅要发挥农村基层党组织、乡镇政府在治理中的领导指导作用，还要支持村委会、各种村民群团社会组织参与到乡村治理中，在多种治理主体的共同合作下，形成多方参与的共同治理格局。习近平总书记强调："保证人民广泛参加国家治理和社会治理。"[2]要始终在坚持党的全面领导下，充分吸收政府、市场、社会、村民等多方力量共同参与，实现多元主体在乡村治理中各司其职、各负其责。

第一，提升乡镇政府的能力。乡镇政府是基层治理的重要一方主体，直接联系村自治组织。乡镇政府要与基层党组织团结合作，共同发挥统筹全局、协调各方的作用。同时，也要给乡镇政府一定的自主权。"春江水暖鸭先知"，乡镇政府作为最基层一级的政府更能直接接触农村农民农业的事务，要赋予其应有的权能，激发其积极性和主动性。

第二，提升村民参与度，吸纳更多的主体参与到乡村治理当中，努力形成乡村治理人人

---

[1] 新时代中国特色社会主义思想学习纲要-全面推进依法治国[Z/OL]. (2019-8-1)[2023-12-28]. http://News.gmw.cn/2019-08/01/content_33044745.htm.
[2] 习近平. 在庆祝中国共产党成立 95 周年大会上的讲话[Z/OL]. (2016-7-1)[2023-12-28]. http://jhsjk.people.cn/article/32079803.

参与的体制机制，着力建设人人有责、人人尽责、人人享有的乡村治理共同体。推进乡村治理，要确保多元主体以多种形式、不同渠道共同参与乡村治理实践，采取协商会、座谈会、听证会以及问卷调查、信息公开等方式，拓宽社情民意表达渠道，既听村民的"顺耳话"，也听村民的"逆耳言"，保障村民的知情权、参与权、表达权和监督权。

习近平总书记指出："要加强和创新基层社会治理，使每个社会细胞都健康活跃，将矛盾纠纷化解在基层，将和谐稳定创建在基层"。①城乡基层是影响党的事业发展、国家长治久安、人民幸福安康的基石。2022年以来，习近平总书记在海南毛纳村考察时指出："要贯彻党的群众路线，牢记党的根本宗旨，想群众之所想，急群众之所急"②；在四川永丰村考察时指出："要把党的基层组织建设好，团结带领乡亲们脱贫之后接续推进乡村振兴"③；在湖北智苑社区考察时指出："宁可暂时影响一点经济发展，也不能让人民群众生命安全和身体健康受到伤害"④；在新疆固原巷社区考察时又指出："上面千条线，底下一根针，很多工作都要靠社区去完成。"⑤我们要进一步深刻领悟习近平总书记关于基层社会治理重要论述的科学内涵与政治智慧，坚持以人民为中心的发展思想，加快推进社会治理现代化。

二、习近平关于"三农"工作重要论述的时代意义

（一）丰富了习近平新时代中国特色社会主义思想

党的十八大以来习近平总书记关于"三农"工作的重要论述始终秉持马克思主义与时俱进的理论品质，始终贯穿马克思主义乡村治理思想的基本观点，始终将最广大人民的根本利益放在首位，这是对马克思主义理论的忠实继承，彰显了我们党始终鲜明地高举马克思主义旗帜，为马克思主义的实践探索与理论创新贡献智慧。

习近平总书记关于"三农"工作的重要论述不但丰富和发展了马克思、恩格斯社会管理思想，而且丰富了习近平新时代中国特色社会主义思想。党的十八大以来，随着乡村社会经济的不断发展和乡村振兴战略的实施，党和国家高度重视乡村治理，不断完善乡村治理体系和提升乡村治理能力，尤其注重实践检验。

（二）为实现国家治理体系和治理能力现代化作出具体指导

当前我国已经全面建成小康社会，继续维持和巩固成果，需要以具备中国特色社会主义道路理论特质的思想作为行动指南，这是我们坚持道路自信、制度自信、理论自信、文化自信的必然要求，也是我们党在带领全国各族人民奋勇前进的不竭动力。党的十八大以来，习近平总

---

① 习近平.正确认识和把握中长期经济社会发展重大问题[Z/OL].(2021-1-15)[2023-12-28]. http://jhsjk.people.cn/article/32001270.
② 习近平在海南考察时强调 解放思想开拓创新团结奋斗攻坚克难 加快建设具有世界影响力的中国特色自由贸易港[N/OL].(2022-04-13)[2023-12-28]. http://hi.people.com.cn/n2/2022/0413/c231190-35221603.html.
③ 习近平在四川考察时强调 深入贯彻新发展理念主动融入新发展格局 在新的征程上奋力谱写四川发展新篇章[N/OL].(2022-06-09)[2023-12-28]. http://jhsjk.people.cn/article/32442596.
④ 习近平在湖北武汉考察时强调 把科技的命脉牢牢掌握在自己手中 不断提升我国发展独立性自主性安全性[N/OL].(2022-06-29)[2023-12-28]. http://jhsjk.people.cn/article/32460493.
⑤ 小小社区，习近平总书记始终牵挂[N/OL].(2022-07-15)[2023-12-28]. http://www.news.cn/politics/xxjxs/2022-07/15/c_1128836152.htm.

书记关于乡村治理的理论和实践，为推进国家治理体系和治理能力现代化提供了理论指导。

习近平总书记关于"三农"工作的重要论述，强调了实施乡村振兴战略的重要性，提出了一系列相关政策和措施，旨在促进农村经济发展、改善农村基础设施和公共服务，提高农村居民生活水平，推动乡村全面振兴；提出了一系列农村改革的观点和路径，包括土地制度改革、农村产权制度改革、农村金融改革等，旨在解决农村发展中的问题，提高农村经济发展的效率和质量；提出了加强乡村治理能力建设的重要性，强调建立健全乡村治理体系，提高乡村治理的科学化、法治化水平，从而提升乡村治理的有效性和智能化水平。

总体而言，习近平总书记关于乡村治理的重要论述对中国农村的发展具有重要的指导意义，有助于推动中国农村经济社会的全面发展和乡村治理体系的完善。

（三）为世界解决乡村治理难题贡献中国智慧和方案

虽然各国人口、土地、经济等发展情况不同，经济发展水平、城市发展水平、乡村实际水平也都具有极大差异，对于国家治理的目标、理念、路径也迥然各异，不能也无法采用统一的治理模式，但是人类所追求的根本价值观和所向往的美好生活是相同的，在解决乡村治理和消除贫困等问题上，可以相互借鉴甚至相互帮助。中国作为世界上经济大国、人口大国，在应对世界性、全球性问题时，一直以来都是主动担起促进世界和平与发展的责任与义务。中国在国家治理与乡村治理中所积累的经验和成果，长期以来备受世界各国的关注，为世界上其他国家提供了经验借鉴。

【思考题】

1. 乡村治理理论的内涵是什么？
2. 马克思主义的乡村治理理论是什么？
3. 中国共产党历届领导人如何发展乡村治理理论？
4. 习近平总书记的乡村治理重要论述有哪些？
5. 习近平总书记的乡村治理重要论述有何时代意义？

【案例分析】

案情：

1. 江西省井冈山市六亩地村

六亩地村在乡村治理之初进行了全面的调研，了解当地的资源状况、产业结构和居民需求，制定了可行的发展规划。在调研的基础上，六亩地村积极推动特色产业发展，根据当地资源优势和市场需求，发展了以柑橘、茶叶等农业特色产业为主的产业结构，实现了农业产业的升级和优化。六亩地村充分发挥当地的自然风景和人文历史资源，积极推广乡村旅游，开发了具有本地特色的旅游产品和线路，吸引了大量游客前来观光游玩，带动了当地旅游产业的发展。通过特色产业和乡村旅游的发展，六亩地村居民的收入水平得到了显著提升，村民的生活条件得到了明显改善，为村民提供了更多的就业机会和收入来源。在经济发展的同时，六亩地村也注重基础设施建设和环境保护工作，改善了乡村基础设施，加强了生态环境保护，提升了居民的生活品质和幸福感。

2. 浙江省西塘镇

西塘镇注重历史文化保护与传承，保护当地传统建筑和历史文化遗产，使之成为当地乡村文化的重要代表。西塘镇积极开发乡村旅游资源，利用其独特的水乡风情吸引游客，促进了当地乡村旅游产业的快速发展。西塘镇重视生态环境保护，积极开展生态修复工作，加强水域治理和生态保护，实现了经济发展与生态环境保护的良性循环。

3. 湖北省毛嘴镇

毛嘴镇积极推动生态农业的发展，提倡绿色种植、绿色养殖，打造绿色食品品牌，提高了当地农产品的品质和市场竞争力。毛嘴镇充分利用其得天独厚的自然风景和生态资源，积极推广生态旅游，开发了多样化的旅游项目，促进了当地旅游业的繁荣发展。毛嘴镇注重基础设施建设和公共服务的提升，改善了乡村的交通、水电等基础设施条件，提高了居民的生活品质和幸福感。

4. 康定木格措示范村（四川省）

康定木格措是四川省康定市的一个藏族村庄，以其在环境保护和生态旅游方面的成功实践而闻名。木格措地理位置优越，是一个自然风光秀丽的地方，拥有湖泊和山脉。村庄所在地在生态保护上采取了措施，将生态保护和生态旅游完美结合，开发了生态旅游线路、提供生态旅游服务、保护当地的生态系统，并吸引游客体验自然之美。作为藏族村庄，木格措可能致力于传承和保护本地的藏族文化，包括传统手工艺、传统节庆等方面的保护与发展。政府通过提供政策支持、投资和其他资源来推动木格措的生态旅游和环境保护实践。

5. 福建霞浦大湾村

霞浦大湾村位于福建省东北部的霞浦县，地处中国东海沿岸。该地区以其优美的海岸线和独特的渔村风情而著称。霞浦大湾村位于福建省的海滨地区，拥有丰富的海洋生态资源，在发展中可能注重保护和维护当地的海洋和自然环境。大湾村的成功实践与发展海岸生态旅游密切相关，包括开发海滨旅游线路、提供海鲜美食体验、水上活动等，吸引游客体验当地独特的海滨文化。大湾村在发展渔业和海产品加工业方面取得成功。当地经济也受益于海产品的生产和销售，以及与海洋相关的产业。作为渔村，大湾村注重传承和保护本地的渔民文化和传统渔业方式，包括渔民生活方式、传统渔船、渔具制作等方面的文化传承。

问题：1. 以上材料的示范村给我们的乡村治理带来哪些启示？

分析：这些乡村治理示范村通过不同的发展路径和措施，成功地实现了乡村振兴和乡村治理水平的提升，为全国其他地区提供了可借鉴的经验和启示。

第三章

乡村治理制度的历史发展

内容提要：从古代社会到现代化社会，中国乡村治理制度的历史发展经历了多个时期的变革和演进，不断适应着社会发展的需要。在这个过程中，政府、社会组织和村民自治逐渐成为乡村治理的重要参与主体，推动乡村治理制度不断完善和创新。本章通过对各个时期乡村治理制度的梳理，介绍古代、近代、新中国成立后以及新时代乡村治理的制度状态。

学习目标与要求：了解各时期乡村治理的发展过程与历史脉络，着重掌握各个时期乡村治理制度的状态及特点。

第一节 古代乡村治理制度

从先秦时期到明清时期，乡村治理制度经历了乡官制时期、转折时期和职役制时期三个关键阶段。随着封建专制的加强，乡村治理的自治特色逐渐减弱，最终被清末时期的地方自治所替代。

一、第一阶段：乡官制模式

中国古代乡村治理的典型形态是乡里制度，乡官制是乡里制度早期的具体形态与模式。[1] 历史记载的乡里制度最早起源于黄帝时期："既牧之于邑，故井一为邻，邻三为朋，朋三为里，里五为邑，邑十为都，都十为师，师十为州。夫始分于井则地著，计之于州则数详，迄乎夏殷不易其制。"[2]

西周出现了乡下遂制度，《周礼》一书详尽记载了当时划分细密、职官赅备的乡里区划。这一时期的乡里制度，在区划上为"六乡六遂"[3]。六乡设置比长、闾胥、族师、党正、州长、乡大夫等职，六遂则设有邻长、里宰、酂长、鄙师、县正、遂大夫等职务。[4]其中乡设于"国"即西周国都地区，遂设于"野"即国都以外的地区。国中以比、闾、族、党、州、乡为单位[5]，体现了古代中国社会中相互合作、互相扶持、和睦共处的价值观念和社区组织形式。野中设置了邻、里、酂、鄙、县、遂六种组织结构。[6]此外，西周还初步确立了什伍之法。在这种制度下，人们被分成相互关联的小组，以五家为单位形成"比"，

---

[1] 唐鸣,赵鲲鹏,刘志鹏.中国古代乡村治理的基本模式及其历史变迁[J].江汉论坛,2011,(3): 68-72.
[2]（唐）杜佑.通典·食货三[M].北京：中华书局,1988: 54.
[3] 朱宇.中国乡域治理结构：回顾与前瞻[M],黑龙江人民出版社,2006: 50-54.
[4] 唐鸣,赵鲲鹏,刘志鹏.中国古代乡村治理的基本模式及其历史变迁[J].江汉论坛,2011,(3): 68-72.
[5] 孟祥才.中国政治制度通史（第三卷秦汉）[M],北京：人民出版社,1996: 236.
[6] 孟祥才.中国政治制度通史（第三卷秦汉）[M],北京：人民出版社,1996: 236.

十家为单位形成"联",五人为单位形成"伍",十人为单位形成"联"。①这种组织方式使得人们相互保护、相互监督,刑罚、庆祝等活动也相互共享,人们共同承担国家的职责,为国家服务,同时也共同承担葬礼等社会责任。当时,乡、党、邻、里是四种最基本的组织形式,其中乡一直沿用至今。

在春秋战国时期,诸侯争霸,统治者扩大徭役、赋税和兵役,逐渐打破了"国"与"野"的区别,使得"乡里制度也由国内延伸至国外,大量设立,向地方基层政权转化"②。在基层的治理结构方面,不同诸侯国采取了不同的制度。例如,管仲治理齐国时,国内分为里、连、乡三级,而野外分为邑、卒、乡、县、属五级。楚国实行"五家为伍,伍为伍长;什伍为里,里内有司"③,而齐国则规定"十家为什,五家为伍,什伍都有领袖"④。在秦国,孝公实行了什伍连坐制度,即将人们分为什伍,相互牵制,以加强对基层社会的控制。⑤

秦始皇在全国推行郡县制,在县以下设置了乡里基层组织。当时的乡里制度是郡县制度的一部分,强调县级管理乡,乡级管理里,里管理什伍。虽然乡和里都是基层政府组织,但它们的角色具有本质上的差别。乡作为国家权力机关,隶属于县政府,乡吏属于食禄阶层,是国家官员的一部分,主要负责行政管理和税收征收等任务。⑥而里则隶属于乡,主要负责控制普通民众的户籍和居住管理,里吏属于差役阶层,是国家官府的助手。百姓按照社会地位和地缘关系被分为五户一组,并在特定区域内居住。在乡里体制下,百姓的生产和生活行为受到国家的密切监视,邻里之间相互监督,责任连坐制度也被实施,即如果一个人犯法或者违反规定,整组人都要受到惩罚。⑦

在魏晋南北朝时期,乡村治理方式在秦汉治理方式的基础上,出现了一些新的变化。比如,在三国时期的吴国,乡村地区的治理机构设有秩官、三老、百石,属于第八品的官员。较小的乡村地区则设置了秩官、啬夫、百石,属于第九品的官员。⑧在西晋时期,人口达到500户以上的地方设立一个乡,3000户以上的地方设立两个乡,5000户以上的地方设立三个乡,1万户以上的地方设立四个乡。每个乡设置一个"啬夫"负责治理。大型乡设有一位治书史和两位助手,次级乡则有一位史官和一位助手。而小型乡则只有一位治书史。每百户设立一位"里吏",但每个里的户数不得少于50户。东晋时,"贺循提出沿江诸县,'多置亭侯,恒使徼行',虽不能如汉代做到十里亭,也应要宜筹量,使力足相周"⑨。在元帝时期,关于亭侯制度的恢复提出了建议。随后,在东晋时期,亭侯制度得以重新恢复并持续实施。到了南北朝时期,北朝和南朝在基层组织上出现了明显差异。北朝采用了邻里、族党制度。⑩在东魏时期,乡里组织结构以五家为邻、五邻为里、四里为族、五族为党。在西魏时期,乡村组织的结构

---

① (清)孙诒让. 周礼正义[M]. 北京:中华书局,2008: 卷19地官·大司徒.
② 臧知非. 先秦什伍乡里制度试探[J]. 人文杂志,1994(1): 71.
③ (清)孙诒让. 周礼正义[M]. 北京:中华书局,2013: 72.
④ 周振鹤. 中国地方行政制度史[M]. 上海:上海人民出版社,2019: 101.
⑤ 吴益中. 秦什伍连坐制度初探[J]. 北京师院学报(社会科学版)1988(2): 71-101.
⑥ 柏莉娟. 乡村治理方式变迁与创新方法研究[M]. 北京:中国商务出版社,2019,38.
⑦ 臧知非. 秦汉里制与基层社会结构[J]. 东岳论丛,2005(6): 11.
⑧ (清)钱仪吉. 三国会要[M]. 上海:上海古籍出版社,2006: 12.
⑨ 朱安祥. 魏晋南北朝货币研究[M]. 北京:中华书局,2021: 138.
⑩ 黄惠贤. 中国政治制度通史(第四卷:魏晋南北朝)[M]. 北京:人民出版社,1996.

已经简化为党和里这两个级别。①

在北齐时期，乡村地区的治理组织进一步细化。按照制度规定，十户家庭被归为一个邻比，五十户邻比形成一个闾，而百户闾间则被称为族党。在一个族党内部，会有一个党族长和一个副党族长，还有两名闾正和十名邻长。总共有十四人负责领导和管理百家庭户。②在魏晋南北朝时期，"村"这一名称初现。这主要是由于当时社会局势动荡，百姓不得不离开原居地，形成了新的聚居地，位于乡里之外。这些新的聚居地就被称为"村"。

总体来看，在这段时间内的乡村治理制度中，乡和里两级组织的作用逐渐显现，成为中国乡里制度中最为关键的两个层级。在官职的选任方面，官员的选拔既包括道德品质的考察，也包括知识水平的评估。乡官主要由官府派遣产生，同时也有民间推选的情况。③这些官员在担任职务时享有一定的俸禄和品秩，这种体制使得乡村社会在封建专制的框架下仍然保持了一定程度的自治状态。

二、第二阶段："乡官制"转变为"职役制"

从隋朝开始到两宋时期，中国乡村治理经历了重大变革。这段时期，由于土地兼并、农民与土地的关系变动，人丁税也逐渐被转变为土地税，朝廷对乡村的控制逐渐加强。这一时期，古代乡村治理经历了从乡里制度到保甲制、乡官制，再到职役制的第二阶段转变。

在隋唐时期，乡村官员逐渐职业化，宗族势力逐渐式微，户籍制度的作用也减弱了。隋朝建立初期，即制定了新的法令，规定了乡村社会的组织结构：五家合为一个保，由一位长者负责。五个保组成一个闾，四个闾组成一个族。④从这里可以观察到，在隋朝初期，乡村治理结构经历了从南北朝时期的"邻、闾、党"三级结构向"保、闾、族"三级结构的演变。然后，隋文帝在开皇九年对治理结构再次改革，从"保、闾、族"三级结构调整为"乡、里"两级治理结构，五百家为一个乡，一百家为一个里。

在唐朝初年，乡村治理结构为"乡、里、坊村、保、邻"。然而，在贞观九年，每个乡只设立了一个乡长和两个乡佐。随后，乡村治理的发展趋势继续削弱，"乡"只剩下一个耆老，负责教化责任。乡制到了唐代，已经名存实亡了。⑤在这一情况下，里在唐代变得非常重要。里正成为唐代基层政权的实际管理者，统治者对里正的人选非常重视，里正通常由县司选勋官六品以下清廉、平正、强干的白丁担任⑥，并免除了里正的所有赋税和劳役责任。里正的主要负责户口核查、农业生产监督、治安管理和赋税征收。直到唐睿宗时期，里正的地位才逐渐下降。⑦在唐宣宗大中九年颁布的诏令中，以贫富等级作为遴选官员的标准，这导致乡亭官员滋生腐败，出现无理征收、任意欺凌的现象。⑧唐代的"村"已成为乡里组织的一级正式设

---

① 张哲郎. 乡遂遗规村社的结构, 吾土与吾民[M]. 上海：三联书店，1992: 219.
②（宋）马端临. 文献通考[M]. 长春：吉林出版集团有限责任公司，2005.
③ 赵秀玲. 村民自治通论, [M]. 北京：中国社会科学出版社，2004: 4.
④ 赵秀玲. 中国乡里制度（第2版）[M]. 北京：社会科学文献出版社，2002: 5-7.
⑤ 范文澜. 历史论文选集[C]. 北京：中国社会科学出版社，1979: 25.
⑥（清）顾炎武. 日知录集释（卷8：乡亭之职）[M]. 上海：上海古籍出版社，2006.
⑦ 柏莉娟. 乡村治理方式变迁与创新方法研究[M]. 北京：中国商务出版社，2019: 47.
⑧（宋）马端临. 文献通考（卷13：职役二，历代乡党版籍职役）[M]. 长春：吉林出版集团有限责任公司，2005.

置，村正由里的居民推荐，由里正选用。朝廷对社会基层的控制由直接转向间接。

三、第三阶段：职役制模式

乡官职役化在宋代得以正式确立。在宋初时，乡里组织逐渐被撤销，取而代之的是保甲制度。①在这一时期，保甲组织的领袖不再是由国家委派的官员担任，而是由地方居民选择，选择标准是人力和财力充裕。并且，保正、副保正、大保长、小保长等职位都不再获得薪酬。②由于这项职责沉重且耗资巨大，每任里正几乎都会因为负担过重而倾家荡产。③因此，人们都不愿充当里正、保甲长。自宋朝始，乡官制度完成了向职役制度的转变。

宋神宗熙宁年间，王安石推行保甲制度，全国各地划分了保、大保、都保单位，每个单位设有保长、大保长、都保长和副保正等职位。他们的职责包括执行差役、政府科敷、监察司迎送等，受到都保的监督。此外，每个都中还选举出财力和物力最充裕的两人担任都保长和副保正，负责处理"盗贼、烟火之事"。保甲制度的推行确实削弱了乡里社会的自治性，加强了中央集权。这种制度改变了乡里制度的性质，转变为职役制。

南宋时期，保甲制度逐渐完善，形成了乡、都、保、甲的治理结构。乡村被划分为乡，每个乡下设都，都下再分为若干个保，保内再划分为甲。保正和副保负责督促甲长职责，取代了耆长的角色。同时，大保长负责督导户长职责。这种层级制度提高了乡村社区管理效率，每家庭被视为一个甲单位，甲头负责协调居民事务，包括催缴税款等。

在元代，国家政权在乡村地区的治理结构相当分散，主要涉及乡都制、都图制和社制。乡都制度是乡村地区的主要行政组织形式，分乡、都两级，乡内有里正，负责催收钱粮等事务；乡管理都，都内有主首，负责处理各种繁琐事务④，协助里正催督差税，依法行使权力，禁止越权。⑤除乡都制外，元代的一些乡村实行都图制，展现了多样化的治理方式。

在明朝时期，乡村政权主要依赖于里甲制度，分为两种形式。一种是王守仁创立的十家牌法，每十家组成一个牌，户前摆放小牌确认户籍并上报官府。另一种是明朝都察院推行的保甲法，规定所有年满十五岁以上的人，无论是农民、工人还是商人，都必须编入保甲。⑥各保要日夜轮流值班，盘查可疑人员，并选拔壮丁进行训练，组成乡兵，自备武器以防范盗贼，维护地方治安。保甲制度与明代的乡约制度相辅相成，加强了对农民的控制。明代统治者通过这两者的结合更有效地管理乡村地区。

在清朝，乡村治理主要依赖里甲制和摊丁入亩的保甲制。治理方式基本延续了明初的模式，每里以一百十户为单位，推选丁粮多者十户为长，剩余百户分为十甲，每甲十户。清中叶以后，改行"摊丁入亩"保甲制。雍正四年（1726年），清政府颁布上谕，详细规定了保甲制度，着重强调了对保甲组织中的保正、甲长、牌头等重要职位的奖惩措施。同时，清政府允许灵活编制保甲，即使村庄很小，只有数家也可以编为一甲。这一政策的灵活性引入，使得保甲制度更具适应性，能够更好地适应各种地域和社区规模的差异。保甲制度的人选要求

---

① 张侃. 中国乡村治理模式历史变迁探析[J]. 经济研究导刊，2020(35): 12-13.
② 徐松. 宋会要辑稿[M]. 北京：中华书局，1957: 6795.
③ （宋）马端临. 文献通考（卷12：职役一，历代乡党版籍职役）[M]. 长春：吉林出版集团有限责任公司，2005.
④ （元）俞希鲁. 至顺镇江志（卷2：地理·金坛县·乡都）[M]. 南京：江苏古籍出版社，1999.
⑤ 方龄贵. 通制条格校注（卷第十六：田令，理民）[M]. 北京：中华书局，2001.
⑥ 柏莉娟. 乡村治理方式变迁与创新方法研究[M]. 北京：中国商务出版社，2019，23.

是"士民公举，诚实识字，有身家者，由官方指定充任"。此外，保甲组织的功能进一步强化，包括征收赋役、办理差务、协助司法事务和处理社会福利事务等。因此，保甲制度使得乡村自治的色彩逐渐减弱，清代的乡村治理更加严密。

第二节　近代乡村治理制度

一、清末时期的"宪制自治"

清朝末期，中国遭到列强的不断侵略，也间接受到了西方工业化的影响。这种外部压力加上乡村社会内部的问题，使得乡村社会在清朝末期陷入了严峻的困境。

清光绪三十四年（1908年）颁布的《城镇乡地方自治章程》标志着中国地方自治制度的建立，这一历程可以分为两个关键阶段。在前一阶段，一些地方绅商自发地或部分地方政府官员开始学习西方地方自治的经验，尝试实施地方自治的措施。[①]这种自发性的尝试是中国地方自治制度的早期探索，为后来的正式制度奠定了基础。而在后一阶段，随着地方自治法律框架的明确颁布，清政府开始主导并积极推动地方自治的发展。《城镇乡地方自治章程》的颁布确立了地方自治的法律体系，为各地区提供了明确的制度规范和操作指南。在这个阶段，政府主导的地方自治逐渐取代了早期的自发性尝试，使得地方自治制度得以系统化和规范化发展。

在清朝末期，各地出现了不同形式的地方自治实践。以湖南为例，甲午战争后，一些维新志士协助湖南巡抚陈宝箴和按察使黄遵宪推行新政，创建了南学会和保卫局。南学会通过讲学培养士绅的参政议政能力，而保卫局则是官绅合办的警察组织，具有一定的地方自治性质。[②]在东北地区，为了捍卫自身权益，地方绅民组织了东三省保卫公所。这一组织旨在保护地方社会秩序，是地方自治的初步探索。[③]在上海，引入了西方地方自治制度的理念，设立了上海城厢内外总工程局。这个机构不仅参考了西方地方自治的经验，还设立了议会和参事会两个组织，为地方事务提供了一种参与和决策的平台，体现了地方自治的试点模式。而在天津，地方自治则受到清政府的严格监督，自治局因经费问题难以正常运作，地方自治的实践由此受到限制，清政府借此机会加强了对天津地方自治的控制。[④]

二、军阀混战时期的"乡村自治"

由于革命派意志的薄弱，南京临时政府的革命成果被手握兵权的袁世凯窃取，袁世凯变地方自治为协助官制，将区作为地方自治的组成单位用作服务于国家官僚政治的工具。[⑤]1912年3月10日，袁世凯就任中华民国临时大总统后，为了加强了自身权力，继承了清

[①] 陈丽君，杨宇. 近代乡绅基层整合功能的转换及其制度逻辑——基于绅权制衡机制演变的考察[J]. 中国社会科学院研究生院学报，2021(01): 88-100.
[②] 黄遵宪，钱仲联. 人境庐诗草笺注·下册·附录：黄公度先生年谱[M]. 上海：上海古籍出版社，1981: 1127-1128.
[③] 马小泉. 国家与社会：清末地方自治与宪政改革[M]. 开封：河南大学出版社，2000: 54-62.
[④] 柏莉娟. 乡村治理方式变迁与创新方法研究[M]. 北京：中国商务出版社，2019. 57.
[⑤] 王春娟. 中国农民利益表达途径的历史考察——基于国家和乡村关系的视角[J]. 武汉理工大学学报（社会科学版），2012，25(4): 537-543.

末的地方自治制度，将地区分为城、镇、乡三种自治单位，各设议决和执行机关，负责教育、卫生、道路等事务。然而，这种传统地方自治形式对袁世凯的专制统治构成挑战。[1]因此，他于1914年2月3日以"自治会干预行政"为由下令停办地方自治，随后颁布《地方自治试行条例》和《地方自治试行条例实施细则》，改为区乡自治，废除了议事会，保留了城镇董事会和乡董，使它们成为区行政的主要机构。

根据《地方自治试行条例》，地方自治区域以县为单位，每县设4~6个区，各区根据人口分为会议制自治区和单独制自治区。会议制自治区分为三级，根据户口多寡划分。贫弱地区可经县知事核准缓设自治区。地方自治的范围包括卫生、慈善、教育、交通、农工商事项，国家行政范围外的事务，以及法令委托的事项。治理结构包括住民、选民、自治会议、区董、自治员。然而，袁世凯颁布《地方自治试行条例》旨在限制地方自治，因此地方自治在此时并未有实质性改变，反而受到政府更严格的监督和控制，袁世凯时期的地方自治实际上名存实亡。

三、国民政府时期的"新县制"

国民政府的基层乡村治理主要经历了三个阶段。第一阶段（1927—1934年）为假托自治的阶段。新成立的国民政府颁布了三部《县组织法》和两部《乡镇自治施行法》，在形式上确立乡村基层自治的法律地位。第二阶段（1934—1939年），国民政府重建保甲制度，加强了对地方的控制。第三阶段（1939—1949年）为推行新县制，恢复地方自治的阶段。其中新县制是三个阶段中最为鲜明的特色。[2]

南京国民政府在民国时期以"山西村治"为蓝本，颁布了一系列法规，确立了乡村地方自治制度。地方自治分为区、乡镇、闾、邻四级组织，设有各级大会、公所和监察委员会。然而，分级过多难以推行，加上土地革命运动的压力，1934年停办自治，改办保甲。但乡村自治趋势不可遏制。1939年，国民政府发布《县各级组织纲要》，实行新县制，明确规定了县和乡两级的地方自治，实行由各级组织（其中包括保甲）和民意机关的选举制度，把地方建设中的各项内容纳入自治事务的范畴，将保甲纳入乡镇编制。新县制旨在强化对基层的控制，实质上是"加强控制"与"自治"相结合。在实施过程中，各地缺乏人才，财政不足，权责不清，县长权力扩大，乡保甲长权力集中，新县制实质上是地方保甲制的翻版。

第三节 新中国成立后的乡村治理制度

1949年中华人民共和国的成立标志着一个崭新政权的开始，也同样标志着崭新的社会治理方式开始产生。中国共产党决定以嵌入式将权力向乡村延伸，整合乡村社会。新中国成立后的乡村治理分为集体化时期、改革开放时期以及税费改革时期三个阶段。

---

[1] 胡恒. 清代的乡官论与制度选择[J]. 历史研究, 2020(5): 83-107+221.
[2] 王奇生:《革命与反革命：社会文化视野下的民国政治》[M]. 北京：社会科学文献出版社, 2010: 395.

一、集体化时期的乡村治理制度

新中国成立后,土地改革工作的深入推进使得农民的热情极度高涨,农民土地所有制的确定令农村基层新政权的建立奠定了扎实的群众基础;废除保甲制度,召开了乡镇人民代表大会并选举、组建乡镇人民政府,人民政权由此更加巩固;通过剿匪反霸等运动,消灭了封建地主和宗族势力,使得治理格局更加民主。[①]

(一)集体化时期农村基层党组织治理

"政党是一个现代化组织,为成功计,它又必须把传统的农村组织起来"[②]因此,党通过"政党下乡"真正将农民带入国家政治之中。

1. 新中国成立初期的农村基层党组织治理

新中国成立初期,由于经历过农村包围城市的中国革命,农村地区集中了许多党组织的骨干力量。1950年6月7日中共中央组织部在七届三中全会汇报的《关于中国共产党的组织情况及发展和巩固当的问题》中,就党组织主要分布在农村的情况进行了说明,当时全国共有约20万个党的支部,除了军队支部外,农村支部占据了79.8%。[③]随着党的工作重点逐渐转向到城市,党组织的发展重点也转向城市,而对农村地区的党组织发展则采取了限制的政策。1950年5月21日,中共中央《关于发展和巩固党的组织的指示》中,根据各地解放时间不同,将农村基层党组织以老解放区与新解放区划分,采取不同措施进行治理。

在老解放区,由于农村党员较多,也有一部分已经建立了农村基层党组织,但仍然存在部分党组织成分不纯、缺乏系统教育、党员素质较低等问题。因此,1950年5月21日《关于发展和巩固党的组织的指示》对老解放区以及新解放区都进行了一定的工作指示,在新解放区,由于农村基层政权尚未彻底改造,又因为国民党残余势力、土匪、恶霸的骚扰破坏,无法发展大量党员。1950年5月21日,中共中央《关于发展和巩固党的组织的指示》对新解放区进行工作指示:"在新区农村中,目前暂不发展党的组织,应集中力量在各种斗争中组织和发展广大的农民,发现与培养真正的积极分子,待土改完成后,再来进行发展党的工作。"[④]新解放区通过土地改革工作以及清匪反霸、减租减息运动等,使农民积极地参与到各项工作当中,党充分发动农民、依靠农民,根据相关工作会议的精神,建立农村基层党组织,巩固了胜利的果实。

1953年左右,全国范围的土地革命基本结束。在这个过程中,党积极吸纳优秀人员,使得党的基层组织队伍扩大,并且使得"农民取得土地,党取得农民",为新生政权的合法性以及权威性做了铺垫。1953年,中共中央提出了过渡时期总路线,要求基本实现国家的工业化和对农业、手工业、资本主义工商业的社会改造,而对农业的社会主义改造就是农村合作化运动。1954年6月3日,中共中央农村工作部在《关于第二次全国农村工作会议的报告》中

---

① 徐勇. 政权下乡:现代国家对乡土社会的整合[J]. 贵州社会科学, 2007(11): 4-9.
② 塞缪尔·亨利顿. 变化社会中的政治秩序[M]. 北京:三联书店, 1989: 401-402.
③ 中共中央党史研究室. 中国共产党历史[M]. 北京:中共党史出版社, 2011: 166-167.
④ 中共中央文献研究室编. 建国以来重要文献选编(第一册)[M]. 北京:中央文献出版社, 1992: 243-244.

对新老解放区都进行了进一步指示。①"到1954年11月，在全国农村22万个乡中，已有17万个乡建立了党的基层组织，农村党员数量由上一年的335.7万快速发展到近400万。"②党员和党组织逐渐成为农村社会治理的核心，增强了农民的凝聚力与组织性。

2. 全面建设社会主义时期的农村基层党组织治理

全面建设社会主义的新时期，合作社已经不能满足当时农村互助合作运动模式的需要，因此许多人认为应该提高合作社的层次。《中共中央关于在农村建立人民公社问题的决议》通过后，全国农村普遍建立了政社合一的人民公社，而《农村人民公社工作条例（修正草案）》标志着人民公社体制的普遍建立。"9月底，据当时各省、市、自治区统计局统计全国70万个农业社已经合并建成了26 425个人民公社，合计121 936 350户，占农户总数的98.2%。"③"公社经由村社组织——民兵、党支部、大队、小队、农会、妇联、共青团等各种正式的和非正式的关系联系起来。"④当时，中国共产党在农村中的基层组织主要是由人民公社、生产大队和生产队建立的党委、党总支部、党支部三个层级的党组织构成。⑤公社负责的工作主要有统筹领导、管理监察、保障和执行国家政策法令与国家计划，对事关生产、群众生活和其他方面的重大问题进行决策和执行，宣传教育等全方面管理，使上层的任务、命令、指示等得以落实，并且能够对下层执行情况、思想教育进行及时监督与修正。人民公社作为具有突破性的乡村管理体制，使国家能够直接与农村对接，使政务与资源能够落实到位。

（二）集体化时期的基层政权与农民组织治理

1949年中华人民共和国成立，随之开始通过基层政权建设加强对农村社会的政治治理。虽然沿袭了以往的县、区、乡体制，建立起了相应的政府。这个阶段的政权整合最突出的特点就是从经济与社会基层变革的根本上建构政权组织体系。⑥在这个基础之上，农民协会、农业生产合作社、人民公社等农民组织逐渐登上农村治理的舞台。

1. 新中国成立初期的基层政权治理

新中国成立初期的基层政权治理主要以"乡级—村级"政权体系进行运作，由乡政权进行村级工作安排，既能将政权落实到村级单位，又能避免由于只设立村政权而产生问题混杂、工作无法开展的情况。《乡（行政村）人民代表会议组织通则》和《乡（行政村）人民政府组织通则》于1950年12月由政务院通过，在全国普遍建立了乡（行政村）政权。但是，当时并不同意在全国县以下设置行政层级。《关于健全乡镇政权建设的指示》进一步规范了乡政权体系及其运作，对于乡级人民政府内部设置工作委员会进行了明确。通过各种层次会议的衔接与民主参与，人民群众的意见与问题得到了解决。1954年9月15日通过的《中华人民共和国宪法》明确规定了中国的行政区划，明确了新中国最基层的政权为乡、民族乡、镇。而后，

---

① 中共中央文献研究室编. 建国以来重要文献选编（第五册）[M]. 北京：中央文献出版社，1993：272.
② 中央档案馆. 中国共产党组织史资料（五）[M]. 北京：中央党史出版社，2000：11.
③ 全国农村已基本实现人民公社化参加公社的达一亿二千万户[J]. 统计工作，1958(20)：25.
④ 景跃进. 国家与社会边界的重塑[J]. 江苏社会科学，1999(6)：27-29.
⑤ 余方. 当代中国农村政治发展和社会治理研究[J]. 管理观察，2016(34)：42-43+46.
⑥ 中共中央文献研究室编. 建国以来重要文献选编（第五册）[M]. 北京：中央文献出版社，1993：272.

为了农业合作化运动的顺利开展，全国范围展开了"并乡撤区"措施，扩大了乡的范围。

1950 年，《乡（行政村）人民代表会议组织通则》和《乡（行政村）人民政府组织通则》对村级政权进行了规定，明确村级政权应设立行政村人民代表会议和行政村人民政府。1954 年 1 月，《关于健全乡镇政权建设的指示》重新对乡以下的政权结构进行规定。①该《指示》通过对居住集中的乡和居住分散的乡进行不同分配。1954 年 9 月 15 日，《中华人民共和国宪法》明确取消了村一级行政建制。农业合作化运动的开展使得合作社成为农村治理的新主体。

2. 新中国成立初期的农民组织治理

新中国成立初期首先出现的农民组织为农民协会。1950 年 7 月，中华人民共和国政务院颁布《农民协会组织通则》，对农民协会进一步规定，全国各地农民协会的数量迅速增长。农民协会的设立主要是为了推进农村的土地改革，并作为新中国基层政权的过渡形式。但是历史使命下催生出来的农民组织必然带有强烈的行政化色彩。

1953 年 12 月 16 日，中共中央公布《关于发展农业生产合作社的决议》。该《决议》强调："发展农业合作化，无论何时何地，都必须根据农民自愿这一根本的原则。""这就是说，盲目急躁的冒险主义是根本要不得的。必须采用说服。示范和国家援助的方法来使农民自愿联合起来。"②这标志着农业合作化运动进入迅速发展阶段。1956 年 1 月，全国农村基本实现了初级合作化。③1956 年 1 月 23 日，中共中央政治局通过《一九五六年到一九七六年全国农业发展纲要（草案）》，要求进一步巩固和发展农业合作化运动，并要求在 1958 年基本上完成高级形式的农业合作化。④农业合作化运动对新中国成立初期的经济恢复产生了积极的作用，并且为人民公社体制奠定了基础。⑤虽然同样为农村重要组织，但是与人民公社体制相比，农业合作社并没有掌握政权。因此农业合作社并没有根本上改变新中国成立以来形成的我国农村基层的治理结构。

3. 全面建设社会主义时期的人民公社体制

1961 年 6 月 15 日，中共中央发出《农村人民公社工作条例（修正草案）》，规定了人民公社时期相关机构的设置、职责、权力等重要内容。人民公社各级组织的规模由社员自主根据具体情况决定，生产大队的规模相当于原来的高级农民生产合作社。人民公社的管理体制由各级权力机关、各级管理委员会和各级监察委员会（或检察员）构成。但是，在人民公社体制下存在平均主义现象，农民的生产积极性被抑制。因此，1962 年 2 月 13 日，中共中央颁布《关于改变农村人民公社基本核算单位问题的指示》，强调以生产队为基本核算单位。⑥

人民公社体制是全新的政权组织形式，分散于农民之中的经济权力集中于政治组织体系，乡村权力的集中程度达到前所未有的程度。人民公社体制实行科层制和标准化管理，统一生产、统一分配，进行服从式治理。⑦

---

① 郑建烔. 乡村微治理创新模式与完善推广理路[D]. 武昌：中南财经政法大学，2022.
② 中共中央文献研究室编. 建国以来重要文献选编（第四册）[M]. 北京：中央文献出版社，1993：666-667.
③ 陈锡文，等. 中国农村制度变迁 60 年[M]. 北京：人民出版社，2009：334.
④ 中共中央文献研究室编. 建国以来重要文献选编（第八册）[M]. 北京：中央文献出版社，1993：666-667.
⑤ 中共中央文献研究室编. 建国以来重要文献选编（第四册）[M]. 北京：中央文献出版社，1993：666-667.
⑥ 中共中央文献研究室编. 建国以来重要文献选编（第十五册）[M]. 北京：中央文献出版社，1997：178.
⑦ 塞缪尔·亨利顿. 变化社会中的政治秩序[M]. 北京：三联书店，1989：401-402.

二、改革开放时期的乡村治理制度

1982年的中央一号文件《全国农村工作会议纪要》明确肯定了社会主义集体经济的生产责任制所包含的内容。1991年11月召开的中共十三届八中全会通过的《中共中央关于进一步加强农业和农村工作的决定》正式提出,以家庭联产承包为主的责任制、统分结合的双层经营体制作为我国乡村集体经济组织的一项基本制度被长期稳定下来,并不断充实完善。

(一)改革开放时期的基层党组织治理

经过特殊时期后,党的组织建设急需加强。1983年,为了推行政社分离改革,中共中央、国务院于10月12日联合发出《关于实行政社分开建立乡政府的通知》,提出在建立乡政府的过程中,要按乡建立党委,并且要求各级党委必须加强对政社分开、建立乡政府的领导,坚持群众路线,做好宣传工作和思想政治工作。1985年全国范围实行政社分开,建立乡政府的工作基本完成。但是在新建立的乡政府中,党政分工不明确、党政关系不顺问题依然制约着基层党组织和政府作用的发挥。为了解决这一问题,中共中央、国务院于1986年9月26日下发了《关于加强农村基层政权建设工作的通知》。该《通知》一方面明确了乡党委的职责,另一方面对乡党委和乡政府的关系也做了原则性规定。为了健全党的民主集中制,完善党内的选举制度,于1990年6月27日公布《中国共产党农村基层组织工作暂行条例》。该《条例》的出台扩充了党的基层组织的内涵,将基层委员会经批准设立的纪律检查委员会也作为党的基层组织的一部分,规定了党的基层组织换届选举中应遵循的原则,规范了农村基层党组织与选举相关的各类工作。

新的历史条件对党的基层组织建设提出了更高的要求。江泽民同志在党的十四大上作的《加快改革开放和现代化建设,夺取有中国特色社会主义事业的更大胜利》的报告中指出党的基层组织的重要性。面对进一步改革开放给整个社会和基层党组织带来的巨大影响。1994年9月28日,《中共中央关于加强党的建设几个重大问题的决定》。该《决定》明确提出加强农村基层党组织建设的关键在县委,并把农村基层党组织建设工作的好坏作为考核县委书记工作实绩的一个重要依据。

(二)改革开放时期的基层政权治理

十一届三中全会召开后,以推行家庭联产承包责任制为开端,中国农村经济体制改革率先起步,农村政治体制改革也由此启动。改革开放时期,经历了"社改乡"和乡政村治体制的建立、撤并乡镇、县乡综合改革试点三个阶段。

1. "社改乡"与乡政村治体制的建立

在这一阶段,"政社合一"的人民公社体制已失去了权威基础,变得"无法容忍新兴的社会力量,无法协调和统帅社会"[①]1982年12月,《中华人民共和国宪法》明确规定,乡、民族乡、镇是我国最基层的行政区域,乡镇行政区域内的行政工作由乡镇人民政府负责。《宪法》

---

① 张厚安.中国农村政治稳定与发展[M].武昌:武汉出版社,1995:211.

的这一规定为撤销人民公社、建立乡镇人民政府奠定了法理基础。1983年，中共中央一号文件《当前农村经济政策的若干问题》明确提出了人民公社改革的方向和步骤："政社合一的体制要有准备、有步骤地改为政社分设，准备好一批改变一批。在政社尚未分设以前，社队要认真地担负起应负的行政职能，保证政权工作的正常进行。在政社分设后，基层政权组织，依照宪法建立。""至1985年2月，全国完成了政社分开，重建乡政权的任务。"①至此，人民公社退出了中国历史舞台。这一时期的乡政权组织结构为乡人民代表大会、乡人民政府。新建乡政权组织在实践中不断完善，一是大乡划小，二是撤区并乡，逐步实现中国基层政权划一制度。

2. 撤乡并镇的推进

在重建乡政权组织过程中，镇的建制开始被重视。1983年10月，《关于实行政社分开建立乡政府通知》要求全国重视集镇建设。辖区面积较大、人口达到一定数量的集镇，可成立镇政权组织，以促进农村经济、文化、事业的发展。②在全国农村实施政社分开，建立乡政府工作全部结束后，为了进一步规范和加强农村基层政权的工作，党和政府又颁布了一些规范性文件。1984年11月22日，国务院批转民政部《关于调整建制镇标准的报告》强调要按照积极发展小城镇的方针要求，调整基层政权行政规划。1986年9月4日，《关于全国区、乡、镇党政机关人员编制的有关规定》主要规范的是新成立的农村基层政府的人员编制问题。《关于加强农村基层政权建设工作的通知》主要针对当前乡镇政府运作中存在的党政不分、政企不分、乡镇政府自身建设落后等问题，提出了具体的要求。

1986年，中共中央、国务院发布的相关文件取得了一定的成效。但是，由于这一时期我国还没有提出要建立社会主义市场经济体制，政府的管理模式主要还是计划经济体制下的政府管理模式，因此这一时期乡镇政府管理模式的不足也是非常明显的。尤其是随着乡镇政府功能的增强，乡镇政府的机构和人员数量迅速增加，随之而来的是乡镇政府财政负担增加，农民的负担也随之增加。"1990年，各种向农民征收的项目已达149项之多。1991年农民负担约占上年人均纯收入的13%，已经远远超过了5%的控制线。"③因此，20世纪90年代乡镇政府改革的重点也转变成为精简机构和人员。

3. 县乡综合改革试点与机构改革

1992年，我国开始对乡镇管理体制进行改革，对我国农村基层政府管理体制提出了新的要求，即建立适应社会主义市场经济体制的乡镇基层管理模式。④1993年11月，《中共中央关于建立社会主义市场经济体制若干问题的决定》明确了农村基层政权的改革方向。20世纪90年代初，乡镇基层政府以转变职能、精简机构和人员为主题的改革取得了一定的成效，但是这一改革的成果并没有得到很好的巩固。到90年代末，乡镇政府人员编制膨胀的情况已日趋严重，并有愈演愈烈之势。1998年，时任国务院总理李鹏代表国务院在向第九届全国人民代表大会第一次会议作的政府工作报告中指出，这一次政府机构改革，"要按照发展社会主义市场经济的要求，根据精简、统一、效能的原则，转变政府职能，实现政企分开，建立办事高

---

① 浦兴祖. 中华人民共和国政治制度[M]. 上海：上海人民出版社，2005: 275.
② 全国人民代表大会常务委员会法制工作委员会. 中华人民共和国法律行政法规规章司法解释分卷汇编[M]. 北京：北京大学出版社，1998: 231.
③ 陈华栋，顾建光，蒋颖. 建国以来我国乡镇政府机构沿革及角色演变研究[J]. 社会科学战线，2007(2): 175-178.
④ 邹东涛. 中国改革开放30年：路线图与大智慧[J]. 江西社会科学，2008(10): 7-19.

效、运转协调、行为规范的行政管理体系"。为了进一步推动我国地方政府机构改革，1999年，中共中央、国务院下发了《关于地方政府机构改革的意见》。该《意见》主要关注的是省级政府和地市级政府的机构改革。这一时期的农村基层乡镇政权改革主要围绕政府职能转变和机构人员的精简展开，取得了一定的效果。

（三）改革开放时期的村民自治

村民委员会最早出现在1980年的广西壮族自治区河池市的宜山、罗城两县①，当地农民组织召开了全村户主会议，每一户出一个代表，通过无记名投票的方式选举出本村治安带头人。选举出来的人带领村民制定村规民约，自我管理、自我约束。村民委员会的职能随着人民公社体制的逐渐解体，从帮政府维持社会治安扩展到管理农村生活的方方面面，不仅涵盖了政治生活，还包含社会生活等。

1987年颁布的《中华人民共和国村民委员会组织法（试行）》，随着农村社会经济的发展和新情况、新问题的不断出现，已经不能适应村民自治的需要。为了适应新形势，1998年11月4日《中华人民共和国村民委员会组织法》正式颁布，从而加快了中国农村村民自治的步伐。新的《中华人民共和国村民委员会组织法》比原来的规定更具体细致、丰富充实，村民自治的内容进一步完善。

三、税费改革时期的乡村治理制度

20世纪八九十年代，农民负担日趋沉重。在这期间，党和政府也进行了一系列改革，但是成效并不显著。②因此，进入21世纪，减轻农民负担、增加农民收入就成为党和政府农村工作的中心议题。2001年4月25日，《关于2001年农村税费改革试点工作有关问题的通知》要求继续试点，没有进行局部试点的省可选择个别县市试点。此外，全国不再扩大试点范围。国务院办公厅又于2002年3月27日印发了《关于做好2002年扩大农村税费改革试点工作的通知》，确定16个省（自治区、直辖市）为2002年扩大农村税费改革试点省。③

（一）税费改革时期的基层党组织治理

进入21世纪，农村社会发生了许多新变化，主要表现为：第一，农村社会组织结构和利益关系发生深刻变化。第二，农村基层党组织凝聚力下降。传统的基层党组织产生方式面临越来越大的挑战。传统的乡镇党委班子产生方式有两种：第一种是组织任命，第二种是换届选举。这一切都为农村基层党组织领导班子的"公推直选"奠定了基础。农村基层党组织领导班子的"公推直选"成为农村基层治理方式变革中的一项伟大创新。

1. 乡镇党组织

乡镇层级的党委领导班子公推直选的实践最早出现在2001年的四川省平昌县灵山乡。④在

---

① 米有录，等. 静悄悄的革命——中国村民自治的历程[M]. 北京：中国社会出版社，1999: 209.
② 许光建. 中国农村税费改革的回顾与评价[J]. 山西财经大学学报，2004(1): 31-34.
③ 薛明兵. 屠宰税：历史的回顾[J]. 中国税务，2006(5): 26-27.
④ 熊茜. 改革开放以来四川省基层协商民主实践研究[D]. 西南交通大学，2021.

2002年11月召开的党的十六大会议精神的指导下,2003年12月,成都市新都区木兰镇选出了全国第一位公推直选的镇党委书记。①各地公推直选乡镇党委领导班子的实践不断扩大。"截止到2005年10月,全国有210多个乡镇进行了公推直选的试点。"②2007年10月,党的十七大对乡镇党组织领导班子的"公推直选"给予认可。党的十七大之后,全国各地纷纷实施了乡镇党委领导班子和乡镇党委书记的"公推直选"制度。尽管这一机制只在一些地方进行试点,但它对乡村治理方式的影响是深远的。乡镇党委书记和乡镇党委领导班子的"公推直选"强化了普通党员和群众的决定性作用,使新产生的党委书记和党委领导班子更加关注基层,更深入接触群众,加强了党与群众的联系。这为充分发挥乡镇党组织在农村治理中的核心作用奠定了基础。

2. 村级党组织

通过多年的村民自治实践和村民直接选举村民委员会,中国农村的广大居民逐渐增强了民主和权利意识。在广大中国农村产生了两种不同选举方式的领导机构:一是由农民直接选举产生的村民委员会,另一是由非农民直接选举产生的党支部。在这种背景下,出现了一些不和谐的声音,这种现实需要迫使农村党支部改革。在20世纪90年代,涌现多种新的村党支部书记选举方式。进入21世纪初,这些新方法得到了中央的明确认可,并在全国范围内得到了推广。

直至2009年4月8日,中共中央组织部发布《关于加强村党支部书记队伍建设的意见》,其中明确规定:"村党支部书记的选拔任用由乡镇党委具体负责,按照相关规定和程序进行。在村党支部书记的产生中,坚持民主、公开、竞争、择优的原则,并根据各村的不同情况采取'两推一选'、'公推直选'、面向社会公开选拔、乡镇党委委派等方式。"这一决定的成功实施,是高层指导和基层探索之间良性互动的结果。通过改革农村基层党组织领导班子,特别是村党组织书记的产生方式,新形式使更多非党员身份的普通村民有机会被发展为党员,进而参与农村党组织领导班子的选举,使农村党组织领导班子的产生方式趋向于与村民自治组织领导成员的产生方式一致。③

(二)税费改革时期的乡镇政府治理

农村税费改革是我国农村继土地改革、推行家庭联产承包责任制之后的第三次重大改革。此次改革从2000年在安徽试点开始,2003年在全国范围内铺开,直到2006年,时任国务院总理温家宝在第十届全国人大第四次会议上宣布:今年在全国彻底取消农业税。这场重大改革给乡镇政府带来了严重的挑战,乡镇政府从农村汲取财政的能力被迅速弱化,直至取消,中国农民进入了零税负的时代。"截至2002年底,全国乡镇一级平均负债水平为400万元,总额在2 200亿元左右。"④这种变化所带来的巨大的财政压力迫使乡镇政府必须做出改变。

---

① 任中平.公推直选乡镇党委的经验、问题与思考——基于十年来四川省公推直选乡镇党委试点经验的实证分析[J].社会科学研究,2012(1):49-55.
② 马兆亭.论党内基层民主创新的生成机制——基于基层乡镇党委"公推直选"的案例分析[J].桂海论丛,2009,25(2):53-56.
③ 中央组织部印发《加强村党支部书记队伍建设的意见》[Z/OL].(2009-04-29)[2023-12-28]. http://www.gov.cn/jrzg/2009-04/29/content_1300199.htm.
④ 吴理财.从"管治"到"服务"乡镇政府职能转变研究[M].北京:中国社会科学出版社,2009:232.

1. 先行试点阶段的乡镇政府改革

2000年3月2日发布的《关于进行农村税费改革试点工作的通知》，把精简乡镇机构和压缩人员编制作为农村税费改革试点的重要配套措施之一。同年9月30日发布《关于进一步加强农村税费改革试点工作的通知》。该《通知》的出台，标志着中央在乡镇机构改革方面终于从单纯的人员精简转向体制变革。2004年3月，为配合农村税费改革，我国乡镇机构改革在黑龙江、吉林、安徽、湖北四省先行试点，改革的主要任务是严格控制乡镇人员编制。2004年9月24日，国务院发出了《关于进一步做好2004年农村税费改革试点工作的通知》，再一次明确要加快乡镇政府职能转变，加强乡镇政府社会管理和公共服务功能。

2. 乡镇政府改革扩大和深化试点阶段

这一阶段从2006年全面取消农业税开始，到2008年年底结束。全面取消农业税，标志着中国的农村改革走向了一个新阶段。2006年10月18日，根据2006年中央一号文件《关于推进社会主义新农村建设的若干意见》的精神，国务院发出了《关于做好农村综合改革工作有关问题的通知》，进一步明确了乡镇机构改革的总体要求。在相关文件的指导下，乡镇政府在精简乡镇党政机构和人员、继续推动乡镇事业站所改制、实施乡财县管乡用的乡镇财政体制改制方面扩大和深化了改革。

这一阶段的乡镇改革推进的速度非常快，安徽、湖北、黑龙江、吉林、河南、内蒙古、浙江、重庆8个省（区、市）已经开始试点，四川、青海和江西的试点乡镇已经达到乡镇总数的一半以上。①

（三）税费改革时期的村民自治

自2000年以来，中国农村社会经历了多次重大变革，农村治理面临新的挑战。针对农村治理中出现的新问题和挑战，党和政府高度重视，积极采取多项措施，积极与农民合作，共同推进和完善农村治理。

在农村税费体制改革后，为进一步完善村务公开和民主管理制度，引入了"一事一议"制度，即由村民会议和村民代表会议就关系到个人切身利益的农村公共产品供给问题进行讨论和决策。2002年7月14日，中共中央办公厅和国务院办公厅发布了《关于进一步改进村民委员会换届选举工作的通知》，提出四个"倡导"。此文件发布后，全国各地开始实践村支部书记和村委会主任"一肩挑"的方式，这在很大程度上缓解了农村"两委"机构之间的矛盾。但是，这也带来了一些新问题，如权力过于集中、腐败问题，以及一些地区强制推行"一肩挑"政策所引发的新挑战。

另一重要举措是建立了大学生"村官"制度。2008年4月11日，中组部、教育部、财政部、人力资源和社会保障部联合发布了《关于选拔高校毕业生到村任职工作的意见（试行）》，以进一步加强对大学生"村官"的管理。紧随其后，2009年5月21日，《关于建立选聘高校毕业生到村任职工作长效机制的意见》强化了"村官"制度的建设，旨在确保大学生"村官"能够在农村工作表现出色，逐步建立一支规模适中、结构合理、素质优良、充满活力的大学

---

① 变革·重塑·活力——我国乡镇机构改革深入推进[EB/OL].[2023-08-17]. http://www.gov.cn/jrzg/2009-05/24/content_1323181.htm.

生"村官"队伍。

此外,为了促进农民专业合作社的正常发展,2006年10月31日《中华人民共和国农民专业合作社法》通过,并自2007年7月1日开始实施。该法详细规定了农民专业合作社的设立、登记、成员、组织结构、财务管理、合并、分立、解散、清算、扶持政策、法律责任等各个方面,使农民专业合作社的发展步入法治化轨道。

2009年1月27日,中共中央办公厅和国务院办公厅共同发布了《中央机构编制委员会办公室关于深化乡镇机构改革的指导意见》。该指导意见提出积极探索农村公益服务的有效实施方式,以改进乡镇机构,提高服务效率和质量,更好地满足农民的需求。

第四节 新时代乡村治理制度

在党的十八大后,"全面深化改革,推进国家治理体系和治理能力现代化"被提上议程,标志着国家和社会治理模式进入了新的历史阶段。在乡村现代化不断推进的背景下,党的十八大和十八届三中全会均强调了协商民主,将其融入基层民主建设框架,实现协商民主和选举民主的有机融合,推动乡村政府的现代化建设。

一、基层协商民主制度

"全面深化改革,推进国家治理体系和治理能力现代化"的倡议发出后,国家和社会治理方式进入了崭新发展阶段。乡村治理作为国家治理和社会治理的关键组成部分,在这一新背景下需要不断改进和发展。为适应这一变革,党开始引入协商民主制度,以促进基层民主,从而推动乡村治理现代化进程。2012年,党的十八大报告首次详细提出并系统阐述了完善社会主义协商民主制度,明确了"社会主义协商民主制度"的概念,特别强调了其特殊法定性。[①]党的十八届三中全会通过的《决定》,提出了"应推进多样化基层民主协商方式"。这意味着在村民自治的基础上,需要嵌入协商民主,以实现协商民主和选举民主的紧密结合,为广大村民提供全新的民主实践途径,从而推动乡村治理进入现代化阶段,并最终实现国家治理的现代化。通过在村民自治的基础上培育协商民主,以促使协商民主和选举民主的有机结合,为广大村民提供全新的民主实践机制,以推进乡村治理的现代化,为国家治理现代化迈出关键一步。

党的十八届三中全会提出了协商民主体系,提出了"要推进协商民主广泛多层制度化发展"[②]。2014年9月,习近平总书记在中国人民政协成立65周年纪念活动中,对社会主义协商民主制度进行了系统而全面的阐述,为进一步强化社会主义协商民主建设提供了明确方向。同时,在2014年,民政部举办了全国社会组织协商民主专题座谈会,明确了在社会组织中加强协商民主建设的任务和重要性。[③]2015年2月,中共中央颁布了《关于增强社会主义协商民

[①] 王燕飞,段晓颖.论社会主义协商民主在国家治理体系中的适用性与功能[J].云南社会主义学院学报,2017(1):48-57.
[②] 中共中央编写组.中共中央关于全面深化改革若干重大问题的决定[M].北京:人民出版社,2013:29.
[③] 任惠宇.新时代中国特色社会主义协商民主研究[D].长春:吉林大学,2020.

主建设的意见》，这是一份具有纲领性的文件，对社会主义协商民主建设提供了指导。[①]党的十九届四中全会进一步强调了协商民主的发展，通过了《中共中央关于坚持和完善中国特色社会主义制度推进国家治理体系和治理能力现代化若干重大问题的决定》。2021年11月11日，《中共中央关于党的百年奋斗重大成就和历史经验的决议》明确提出："应当加强人民政协专门协商机构制度建设，积极推进社会主义协商民主的广泛多层制度化发展，构建中国特色协商民主体系。"[②]

二、村民自治制度发展

我国的村民自治历经了40多年的发展，其发展过程可以被归纳为"三个波段"，这三个波段包括以下几个方面：第一波段村民自治，始于20世纪80年代初，以广西宜州合寨村的自然村为基础，是最早的自生自发的村民自治；第二波段村民自治，以建制村为基础，开始于20世纪90年代，标志着从传统自治向现代自治的转变；第三波段村民自治，在建制村以下自发产生，表现为村民自治的内生和外动力，使自治制度得以回归。这三个波段代表了村民自治在不同历史时期的重要阶段。[③]

这一农村社区有效自治的模式在多个地区的试点得到验证后，很快得到了中央政策的认可。2014年，中央一号文件明确提出："应当在不同情境下探索村民自治的有效实现形式，农村社区建设试点单位和集体土地所有权在村民小组层面，可以推动以社区和村民小组为基本单元的村民自治试点。"虽然这些社区组织在资源组织、财务管理、文化传承等方面赋予了农民更多的自主权，但由于其建立在村民志愿服务的基础上，这些社区的自我管理更多地依赖于长期内部协议和规章。[④]2015年的中央一号文件再次明确了"应当探索与各地情况相适应的村民自治有效实现形式"。中央两份一号文件接连提出了推动村民自治有效实现的要求。2016年中央一号文件明确规定，必须"在法律框架内推进村民自治实践，探索在村党组织领导下村民自治有效实现的形式"。2017年5月，民政部等六个部门根据方案，确认了全国试点的24个单位，这些试点覆盖了来自18个县（区、市）的村民小组或自然村，并将其作为基本实施单元。各省（市、自治区）也按照国家试点方案的要求，制订了具体工作方案，以全面推进试点工作。[⑤]

三、"三治合一"的乡村治理探索

党的十九大报告明确指出，为了推动乡村振兴战略的实施，必须强化农村基层基础工作，并建立一个完善的乡村治理体系，其中包括自治、法治、德治的有机结合。[⑥]目前，我们采取

---

① 文梓浩,王衡. 从使命驱动到制度驱动：中国共产党领导的多党合作的历史演进与经验逻辑[J]. 三峡大学学报（人文社会科学版）,2021,43(3): 16-21.
② 中共中央. 中共中央关于党的百年奋斗重大成就和历史经验的决议[M]. 人民出版社,2021: 40.
③ 徐勇,赵德健. 找回自治：对村民自治有效实现形式的探索[J]. 华中师范大学学报（人文社会科学版）,2014,53(4): 1-8.
④ 周丽娜,陈宏达. 村民自治制度的变迁及当代思考[J]. 长春理工大学学报（社会科学版）,2021,34(1): 10-13+19.
⑤ 韦少雄. 新时代村民自治的有效实现形式：探索、论争与展望[J]. 西南民族大学学报（人文社会科学版）,2022,43(11): 184-192.
⑥ 习近平. 决胜全面建成小康社会 夺取新时代中国特色社会主义伟大胜利[M]. 北京：外文出版社,2018.

了"一核三治"的治理模式,其中基层党组织是核心,自治、法治和德治三者相互结合,形成了一个有机互动的机制,以最终实现三方面的协同发挥,发挥更强大的综合效应。①

  法治在乡村治理中扮演着重要的角色。值得指出的是,法治在乡村自治中尚存在一些薄弱环节,包括法治意识不够强烈、依法办事不够坚决以及依法监督方面仍然存在一定缺陷。坚持法治至上原则对于推动乡村振兴战略是不可或缺的条件。德治作为乡村治理的基石同样至关重要。德治可以激励村委会成员更加积极地运用自治权,主动开展民主决策、村务公开和民主治理等活动。这些要素共同构成了乡村治理的关键组成部分。②在乡村治理领域,自治是一个关键概念,涵盖了农村基层民主建设的核心要素,也是中国特色社会主义民主政治的重要体现之一。此外,乡村治理还可以通过"一身两翼"的实践逻辑来理解。这里的"一身"指的是以自治为核心,而"两翼"则是指法治和德治。这个理论明确了农村自治作为治理目标,以法治和德治作为实施手段的关系,展示了它们之间的互动关系,阐释了乡村治理的逻辑过程。

【延伸阅读】

  1. 代瑾:《中国传统乡村治理制度变迁及其内在逻辑》,载《甘肃行政学院学报》,2019年第4期。

  2. 高青莲,于书伟:《"三治合一"乡村治理体系的逻辑演绎与实现机理》,载《学习论坛》2020年第11期。

  3. 胡惠林:《乡村文化治理能力建设:从传统乡村走向现代中国乡村——三论乡村振兴中的治理文明变革》,载《山东大学学报(哲学社会科学版)》2023年第1期。

  4. 李小红:《中国农村治理方式的演变与创新》,中央编译出版社2012年版。

【思考题】

  1. 纵观古代乡村治理、近代乡村治理、新中国成立后乡村治理以及新时代乡村治理,乡村治理的演进逻辑是怎样的?

  2. 目前乡村治理制度还存在哪些阻碍?其解决方法或前进方向如何?

  3. 请谈谈你对乡村治理体系中的自治、法治、德治的看法。

  4. 服务于乡村振兴、服务基层社会治理、服务于人民群众。假设你是一名法庭工作员,你怎样做好这三个"服务"?

---

① 庄龙玉,龚春明. 新时代乡村治理的理念与路径[J]. 西南民族大学学报(人文社科版),2018,39(6): 199-204.
② 王勇. 健全"三治结合"乡村治理体系的路径研究[J]. 中共太原市委党校学报,2020(4): 67-69.

第四章
乡村治理的总体要求与制度框架

内容提要： 乡村治理是乡村振兴战略的重要组成部分，国家专门出台《关于加强和改进乡村治理的指导意见》阐释乡村治理的指导思想、总体目标和主要任务，并通过党内法规、各类涉农法律法规、国家涉农政策等构建出乡村组织架构、社会治理、产业治理、环境治理、文化治理等制度框架。本章在介绍国家对乡村治理总体要求的基础上，对党内法规、法律法规、国家政策中涉及乡村治理的部分进行梳理、汇总。

学习目标与要求： 掌握乡村治理的指导思想和总体目标，理解乡村治理的主要任务，把握乡村治理的党内法规、法律法规的主要框架，了解乡村治理的政策体系。

第一节 乡村治理的总体要求

一、乡村治理的指导思想

中共中央办公厅、国务院办公厅印发的《关于加强和改进乡村治理的指导意见》提出了乡村治理的指导思想：以习近平新时代中国特色社会主义思想为指导，全面贯彻党的十九大和十九届二中、三中全会精神，紧紧围绕统筹推进"五位一体"总体布局和协调推进"四个全面"战略布局，按照实施乡村振兴战略的总体要求，坚持和加强党对乡村治理的集中统一领导，坚持把夯实基层基础作为固本之策，坚持把治理体系和治理能力建设作为主攻方向，坚持把保障和改善农村民生、促进农村和谐稳定作为根本目的，建立健全党委领导、政府负责、社会协同、公众参与、法治保障、科技支撑的现代乡村社会治理体制，以自治增活力、以法治强保障、以德治扬正气，健全党组织领导的自治、法治、德治相结合的乡村治理体系，构建共建共治共享的社会治理格局，走中国特色社会主义乡村善治之路，建设充满活力、和谐有序的乡村社会，不断增强广大农民的获得感、幸福感、安全感。[1]

二、乡村治理的总体目标

《关于加强和改进乡村治理的指导意见》提出了乡村治理的总体目标：到 2020 年，现代乡村治理的制度框架和政策体系基本形成，农村基层党组织更好发挥战斗堡垒作用，以党组织为领导的农村基层组织建设明显加强，村民自治实践进一步深化，村级议事协商制度进一步健全，乡村治理体系进一步完善。到 2035 年，乡村公共服务、公共管理、公共安全保障水

---

[1] 中共中央办公厅 国务院办公厅印发《关于加强和改进乡村治理的指导意见》[Z/OL]. (2019-06-23) [2023-12-22]. http://www.gov.cn/zhengce/2019-06/23/content_5402625.htm.

平显著提高，党组织领导的自治、法治、德治相结合的乡村治理体系更加完善，乡村社会治理有效、充满活力、和谐有序，乡村治理体系和治理能力基本实现现代化。[1]

三、乡村治理的主要任务

《关于加强和改进乡村治理的指导意见》中提出了乡村治理的十七项任务：（1）完善村党组织领导乡村治理的体制机制；（2）发挥党员在乡村治理中的先锋模范作用；（3）规范村级组织工作事务；（4）增强村民自治组织能力；（5）丰富村民议事协商形式；（6）全面实施村级事务阳光工程；（7）积极培育和践行社会主义核心价值观；（8）实施乡风文明培育行动；（9）发挥道德模范引领作用；（10）加强农村文化引领；（11）推进法治乡村建设；（12）加强平安乡村建设；（13）健全乡村矛盾纠纷调处化解机制；（14）加大基层小微权力腐败惩治力度；（15）加强农村法律服务供给；（16）支持多方主体参与乡村治理；（17）提升乡镇和村为农服务能力。[2]

第二节　乡村治理的党内法规体系

党内法规体系以党章为统领，包含党的组织法规、党的领导法规、党的自身建设法规、党的监督保障法规四个板块。

一、与乡村治理相关的党的组织法规

目前规范乡村党组织建设的法规主要有：适用于全国的《中国共产党基层组织选举工作条例》《中国共产党支部工作条例》《中国共产党机关条例》，适用于农村地区的《中国共产党农村基层组织工作条例》。

党一直以来高度重视农村工作，为了夯实党在农村的执政基础，不断改进党的农村基层组织建设，中共中央在 1999 年 2 月制定了《中国共产党农村基层组织工作条例》，并随着农村改革发展和形势任务的变化，于 2018 年进行了修订。2018 年实施的《中国共产党农村基层组织工作条例》确定了乡镇党的委员会和村党组织在乡镇、村的各类组织和各项工作中的领导地位，对乡镇、村党组织设置、职责任务、经济建设、精神文明建设、乡村治理、党的队伍建设、上级领导与保障等内容进行了规范。[3]

二、与乡村治理相关的党的领导法规

与乡村治理相关的党的领导法规包括两类：一是普遍适用的《中国共产党统一战线工作

---

[1] 中共中央办公厅　国务院办公厅印发《关于加强和改进乡村治理的指导意见》[Z/OL].(2019-06-23)[2023-12-22]. http://www.gov.cn/zhengce/2019/06/23/content_5402625.htm.
[2] 中共中央办公厅　国务院办公厅印发《关于加强和改进乡村治理的指导意见》[Z/OL].(2019-06-23)[2023-12-22]. http://www.gov.cn/zhengce/2019/06/23/content_5402625.htm.
[3] 中国共产党中央委员会.中共中央印发《中国共产党农村基层组织工作条例》[Z/OL].(2018-12-28)[2023-12-23]. http://www.12371.cn/2019/01/11/ARTI1547162185106193.shtml.

条例》《中国共产党重大事项请示报告条例》；二是特别适用于农村工作的《中国共产党农村工作条例》，该条例对新时代党组织农村工作原则、领导体系、主要任务、队伍建设、保障措施、考核监督等内容作了规定。

三、与乡村治理相关的党的自身建设法规

党的自身建设法规是党在行使权力、开展活动时依据的准则。目前中国共产党高度重视党的自身建设，与乡村治理相关的党的自身建设法规包括两类：一是普遍适用的《中国共产党发展党员工作细则》《中国共产党廉洁自律准则》《关于新形势下党内政治生活的若干准则》《中国共产党党员教育管理工作条例》《党政领导干部选拔任用工作条例》等；二是专门适用农村基层党组织的《农村基层干部廉洁履行职责若干规定（试行）》。

四、与乡村治理相关的党的监督保障法规

中国共产党一直坚持党要管党、从严治党的方针，发展党内民主，加强党内监督，制定了《中国共产党巡视工作条例》《中国共产党党内监督条例》《中国共产党问责条例》《中国共产党纪律处分条例》《中国共产党党员权利保障条例》等党内法规，这些党内法规均适用于乡村治理。

第三节　乡村治理的法律法规体系

"法是由国家制定、认可并由国家保证实施的，反映由特定物质生活条件所决定的统治阶级（或人民）意志，以权利和义务为内容，以确认、保护和发展统治阶级（或人民）所期望的社会关系、社会秩序和社会发展目标为目的的行为规范体系。"[1]法律法规是乡村治理的依据，经过从十一届三中全会至今的40余年时间，我国已经建立了较为完整的乡村治理法律体系。

目前我国在宪法的统帅之下，以乡村振兴促进法、民法典、刑法以及一系列行政法为基础，建立起了包含农村经济发展、资源环境保护、产品质量管理、科技教育、社会管理、纠纷解决六个板块的乡村治理法律体系，涉及法律、行政法规、部门规章及地方性环保法规等多个层次的立法。

一、乡村治理的一般性法律法规

（一）宪法

宪法是国家的根本大法，内容涉及国家的政治、经济、文化、社会、对外交往等各方面的

---

[1] 张文显. 法学概论[M]. 北京：高等教育出版社，2004: 6.

重大原则性问题和根本性问题。宪法规定了农村的基本经济制度、土地制度、社会管理制度。

宪法规定了农村基本的经济制度，以家庭承包经营为基础、统分结合的双层经营体制作为农村集体经济的基本经济制度，农村的集体所有制经济包括农村中的生产、供销、信用、消费等各种形式的合作经济。农村土地，除由法律规定属于国家所有的以外，属于集体所有；宅基地和自留地、自留山，也属于集体所有。

宪法规定了农村基层群众自治组织的设立与人员构成，规定村民委员会是农村基层群众性自治组织，由居民选举产生村民委员会的主任、副主任和委员。

除此之外，宪法规定国家鼓励和支持农村集体经济组织举办各种医疗卫生设施，开展群众性的卫生活动，保护人民健康。

（二）民商法

乡村存在广泛的民事与商事活动，受到一般性民法与商法法律的调整。

《民法典》是中华人民共和国成立以来第一部以法典命名的法律，是一部体现对生命健康、财产安全、交易便利、生活幸福、人格尊严等各方面权利平等保护的法律[①]，在法律体系中居于基础性地位。《民法典》共有总则、物权、合同、人格权、婚姻家庭、继承、侵权责任七编，保护公民个人的人身权益和财产权益，其中"农村承包经营户""特别法人""土地承包经营权""宅基地使用权""国家所有权和集体所有权、私人所有权"的相关部分涉及针对"三农"的法条。

乡村经营主体在商事行为中形成的法律关系受商法的调整，如《公司法》《合伙企业法》《外资企业法》等。

（三）行政法

政府在乡村治理中起着主导作用，政府的乡村治理行政管理行为受到《行政处罚法》《行政许可法》《行政复议法》《行政强制法》《行政监察法》等行政法律的约束。

此外，还包括《城乡规划法》《村庄和集镇规划建设管理条例》等。

（四）刑法

刑法是规定犯罪、刑事责任和刑罚的法律。非法占用农用地罪，非法批准征收、征用、占用土地罪，非法采矿罪，破坏环境资源保护罪，侵犯知识产权罪，生产、销售伪劣商品罪，渎职罪等是常见的涉及"三农"的罪名。

（五）农业农村基本法

目前农业农村的基本法律主要有《农业法》和《乡村振兴促进法》。

[①] 习近平. 充分认识颁布实施民法典重大意义 依法更好保障人民合法权益[R/OL]. 共产党员网，2020-6-15 [2023-08-01]. http://www.12371.cn/2020/06/15/ARTI1592205653788733.shtml.

《农业法》作为农业农村的基本法,内容主要涉及农业生产经营体制、农业生产、农产品流通与加工、农业投入与支持保护、农业资源与农业环境保护、农业科技与农业教育、农民权益保护、农村经济发展、粮食安全等领域。2002年和2012年,《农业法》在农业农村经济结构调整、农业产业化经营、与世贸组织规则接轨、增加农民收入等方面进行了修订。

2021年6月1日开始实施的《乡村振兴促进法》,坚持中国共产党的领导,贯彻创新、协调、绿色、开放、共享的新发展理念,整体部署促进乡村产业振兴、人才振兴、文化振兴、生态振兴、组织振兴的制度举措,将乡村发展的基本制度从法律层面予以确认,为全面实施乡村振兴战略提供有力法治保障,是完善和发展中国特色"三农"法律体系的重要成果。

二、乡村经济产业类法律法规

(一)土地管理类法律法规

土地是农业生产的基本生产资料,是乡村存在与发展的物质基础,土地管理制度是乡村治理的经济基础。我国农村土地法律制度包括农村土地权属法律制度、农村土地管理法律制度和农村土地流转法律制度。《土地管理法》规定了土地的社会主义公有制,国家实行土地用途管制制度和耕地保护制度。《农村土地承包法》规定我国实施以家庭承包经营为基础、统分结合的双层经营体制,采用农村土地所有权、承包权和经营权"三权分置"下的集体土地产权形式,为引导土地经营权有序流转、发展农业适度规模经营、推动现代农业发展奠定了制度基础。如表4-1所示。

表4-1 土地管理主要法律法规一览表

法律	行政法规
《民法典》 《土地管理法》(2019) 《农村土地承包法》(2018)	《不动产登记暂行条例》(2019) 《土地调查条例》(2018) 《农田水利条例》(2016) 《退耕还林条例》(2016) 《基本农田保护条例》(2011) 《土地复垦条例》(2011)

(二)农业产业类法律法规

农业包括种植业、畜牧业、渔业、林业等产业,我国分别制定了《种子法》《畜牧法》《渔业法》《森林法》《草原法》等农业产业类法律法规,确定农业相关产业管理与利用的原则、主管机关、管辖范围、管理方式等内容。

《种子法》规定了种质资源保护制度、种业科技创新制度、品种审定与登记制度、植物新品种权保护制度、种子生产经营许可与质量管理制度、种业安全审查评估制度、转基因品种监管制度、种子执法制度、种业发展扶持保护制度。

《畜牧法》建立了种畜禽生产经营许可制度、畜产品质量安全制度、生产全程规范化管理制度、交易与运输制度。

《森林法》建立了完整的林木管理体系，规定了林木管理的基本原则、主要制度、主管机关的职责与义务、林木经营者的权利与义务，旨在保护、培育和合理利用森林资源，加快国土绿化，保障森林生态安全，建设生态文明，实现人与自然和谐共生。

《草原法》建立草原确权登记制度、承包经营制度、规划制度、统计调查监测制度、保护制度、合理利用制度、使用许可制度。

《渔业法》建立管理人员回避制度、水域统一规划制度、养殖证许可制度、水域滩涂承包、征收制度、水产新品种审定制度、水产苗种管理制度、捕捞管理制度、渔业资源的增殖和保护制度。具体如表4-2所示。

表4-2 农业产业主要法律法规一览表

法　律	行政法规
《种子法》（2021）	《农作物种子生产经营许可管理办法》（2019） 《农作物种子标签和使用说明管理办法》（2016） 《农作物种子标签二维码编码规制》（2016） 《农作物种子质量监督抽查管理办法》（2005） 《农作物种质资源管理办法》（2004） 《农作物种子质量纠纷田间现场鉴定办法》（2003）
《畜牧法》（2022）	《生猪屠宰管理条例》（2016） 《优良种畜登记规则》（2006） 《畜禽遗传资源进出境和对外合作研究利用审批办法》（2008）
《森林法》（2009）	《森林法实施条例》（2018） 《林木种子生产经营许可证管理办法》（2018）
《草原法》（2013）	《草原征占用审核审批管理办法》（2016）
《渔业法》（2013）	《渔业法实施细则》（2020） 《渔业捕捞许可管理规定》（2018） 《人工鱼礁建设项目管理细则》（2018） 《渔业资源增殖保护费征收使用办法》（2011） 《渔业资源增殖保护费征收使用办法》（2011） 《渔业船舶检验条例》（2003） 《水产资源繁殖保护条例》（1979） 《水产资源繁殖保护条例》（1979）

（三）农村经济主体法律法规

我国专门制定了《乡镇企业法》和《农民专业合作社法》，对农村特有的经济主体予以规范。

我国为扶持和引导乡镇企业持续健康发展，保护乡镇企业的合法权益，规范乡镇企业的行为，在1996年10月颁布《乡镇企业法》。乡镇企业的前身是社队企业。1983年人民公社改为乡（镇）、生产队改为村后，社队企业本应改为乡村企业，但当时考虑到小集镇发展，1984

年《中共中央国务院批转农牧渔业部〈关于开创社队企业新局面的报告〉的通知》将社队企业更名为乡镇企业。1997年《乡镇企业法》颁布实施，将这类企业纳入调整范围。《乡镇企业法》包括乡镇企业的主管部门、设立条件、组织管理、扶持政策等内容。但是随着经济社会发展形势的变化，乡镇企业在转型中发展变迁，《乡镇企业法》规定的乡镇企业，其所有制形式、投资主体、支农方式、空间布局等与乡村企业发展现状不符，《乡镇企业法》应适时修订完善。①另外，国务院在2011年颁布《乡村集体所有制企业条例》，对乡村集体所有制企业进行了规范。

我国在2006年颁布了《农民专业合作社法》，对农民专业合作社的设立和登记、成员、组织机构、财务管理、合并、分立、解散和清算、扶持政策、法律责任等进行了规定。国务院还在2014年制定了《农民专业合作社登记管理条例》，规范合作社的登记管理。为了加强现代农业发展中合作社对小农户的引领作用，全国人大常委会在2017年对《农民专业合作社法》进行了修订，进一步规范农民专业合作社的组织和行为，拓展了农民专业合作社合作领域和业务范围，确立了农民专业合作社联合社的法人地位，增加了联合社制度，建立了综合协调指导服务机制，强化了国家对农民专业合作社的政策支持。

三、乡村资源环境保护类法律法规

（一）野生动物法律法规

我国在1988年颁布《野生动物保护法》，经过2004年、2009年、2016年、2018年、2022年五次修改，建立并不断完善野生动物资源国有制度、野生动物栖息地保护制度、分类分级保护制度、应急救助收容救护制度、野生动物遗传资源保护制度、野生动物侵害预防补偿制度、野生动物狩猎管理制度、人工繁育制度、进出口管理制度、放生管理制度、外国人考察拍摄野生动物的管理制度等。具体如表4-3所示。

表4-3 野生动物法律法规一览表

法　律	行政法规
《野生动物保护法》（2018）	《濒危野生动植物进出口管理条例》（2019） 《陆生野生动物保护实施条例》（2016） 《引进陆生野生动物外来物种种类及数量审批管理办法》（2016） 《国家重点保护野生动物驯养繁殖许可管理办法》（2015）

（二）野生植物法律法规

野生植物法规主要指国务院在2016年颁布的《农业野生植物保护条例》，旨在保护、发展和合理利用野生植物资源，保护生物多样性，维护生态平衡。为此，相关行政法规建立了野生植物分类保护制度、野生植物经营制度等。

---

① 农业农村部答复对十三届全国人大三次会议第6845号建议的答复。

（三）野生药材法规

我国目前只有一部1987年国务院颁布的《野生药材资源保护管理条例》。该条例对采猎、经营野生药材的行为进行规范，形成了野生药材采猎管理制度、经营管理制度、保护管理制度、标准管理制度。

（四）乡镇矿产法规

国务院为加强乡镇煤矿的行业管理，促进乡镇煤矿的健康发展，在2013年颁布实施了《乡镇煤矿管理条例》，明确乡镇矿产权利归属与监管部门，并建立乡镇煤矿规划制度、开采制度、生产制度、安全管理制度。

（五）环境保护法律法规

乡村的环境治理主要依据《环境保护法》《噪声污染防治法》《固体废物污染环境防治法》《土壤污染防治法》《大气污染防治法》《水污染防治法》等法律。国务院在2013年颁布《畜禽规模养殖污染防治条例》，对畜禽规模养殖污染的预防、综合利用与治理、激励措施与法律责任作了规定。

四、农产品质量管理类法律法规

（一）农产品质量安全法

为了保障农产品质量安全，维护公众健康，促进农业和农村经济发展，我国在2006年制定了《农产品质量安全法》，并于2018年、2022年进行两次修订。《农产品质量安全法》对农产品质量安全风险管理和标准制定、农产品产地、农产品生产、农产品销售、监督管理和法律责任进行了规定。2022年的修订加强了农产品源头治理，突出农产品生产全程管控、全链条治理，增设承诺达标合格证制度等科学管理制度，强化对绿色农产品的支持，压实监管责任。

国务院在2008年制定了《乳品质量安全监督管理条例》，对乳品质量安全作了专门规定。

（二）农药、兽药法规

我国制定一系列行政法规建立农药与兽药管理制度，明确农药、兽药的管理范围、主管机关、管理对象，并从规范使用、便于监管、减少安全风险的角度设计监管制度。

我国农药类的管理制度包括农药登记制度、新型农药知识产权保护制度、农药生产许可制度、农药包装标识管理制度、农药经营许可制度、农药使用管理制度。

我国兽药类的管理制度包括兽药分类管理制度、储备制度、新药管理制度、生产许可制度、销售许可制度、进口许可制度、使用制度。具体如表4-4所示。

表 4-4　我国农药、兽药行政法律、部门规章一览表

农　药	兽　药
《农药管理条例》（2017）	《兽药管理条例》（2016）
《农药登记实验管理办法》（2018）	《兽药生产质量管理规范》（2017）
《农药标签和说明书管理办法》（2017）	《兽药生产质量管理规范检查验收办法》（2015）
《农药生产许可管理办法》（2018）	《兽药注册办法》（2004）
《农药经营许可管理办法》（2018）	《兽药生物制品经营管理办法》（2007）
《农药登记管理办法》（2018）	《兽药进口管理办法》（2019）
	《新兽药研制管理办法》（2019）

（三）饲料和饲料添加剂法规

我国饲料和饲料添加剂法规主要包括《饲料和饲料添加剂管理条例》《进口饲料和饲料添加剂登记管理办法》《新饲料和新饲料添加剂管理办法》三部行政法规，对饲料和饲料添加剂的生产、销售、使用制度进行规制。

（四）检验检疫法律法规

动植物检验检疫工作是维护食品安全最重要的一道关口。我国在 1997 年颁布《动物防疫法》，历经 2007 年、2013 年、2015 年、2021 年四次修订。《动物防疫法》规范了动物疫病的预防、报告、通报、公布、控制制度，动物和动物产品的检疫制度，病死动物和病害动物产品的无害化处理制度，动物诊疗管理制度，兽医管理制度等。为进一步细化《动物防疫法》的相关规定，国务院于 2017 年出台行政法规《重大动物疫情应急条例》，农业农村部于 2019 年出台部门规章《动物检疫管理办法》。

为了防止危害植物的危险性病、虫、杂草传播蔓延，保护农业、林业生产安全，国务院在 1983 年制定《植物检疫条例》，并于 1992 年、2017 年两次修订。《植物检疫条例》规范了植物检疫、疫情管控、需检疫植物运输、植物检疫研究等相关制度。

为防止动物传染病、寄生虫病和植物危险性病，以及虫、杂草和其他有害生物传入、传出国境，我国在 1996 年制定《进出境动植物检疫法实施条例》，在 2009 年颁布《进出境动植物检疫法》，对进境检疫、出境检疫、过境检疫、携带、邮寄物检疫、运输工具检疫等作了具体规定。该法的颁布旨在保护农、林、牧、渔业生产和人体健康，促进对外经济贸易的发展。

五、乡村科技教育类法律法规

（一）农业科技法律法规

教育、科技、人才是乡村治理的基础性条件，科技是第一生产力、人才是第一资源、创新是第一动力。我国先后颁布《农业技术推广法》《农业机械化促进法》《农业机械安全监督管理条例》，为先进农业技术的推广、农业机械化发展提供法律保障。

植物新品种权是农业林业领域最重要的知识产权之一，为了保护植物新品种权，鼓励培育和使用植物新品种，促进农业、林业的发展，国务院在 1997 年制定了《植物新品种保护条例》，并于 2013 年、2014 年两次修订。《植物新品种保护条例》对品种权的内容和归属、授予品种权的条件、品种权的申请和受理、品种权的审查与批准、品种权的期限、终止和无效进行了规定。

为了扩大对外经济技术合作与交流，对外国农业化学物质产品独占权人的合法权益给予行政保护，国务院在 2022 年修订《农业化学物质产品行政保护条例》，对外国农业化学物质产品独占权人利益的行政保护申请、审查、批准、保护的期限、终止、撤销和效力进行了规定。

（二）农村教育法律法规

我国一直重视农村教育，在《义务教育法》《职业教育法》中均提及扶持农村地区的义务教育、职业教育。国务院在 2003 年发布行政规范性文件《关于进一步加强农村教育工作的决定》，建立健全资助家庭经济困难学生就学制度，保障农村适龄儿童、少年接受义务教育的权利；积极实施农村劳动力转移培训，使他们初步掌握在城镇和非农产业就业必需的技能。

六、乡村社会管理类法律法规

（一）乡村自治法律

村民委员会是基层群众自治组织，在农村基层治理体系中发挥基础性作用。我国在 1987 年颁布实施《村民委员会组织法（试行）》，在 1998 年、2010 年、2018 年进行了三次修订。《村民委员会组织法》对村民委员会的组成、职责、选举、议事机构、运行制度等进行了规定。

（二）村务管理法规

村务管理法律条文散见于《人口与计划生育法》《消防法》《社会保险法》《老年人权益保障法》《电力供应与使用条例》等法律法规，乡村事务专门立法的仅涉及农民承担费用与劳务方面。国务院在 1991 年颁布《农民承担费用和劳务管理条例》，对农民除缴纳税金、完成国家农产品定购任务外，依照法律、法规所承担的村（村民）小组提留、乡镇统筹费、劳务以及其他费用进行规范。

（三）乡村医疗管理法规

除《基本医疗卫生与健康促进法》《医师法》《疫苗管理法》有涉及农村医疗管理的条文之外，为了提高乡村医生的职业道德和业务素质，加强乡村医生从业管理，保护乡村医生的合法权益，保障村民获得初级卫生保健服务，国务院在 2003 年颁布了《乡村医生从业管理条例》，对乡村医生的主管行政部门、执业资格、注册管理、执业规则、培训与考核等进行了规定。

（四）农民权益保护法规

现行《农村五保供养工作条例》是国务院于2006年颁布的，其中对农村"五保"供养的供养对象、供养内容、供养形式、监督管理等内容进行了统一规定，为农村"五保"供养工作提供了法律依据，促进了农村社会保障制度的发展。

为了规范农民工工资支付行为，保障农民工按时足额获得工资，国务院在2019年颁布、2020年实施了《保障农民工工资支付条例》，对农民工工资支付形式与周期、工资清偿、工程建设领域工资发放等进行了规定。

七、乡村纠纷解决类法律法规

在乡村治理中，村民发生民事纠纷，可以向村民委员会设立的人民调解委员会申请调解，人民调解活动由《人民调解法》规范。如涉及土地承包经营权的纠纷，可以根据《土地承包经营纠纷调解仲裁法》向村民委员会、乡（镇）人民政府申请调解，或者向农村土地承包仲裁委员会申请仲裁。《土地承包经营纠纷调解仲裁法》于2019年6月颁布、2010年1月实施，其中对土地承包经营纠纷调解的主体、方式、程序，仲裁的组织机构、仲裁程序等进行了规范。

第四节 乡村治理的政策体系

公共政策话语是政治系统中最重要的信息输出话语，乡村治理政策作为政治、经济与社会发展等因素综合作用的结果，能够清晰反映乡村治理的时代性和变动性。

一、乡村治理政策的分类

我国乡村治理的政策文本，按照发文主体的标准分类，可以分为如下几种。

（一）中国共产党的政策文件

中国共产党是中国特色社会主义事业的领导核心，总揽全局、协调各方。党中央印发的政策文件往往具有高度的政治性和权威性，党关于乡村治理的政策文件承载着党对农村发展的战略规划，包含总体战略、路线和方针等。比如，1987年1月22日，中共中央政治局为争取农村经济的新增长，巩固和扩大改革的成果，促进农业生产，通过了《把农村改革引向深入》的文件。

（二）政府的政策文件

中央、地方各级人民政府及其部门可以在职权范围内规定行政措施，发布决定和命令，政府及其部门制定的抽象性文件通常更具有操作性，大多针对某一领域的具体工作进行部署和安排，与执行层面联系颇为密切。比如，国务院发布《"十四五"推进农业农村现代化规划》。

（三）中国共产党和政府联合印发的文件

党中央与国务院、党中央与国务院的部委就乡村治理事项联合制定发布的政策文本，比如 2004 年起，中共中央、国务院连续 19 年联合发布涉及"三农"的一号文件，2022 年 11 月联合发布了《乡村振兴责任制实施办法》等。2019 年 9 月，中央农村工作领导小组办公室、农业农村部、中央组织部、中央宣传部等 11 个部门联合印发了《关于进一步推进移风易俗建设文明乡风的指导意见》。

二、主要的乡村治理政策文件

（一）全局性乡村治理政策

1. 中央一号文件中乡村治理的政策

乡村治理是国家治理体系和治理能力的重要组成部分，也是实现国家治理现代化的重点和难点所在。乡村治理是指以促进农民增收、增进农民福祉为主线，以实现乡村"善治"为目标，由政府、乡村社会组织以及农民个人等多元主体对乡村社会共同管理的过程。为解决"三农"问题，1982—1986 年，中央连续发布了 5 个中央一号文件，在 2004—2023 年又连续发布了 20 个中央一号文件。[①]1982—1986 年的中央一号文件，主要涉及稳定家庭联产承包责任制，促进农业生产发展；2004—2007 年的中央一号文件，主要涉及取消农业税，建设社会主义新农村；2008—2012 年的中央一号文件，主要涉及以工促农、以城带乡，促进农民持续增收；2013—2017 年的中央一号文件，主要涉及推进农业现代化和农业供给侧改革；2018—2023 年中央一号文件，主要涉及乡村振兴战略的全面实施。

2004—2023 年的 20 个中央一号文件中，有 16 年的一号文件涉及乡村治理的相关内容，包括完善党对农村工作的领导、完善村民自治、加强乡村法治建设、加强精神文明建设、建立平安乡村等内容。具体如表 4-5 所示。

表 4-5　2004-2023 年中央一号文件中"乡村治理"相关规定一览表

时间	文件名	乡村治理的目标	乡村治理的具体措施
2005	关于进一步加强农村工作提高农业综合生产能力若干政策的意见	加强和改善党对农村工作的领导	坚持把解决好"三农"问题作为全党工作的重中之重、进一步加强农村党建工作
2006	关于推进社会主义新农村建设的若干意见	加强农村民主政治建设，完善建设社会主义新农村的乡村治理机制	加快发展农村义务教育、大规模开展农村劳动力技能培训、积极发展农村卫生事业、繁荣农村文化事业、逐步建立农村社会保障制度、倡导健康文明新风尚

[①] 原指中共中央每年发的第一份文件，该文件在国家全年工作中具有纲领性和指导性的地位。由于 2004 年到 2023 年，中共中央连续 20 年的一号文件均以"三农"为主题，故现在中央一号文件已经成为中共中央重视农村问题的专有名词。

续表

时间	文件名	乡村治理的目标	乡村治理的具体措施
2007	关于积极发展现代农业扎实推进社会主义新农村建设的若干意见	加强党对农村工作的领导，确保现代农业建设取得实效	各级党委与政府坚持不懈抓好"三农"工作、加强和改进农村社会管理、促进农村和谐发展
2008	关于切实加强农业基础设施建设进一步促进农业发展农民增收的若干意见	扎实推进农村基层组织建设；加强和改善党对"三农"工作的领导	加强村级党组织建设、完善村民自治制度、加强农村基层干部队伍建设、探索乡村有效治理机制、毫不松懈地抓好农业和农村工作、统筹规划突出重点加强农业基础建设；努力营造全社会参与支持社会主义新农村建设的氛围
2010	关于加大统筹城乡发展力度进一步夯实农业农村发展基础的若干意见	加强农村基层组织建设，巩固党在农村的执政基础	加强和改进农村基层党的建设、进一步完善符合国情的农村基层治理机制、切实维护农村社会稳定
2013	关于加快发展现代农业进一步增强农村发展活力的若干意见	完善乡村治理机制，切实加强以党组织为核心的农村基层组织建设	强化农村基层党组织建设、加强农村基层民主管理、维护农民群众合法权益、保障农村社会公共安全
2014	关于全面深化农村改革加快推进农业现代化的若干意见	改善乡村治理机制	加强农村基层党的建设、健全基层民主制度、创新基层管理服务
2015	关于加大改革创新力度加快农业现代化建设的若干意见	围绕做好"三农"工作，加强农村法治建设	健全农村产权保护法律制度、健全农业市场规范运行法律制度、健全"三农"支持保护法律制度、依法保障农村改革发展、提高农村基层法治水平
2016	关于落实发展新理念加快农业现代化实现全面小康目标的若干意见	加强和改善党对"三农"工作领导	提高党领导农村工作水平、加强农村基层党组织建设、创新和完善乡村治理机制、深化农村精神文明建设
2018	中共中央国务院关于实施乡村振兴战略的意见	加强农村基层基础工作，构建乡村治理新体系、强化乡村振兴投入保障；坚持和完善党对"三农"工作的领导	加强农村基层组织建设、深化村民自治实践、建设法治乡村、提升乡村德治水平、建设平安乡村
2019	关于坚持农业农村优先发展做好"三农"工作的若干意见	完善乡村治理机制，保持农村社会和谐稳定；发挥农村党支部战斗堡垒作用，全面加强农村基层组织建设；加强党对"三农"工作的领导，落实农业农村优先发展总方针	增强乡村治理能力、加强农村精神文明建设、持续推进平安乡村建设//强化农村基层党组织领导作用、发挥村级各类组织作用、强化村级组织服务功能、完善村级组织运转经费保障机制

续表

时间	文件名	乡村治理的目标	乡村治理的具体措施
2020	关于抓好"三农"领域重点工作确保如期实现全面小康的意见	加强农村基层治理	充分发挥党组织领导作用、健全乡村治理工作体系、调处化解乡村矛盾纠纷、深入推进平安乡村建设
2021	关于全面推进乡村振兴加快农业农村现代化的意见	加强党对"三农"工作的全面领导	强化五级书记抓乡村振兴的工作机制、加强党委农村工作领导小组和工作机构建设、加强党的农村基层组织建设和乡村治理、加强新时代农村精神文明建设、健全乡村振兴考核落实机制
2022	关于做好 2022 年全面推进乡村振兴重点工作的意见	突出实效改进乡村治理、坚持和加强党对"三农"工作的全面领导	加强农村基层组织建设、创新农村精神文明建设有效平台载体、切实维护农村社会平安稳定
2023	关于做好 2023 年全面推进乡村振兴重点工作的意见	健全党组织领导的乡村治理体系	强化农村基层党组织政治功能和组织功能、提升乡村治理效能、加强农村精神文明建设

2. 关于加强和改进乡村治理的指导意见

中共中央办公厅、国务院办公厅于 2019 年 6 月 23 日公布并实施《关于加强和改进乡村治理的指导意见》。《指导意见》对乡村治理的指导思想、总体目标、主要任务和组织实施进行了规定。[①]

（1）加强组织领导。《指导意见》首先要求各级党委和政府要充分认识加强和改进乡村治理的重要意义，把乡村治理工作摆在重要位置；其次要求各级党委和政府将乡村治理纳入经济社会发展总体规划和乡村振兴战略规划，开展乡村治理试点示范，及时研究解决工作中遇到的重大问题，将加强和改进乡村治理工作纳入乡村振兴考核，并作为每年市县乡党委书记抓基层党建述职评议考核的重要内容。

（2）建立协同推进机制。《指导意见》要求党委农村工作部门牵头抓总，统筹协调、具体指导和督促落实，组织、宣传、政法、民政、司法行政、公安等相关部门要按照各自职责，强化政策、资源和力量配备，加强工作指导，做好协同配合。

（3）强化各项保障。《指导意见》从人才保障、经费保障、组织保障三方面作了规定。

在人才保障方面，一是指导驻村干部、驻村第一书记等围绕乡村治理主要任务开展工作；二是引导农村致富能手、外出务工经商人员、高校毕业生、退役军人等在乡村治理中发挥积极作用，充实基层治理力量。

在经费保障方面，一是加强乡村社会治安综合治理设施装备保障，落实乡村治理经费；二是切实保障村干部基本报酬，建立健全与绩效考核相挂钩的报酬兑现机制。

在组织保障方面，一是有计划、分层次开展村干部培训，进一步激励干部新时代新担当新作为，鼓励各地创新乡村治理机制；二是坚决整治形式主义、官僚主义，让基层干部从繁

---

① 乡村治理的指导思想、总体目标、主要任务内容介绍见本章第一节。

文牍节、文山会海、迎来送往中解脱出来；三是组织开展乡村治理示范村镇创建活动。

在宣传保障方面，大力选树宣传乡村治理各类先进典型，营造良好舆论氛围。

3. "十四五"推进农业农村现代化规划

国务院公布并实施《"十四五"推进农业农村现代化规划》[①]，我国乡村治理体系基本建立，并从加强农村基层组织建设、提升乡村治理效能、深入推进平安乡村建设三个方面对"十四五"时期的乡村治理工作做了规划。

（1）加强农村基层组织建设。《规划》从四个方面提出加强农村基层组织建设的要求：第一，健全村级组织体系。建立健全以基层党组织为领导、村民自治组织和村务监督组织为基础、集体经济组织和农民合作组织为纽带、其他经济社会组织为补充的村级组织体系。第二，重视基层人才建设。选优配强乡镇、村领导班子，持续向重点乡村选派驻村第一书记和工作队，发展农村年轻党员。第三，完善村务决策机制。完善村民（代表）会议制度和村级民主协商、议事决策机制，拓展村民参与村级公共事务平台。第四，强化村务监督制度。加强村务监督委员会建设，强化基层纪检监察组织与村务监督委员会的沟通协作、有效衔接，推行村级小微权力清单制度。推动乡村服务性、公益性、互助性社会组织健康发展。

（2）提升乡村治理效能。《规划》从三个方面提出提升乡村治理效能的措施：第一，优化职权配置。严格依法设定县级对乡镇赋权赋能范围，整合乡镇和县级部门派驻乡镇机构承担的职能相近、职责交叉的工作事项，健全乡镇和县级部门联动机制，压实乡镇政府综合治理、安全生产等方面的责任。第二，创新工作机制。健全乡村治理工作协同运行机制，深入开展乡村治理体系建设试点示范和乡村治理示范村镇创建，推广运用"积分制""清单制"等形式。第三，加强法治建设。建设法治乡村，创建民主法治示范村，培育农村学法用法示范户。

（3）深入推进平安乡村建设。《规划》从三个方面提出深入推进平安乡村建设的措施：第一，完善基层纠纷解决机制。坚持和发展新时代"枫桥经验"，加强群防群治力量建设，巩固充实乡村人民调解组织队伍，创新完善乡村矛盾纠纷多元化、一站式解决机制。第二，提升基层治安管理水平。深化农村网格化管理服务，推进农村基层管理服务精细化。充分依托已有设施，提升农村社会治安防控体系信息化智能化水平。健全农村扫黑除恶常态化机制。第三，加强县乡村应急管理。加强县乡村应急管理、交通消防安全体系建设，加强农村自然灾害、公共卫生、安全隐患等重大事故的风险评估、监测预警和应急处置。

4. 乡村建设行动实施方案

2022年5月，中共中央办公厅、国务院办公厅印发《乡村建设行动实施方案》[②]，围绕乡村规划建设、农村道路畅通、农村防汛抗旱和供水保障、乡村清洁能源建设、农产品仓储保鲜冷链物流设施建设、数字乡村建设发展、村级综合服务设施提升、农房质量安全提升、农村人居环境整治、农村基本公共服务、农村基层组织建设、农村精神文明建设列出了乡村建设的十二项任务。

---

① "十四五"推进农业农村现代化规划[Z/OL]. (2022-03-25)[2023-12-23]. http://www.ndrc.gov.cn/fggz/fzzlgh/gjjzxgh/202203/t20220325_1320217.html.
② 中共中央办公厅 国务院办公厅印发《乡村建设行动实施方案》[Z/OL]. (2022-05-23)[2023-12-23]. http://www.gov.cn/zhengce/2022-05/23/content_5691881.htm.

5. 管理政策

（1）清单制。清单制是目前行政管理中的一种常见的组织和管理方法，指使用清单罗列具体的职能职责、服务事项、操作流程、材料目录或者不得从事的行为等，确保管理者、服务者明确自己的职责范围，提升履职效率，也便于确定监督范围，进行绩效评估。

2021年9月，农业农村部、国家乡村振兴局发布《关于在乡村治理中推广运用清单制有关工作的通知》(农经发〔2021〕4号)[1]。乡村治理中采用清单制，是在党组织的领导下，将基层管理服务事项以及农民群众关心关注的事务细化为清单，编制操作流程，明确办理要求，建立监督评价机制，形成制度化、规范化的乡村治理方式，主要是为解决基层组织负担重、村级权力运行不规范、为人民服务不到位等问题，对于加强和改进乡村治理、促进农村和谐稳定产生了积极作用。目前各个地方探索出了村级小微权力清单、承担事项清单、公共服务清单等做法，取得了较好的效果。

（2）积分制。在管理领域，积分制是一种用于管理和评估个人或组织绩效的方式，通常完成特定行为或实现特定目标，可以获得一定积分，最后根据特定时间段内获得积分数值来衡量个人或组织完成项目的绩效。积分制可以用于鼓励特定行为，或衡量政策的有效性。

2020年7月，中央农村工作领导小组办公室、农业农村部发布《关于在乡村治理中推广运用积分制有关工作的通知》(中农发〔2020〕11号)[2]。乡村治理中运用积分制，是在农村基层党组织的领导下，通过民主程序，将乡村治理各项事务转化为数量化指标，对农民日常行为进行评价，形成积分，并给予相应精神鼓励或物质奖励，形成一套有效的激励约束机制。实践证明，积分制可以有针对性地解决乡村治理中的重点、难点问题，符合农村社会实际，具有很强的实用性、操作性，是推进乡村治理体系和治理能力现代化的有益探索。

（3）责任制。责任制是指将目标任务进行拆分，按照性质、内容细分到不同层级、岗位，并确定各层级、岗位的职权、职责、利益，将权责利密切联系的管理制度。责任制通过明确责任人与责任范围，定岗定责，激发责任人的工作积极性。

为将乡村振兴的责任落到实处，2022年11月，中共中央办公厅、国务院办公厅印发了《乡村振兴责任制实施办法》[3]，实行中央统筹、省负总责、市县乡抓落实的乡村振兴工作机制，构建职责清晰、各负其责、合力推进的乡村振兴责任体系，明确党对农村工作的全面领导，健全党委统一领导、政府负责、党委农村工作部门统筹协调的农村工作领导体制，省市县乡村五级书记抓乡村振兴，对中央和国家机关有关部门、地方党委和政府、社会其他团体的乡村振兴责任进行了详细的列举。

（二）重点领域的乡村治理政策

1. 数字乡村

国家重视数字治理，国务院在2021年12月12日公布实施的《"十四五"数字经济发展

---

[1] 农业农村部 国家乡村振兴局关于在乡村治理中推广运用清单制有关工作的通知[Z/OL]. (2021-11-16) [2023-12-23]. http://www.moa.gov.cn/govpublic/NCJJTZ/202111/t20211116_6382236.htm.

[2] 中央农村工作领导小组办公室 农业农村部关于在乡村治理中推广运用积分制有关工作的通知》[Z/OL]. (2020-07-27)[2023-12-23]. http://www.gov.cn/zhengce/zhengceku/2020-07/29/content_5530981.htm.

[3] 中共中央办公厅 国务院办公厅印发《乡村振兴责任制实施办法》[Z/OL]. (2022-11-28)[2023-12-23]. http://www.gov.cn/xinwen/2022-12/14/content_5731828.htm.

规划》（国发〔2021〕29号）①、2022年6月6日开始实施的《关于加强数字政府建设的指导意见》（国发〔2022〕14号）②，都对数字乡村建设做了规划，要求推进数字乡村建设，以数字化支撑现代乡村治理体系，加快补齐乡村信息基础设施短板，构建农业农村大数据体系，不断提高面向农业农村的综合信息服务水平；推动基本公共服务更好向乡村延伸，推进涉农服务事项线上线下一体化办理；推动农业农村大数据应用，强化市场预警、政策评估、监管执法、资源管理、舆情分析、应急管理等领域的决策支持服务。

2. 社会领域中的乡村治理

从2021年开始，国家陆续围绕退役军人投身乡村振兴、农村生活垃圾收运处置、文化产业赋能乡村振兴、乡村民宿高质量发展、乡村医疗卫生体系健康发展、大学生乡村医生制定了一系列文件，全面落实国家在乡村人才建设、环境保护、文化、产业、医疗方面的规划目标。具体如表4-6所示。

表4-6　2021-2023年国家在乡村社会治理中的政策一览表

时间	发文单位	文件名称	文号
2023年4月15日	国家卫生健康委、中央编办、教育部、财政部、人力资源社会保障部	关于实施大学生乡村医生专项计划的通知	国卫基层发〔2023〕9号
2023年2月23日	中共中央办公厅 国务院办公厅	关于进一步深化改革促进乡村医疗卫生体系健康发展的意见	
2022年7月8日	文化和旅游部、公安部、自然资源部、生态环境部、卫生健康委、应急部、市场监管总局、银保监会、文物局、乡村振兴局	关于促进乡村民宿高质量发展的指导意见	文旅市场发〔2022〕77号
2022年3月21日	文化和旅游部、教育部、自然资源部、农业农村部、乡村振兴局、国家开发银行	关于推动文化产业赋能乡村振兴的意见	文旅产业发〔2022〕33号
2022年5月20日	住房城乡建设部、农业农村部、发展改革委、生态环境部、乡村振兴局、供销合作总社	关于进一步加强农村生活垃圾收运处置体系建设管理的通知	建村〔2022〕44号
2021年8月16日	退役军人部、农业农村部、发展改革委、教育部、工业和信息化部、财政部、人力资源社会保障部、自然资源部、住房城乡建设部、文化和旅游部、人民银行、税务总局、市场监管总局、银保监会、全国工商联、乡村振兴局	关于促进退役军人投身乡村振兴的指导意见	退役军人部发〔2021〕48号

---

① "十四五"数字经济发展规划[Z/OL]. (2022-03-25)[2023-12-23]. http://www.ndrc.gov.cn/fggz/fzzlgh/gjjzxgh/202203/t20220325_1320207.html.
② 国务院关于加强数字政府建设的指导意见[Z/OL]. (2022-06-06)[2023-12-23]. http://www.gov.cn/zhengce/content/2022-06/23/content_5697299.htm.

【思考题】

1. 乡村治理的指导思想是什么？主要任务是什么？
2. 涉及乡村治理的党内法规主要有哪些？
3. 与乡村治理相关的法律法规主要包括哪些方面？有哪些具体的法律制度？
4. 与乡村治理相关的国家政策主要有哪几类？
5. 围绕乡村治理，国家主要采取哪些政策措施？
6. 目前乡村治理的法律体系是否完备？还可以从哪些方面进一步完善？

【案例分析】

案情：四川省蒲江县箭塔村位于蒲江县城北22公里处，是一个具有悠久历史和文化底蕴的典型的川西南乡村，早在2014年就被列入第一批省级乡村旅游示范村，并于2020年被评为中国特色小镇示范点村庄。2022年，SCTV-9四川广播电视台乡村频道"乡村会客厅"栏目以箭塔村为例进行了题为《社区营造 乡村振兴的"金钥匙"》的专题报道，甘溪镇乡村振兴首席顾问伍茂源作为嘉宾参与专题采访，与四川农业大学管理学院张社梅教授共同探讨，从了解社区营造、强组织、育人才、兴文化、活产业5个方面向全社会分享了箭塔村"社区营造"发展历程、"年猪祭""蒲草编织"等本土项目、非遗文化，全方位宣传了箭塔村乡村振兴新风貌。

1. 产业兴旺

四川省蒲江县箭塔村在产业振兴方面采取了多项举措，加强农业、养殖、旅游等产业发展，助力脱贫致富。箭塔村坚持科技化、品牌化发展思路，推广良种、优种、优技、优法，大力发展苗木、中药材等特色农产品，同时还通过农村合作社等方式，加强与农资企业的合作，提高农业生产的收益和效益。箭塔村利用本地资源，积极发展蛤蜊、竹编鱼笼、鲈鱼、淡水虾等水产养殖业，为当地农民带来可观的经济效益和就业机会。箭塔村积极打造文化旅游发展品牌，通过开发山水田园、渔家风情、民俗文化等乡村旅游资源，吸引了越来越多的游客前来观光、休闲、度假，为当地带来了丰厚的经济收益。家庭手工业、乡村特色工业等产业，为农村青年创业提供优惠的贷款政策，帮助更多的年轻人深入挖掘乡村创业机会，掌握新型产业技术。

2. 人才振兴

四川省蒲江县箭塔村是一个注重人才振兴的村庄，该村采取了一系列措施，吸引和培养人才，推动经济社会发展。

箭塔村大力改善村庄基础设施建设和生活环境，建设优美的居住环境和舒适的生活条件，增强了群众归属感和幸福感，进而吸引和留住有实力的人才。箭塔村通过举办人才招聘会、开展走亲访友工作等方式，引进相关专业人才，为村里特色产业发展提供专业技术人才支持。为提高村庄的管理水平和发展能力，箭塔村积极开展村务干部、技术能手等培训工作，提高居民职业素质和创新能力，让村民拥有更多的知识和技能。箭塔村建立了包括"双创"会等在内的一系列创新创业平台，为本村和外来的有志青年提供发展机会和平台。同时，村里积极开展"小额贷款"、创业培训和洽谈会等活动，鼓励人才创业、创新，发挥专业技能和优势，促进村庄的经济持续增长和社会进步。

3. 文化传承

四川省蒲江县箭塔村作为一个富有文化底蕴的村庄，一直以来注重文化传承与振兴，通过发掘和利用本土文化资源，提高村民的文化素养和道德水平，推动村庄的经济和社会发展，取得了不错的成果。

一是留存记忆：编写村志、修建村史馆，在微信公众号"乡约箭塔"上挖掘村庄历史。恢复"年猪祭"、重现蒲草编织手艺——箭塔村对于有价值的传统文化进行了保护和传承。

二是厚植土壤：村里设置"山茶花舍"议事厅，把村里的年轻人从麻将桌上吸引过来，谈项目、谈规划、谈未来、谈发展。通过组织传统民俗活动，建设农村文化阵地，培育乡土文化人才，壮大乡村文化队伍。

三是活化创新：文化和产业结合是传统文化得以永续发展、创造性转化的最好方式。箭塔村把"年猪祭"等乡土文化与乡村文创旅游结合起来，让箭塔村快速脱贫。村民们相互启发、相互激励，创业项目从零发展到了如今的24个。

四是讲好中国的乡村故事：文化和产业的兴起又吸引人才留下来。通过吸引农民女作家卢树盈回乡发展，她写下的文学作品正把箭塔村的故事讲述给世人。

4. 生态治理

四川省蒲江县箭塔村是一个富有生态环境的村庄，村里有健全的生态保护和建设系统。通过多种措施，该村不断加强生态环境保护和建设，推动乡村生态文明建设。箭塔村依托得天独厚的地理优势，发展了种植古树名木和各类果树，逐步实现从传统农业向现代农业的转型升级，以持续性的生产方式推动生态文明建设。

箭塔村开展水土保持治理，加强山洪、滑坡、泥石流等灾害防护，大力实施亲水堤防工程。从而保护了周边水资源和土壤资源，推动生态文明建设开创良好的基础。通过开展环保宣传和教育工作，增强村民的环保意识，推广循环经济模式，以"绿色低碳"为主题，引导农民种植绿色作物，推动生态文明建设。箭塔村积极推进美丽乡村建设，充分利用周边自然环境优势，开展乡村风景提升工作，建立生态村庄，通过科学规划和设施建设，改善了村庄的生态环境和居民的生活质量。

5. 组织协作

四川省蒲江县箭塔村是一个重视组织建设的村庄，注重发挥组织的作用和发挥各种资源的作用，推动村庄的经济和社会发展。箭塔村成立了村务监督委员会，作为一种新的监督机制，不断加强村里的治理和管理，建立健全村规民约，提高村民自治和管理水平。村里建立了活动策划委员会，筹划和组织村庆、赛事、文艺活动等，提高了村民的参与度和凝聚力，培养了一批素质高、过硬工作能力和表现力的群体。箭塔村的青年志愿者组织非常活跃，村里开展了多种志愿活动，如义务修路、义务清洁、义务植树等，发挥了年轻人的热情和活力，为社区服务并且促进社区凝聚力的更好体现。建立了农业、养殖、旅游等专业合作社，帮助村民集体经济，提高收入和推动农村经济转型、现代化、扶贫致富工作的步伐。

问题：你认为箭塔村社区营造成功的因素有哪些？

分析：（1）以文化为载体，开展民俗活动，聚集村民群策群力，发展旅游业；（2）外引内培，提升人才质量，以人才带动产业发展、文化振兴；（3）加强村委会建设，发展社会志愿组织，强化组织力量。

第五章

乡村治理的机制

内容提要：党的十六届四中全会指出，应"建立完善党委领导、政府负责、社会协同、公众参与的社会管理模式"，这提升了中国特色社会主义事业中社会管理的地位。党的十八大则进一步要求"加快形成党委领导、政府负责、社会协同、公众参与、法治保障的社会管理体制"，进一步拓展和丰富了社会管理体制的意义和范围。乡村振兴的实现离不开一个和谐稳定的社会环境，必须加强和创新乡村治理，建立完善的现代乡村社会治理机制，其中包括党委的领导、政府的负责、社会各界的协同、公众的积极参与和法治的保障。同时，还需要建立科技的支撑机制，以确保乡村社会和谐有序且充满活力。

学习目标与要求：着重掌握乡村振兴的党委领导机制、政府负责机制、社会协同机制、公众参与机制、法治保障机制和科技支撑机制的具体内涵，并深入理解各机制的作用和相互关系。

第一节 党委领导机制

农村基层党组织是贯彻落实中央方针政策和决策部署的主体，在乡村治理和乡村振兴中发挥着组织、动员和凝聚群众的主要作用。建立党委领导机制，可以确保党在农村工作中始终总揽全局、协调各方，是推进乡村振兴有力的政治保障。

2022年中央一号文件提出："充分发挥农村基层党组织领导作用，扎实有序做好乡村发展、乡村建设、乡村治理重点工作，推动乡村振兴取得新进展、农业农村现代化迈出新步伐。"[①]文件强调了建立农村基层党委领导机制在农村工作中的重要性。乡村治理要切实加强农村基层党组织的组织领导能力，不断完善农村基层党组织建设，发挥好农村基层党组织"总揽全局、协调四方"的领导核心作用，充分发挥制度优势，统领乡村治理工作，促进乡村治理能力和治理体系现代化。

一、党委领导机制建设的重要意义

坚持正确的政治方向是乡村治理应当遵循的基本原则，在乡村治理过程中应当坚持农村基层党组织对乡村治理各项事务的全面领导，贯彻政治引领和组织引领，充分发挥农村基层党组织在乡村治理工作中的核心领导作用，形成以农村基层党组织为核心，乡镇政府、村"两委"、乡村社会力量和村民共同参与的多元共治格局，加强党委领导机制建设，以确保乡村治理的正确方向。加强党委领导机制建设是推进自治、法治、德治有效融合的保障。在乡村治

[①] 中共中央国务院关于做好2022年全面推进乡村振兴重点工作的意见[Z/OL]. (2022-02-22)[2023-12-25]. http://www.gov.cn/xinwen/2022/02/22/content_5675041.htm.

理过程中要始终坚持系统性观念，以农村基层党组织为领导，强化对各项工作的全局性谋划和整体性推进，充分发挥自治、法治、德治的比较优势，强化自治、法治、德治之间的融合、衔接和补充，以自治促进乡村治理充满活力，以法治促进乡村治理合法合规，以德治促进乡村治理崇德尚正。在这个过程中，需要加强党委领导机制的建设，充分发挥好基层党组织的组织协调能力和价值引领作用，推进乡村自治、法治和德治的有效融合、相互促进，构建和谐的治理环境。

二、农村基层党组织的乡村治理职能

2019年6月中共中央办公厅、国务院办公厅印发的《关于加强和改进乡村治理的指导意见》对乡村治理主体的职责分工进行了阐述："建立健全党委领导、政府负责、社会协同、公众参与、法治保障、科技支撑的现代乡村社会治理体制。健全党组织领导的自治、法治、德治相结合的乡村治理体系。完善村党组织领导乡村治理的体制机制。"[1]这表明农村基层党组织在乡村治理中具有领导核心作用，也要求其在乡村治理中发挥好方向引领、组织动员和社会服务等作用。

根据上述意见，坚持正确的方向引领，确保在农村工作中党也能够总揽全局、协调各方，是农村基层党组织的基本职能。随着我国城镇化水平的不断提高、城乡融合发展的持续深化及乡村振兴战略的全面推进，农村发展前景无比广阔，同时也面临更多的挑战。这就要求基层党组织在乡村治理中承担起举旗定向的引领作用，加强学习型和服务型基层党组织建设，确保党的路线、方针、政策和决策部署得到贯彻落实，促进党的领导和村民自治的有机统一，为农村各项事业的发展提供良好的政治环境。

在乡村治理过程中，由于工作繁杂、事务繁多，需要农村基层党组织充分发挥组织动员的职能，协调乡村人力、物力和各种信息资源，引领多种资源共同赋能乡村治理，促使乡村多元治理主体发挥主观能动性，促进乡村产业发展，改善乡村人居环境，协调农民群众利益和矛盾，维护乡村社会的和谐团结与繁荣稳定。

作为乡村治理的核心，农村基层党组织要充分发挥组织优势和资源优势，聚焦产业发展推动基层党组织改革创新，构建农业产业化经营新型经济组织，依托农业科技发展和现代经营管理理念，提升产业结构和水平，为乡村治理提供经济保障。

三、党委领导机制发展的路径

（一）健全发展农村党员工作机制

党员是党组织的细胞，是党的战斗力的基础，建设高质量的党员队伍对于乡村治理是十分必要和重要的。农村基层党组织应当发动农民群众的创造性，发现和培养乡村优秀人才并引导其加入基层党组织，为乡村治理提供人才力量。积极拓展党员发展路径，吸纳有参与乡

---

[1] 中共中央国务院 关于加强和改进乡村治理的指导意见[Z/OL]. (2019-6-23)[2023-12-25]. http://www.gov.cn/gongbao/content/2019/content_5407656.htm.

村治理意愿的返乡大学生、退伍军人、农民企业家、致富能手进入党员队伍，为乡村治理注入新鲜活力。吸引优秀人才进入基层党组织队伍，完善有利于引进党员干部发展的政策，开展好党员干部引进工作，如"三支一扶""大学生村官"等，积极吸纳能力突出、信念坚定的青年人才入党，为基层党组织的可持续发展提供后备力量。

（二）加强基层组织教育管理，提升党员干部素质

要发挥基层党组织在乡村治理建设中的核心领导作用，就必须加强党员教育，从整体上提升党员的综合素质，保障党员队伍参与乡村治理的活力。通过"三会一课""民主评议"等各种党员活动开展教育培训，加强党的政治理论、农业产业化发展、农业经营管理等内容的培训，提炼党员乡村治理经验，拓宽农村党员的视野和发展思路，构建科学的群众监督机制，提高党员的内在修养和综合素质，发挥"关键少数"的带头作用。

（三）坚持正确治理方向，引领治理成果人人共享

农村基层党组织建设始终是党的建设的重要内容，党建引领乡村治理建设的重要价值在于将党的政治领导、组织动员和凝聚协调作用充分发挥在乡村治理的具体事务和具体环节，保持基层党组织领导下的乡村多元治理主体的共同参与、共同协商，使乡村治理始终走在人人有责、人人尽责、人人享有的轨道上，确保乡村治理建设的正确方向。而"人人享有"既是乡村治理的价值归属，也是维系乡村治理持续发展的根本动力。只有治理成果能够有效地满足各治理主体的利益需求，才能保证乡村治理的持续协调发展。

第二节　政府负责机制

2022年12月，中国共产党中央办公厅和国务院发布了《乡村振兴责任制实施办法》[①]（以下简称本办法）。该办法明确规定了乡村振兴中各级政府的责任，实施了乡村振兴责任制，并以习近平新时代中国特色社会主义思想为指导思想，树立"四个意识"、坚定"四个自信"、做到"两个维护"，实行中央统筹、省负总责、市县乡抓落实的乡村振兴工作机制，构建职责清晰、各负其责、合力推进的乡村振兴责任体系，举全党全社会之力全面推进乡村振兴，加快农业农村现代化。始终坚持党的领导核心地位，坚持党领导一切农村工作，并建立党委统筹领导、政府总体负责、党委工作部门相互协调的体制机制，重点加强省市县乡村五级书记乡村振兴工作。要求在党中央的领导下，中央农村工作领导小组积极发挥巩固发展作用，加大脱贫攻坚成果的巩固力度，并推动脱贫攻坚工作不断深入，同时要承担起牵头抓总的职责，促进乡村振兴责任明确、组织协调、社会参与、要素完备、考核有效、工作报告、监督检查等方面机制的健全以及有效实施。

---

① 中共中央　国务院发布乡村振兴责任制实施办法[Z/OL].(2022-11-28)[2023-12-22]. http://www.gov.cn/gongbao/content/2023/content_5736709.htm.

一、中央和国家机关有关部门的乡村振兴责任

中央和国家机关有关部门要深入学习贯彻习近平总书记关于"三农"工作的重要论述以及重要指示精神,要认真落实党中央、国务院关于乡村振兴战略的方针政策和决策部署以及相关法律法规的要求,并结合职责对乡村振兴战略进行研究和组织实施。

强调依法治国,推动乡村振兴各项事业发展的法治化和制度化。要对乡村发展相关的产业、人才、文化、生态等各方面深入开展调查研究,在此基础上起草法律法规相关草案,初步制定乡村振兴战略规划、重要政策以及重大的工程建设指南等,并组织实施,从而在法治轨道上推动乡村振兴过程中的重要问题得到协调、解决。

建立和完善粮食安全的物质基础和保障机制。贯彻落实最为严格的耕地保护制度,在坚定不移守住十八亿亩耕地红线的基础上,实现永久基本农田到全方位高标准农田的逐步转变;要始终坚持科技是第一生产力的理念,积极推动种业的振兴,并不断强化农业科技以及装备的支撑作用;始终坚持以人民为中心,不断增强农业综合生产能力,保证粮食和重要农产品的稳定供给;树立大食物观,促进设施农业的发展,建立多样化食品供应体系;加强农业供给侧结构性改革,促进优良种苗培育、品质改善、品牌建设和标准化生产,提高农业质量效益和竞争力。

健全防止返贫相关的动态监测以及帮扶机制。持续改进并组织实施相应政策,重点关注并及时帮扶乡村振兴重点帮扶县以及易地搬迁集中安置点等重点区域,切实做好中央单位对定点帮扶工作的各项任务,巩固并扩大脱贫攻坚成果,提高脱贫攻坚成果的稳固性和可持续性。

建立和完善乡村振兴配套机制和政策体系。建立村级乡村发展、乡村建设和乡村治理的各项重大举措,确保乡村振兴各项任务顺利实施并落到实处,在实践中发现并初步解决乡村振兴存在的薄弱环节和突出问题。通过各种举措,确保乡村振兴事业的顺利发展。

坚持和完善农村基本经营制度,深化农村集体产权制度改革,妥善处理农民与土地的关系。结合乡村发展的实际情况,促进新型农村集体经济的发展,培育新型农业经营主体以及建立社会化服务体系,推行农业适度规模经营。此外,要重视农业支持保护制度和农村金融服务体系的建设,推动重要领域改革的持续深化,包括供销合作社、农垦、农业水价、集体林权、国有林场林区等方面,以实现农村改革的全面、高效、整合的目标。

优先满足农业农村优先发展的各项需求,尤其是在干部配备、要素配置、资金投入、公共服务等方面。此外,要着力推动城乡融合快速发展,通过完善城乡融合发展的体制机制和政策体系,促进城乡相互融合发展的关键点,并畅通城乡之间的要素流动。

搜集、总结并传播推广乡村振兴的成功经验,发挥这些经验和典型的引领、带动作用。同时,对乡村振兴战略的实施情况进行检测记录并进行评估,积极探索适应乡村实际情况的乡村振兴新途径。按规定的时间周期,对乡村振兴开展督查考核、示范创建、表彰奖励等任务,有效结合外部推动力和内部动力,共同推动乡村振兴。

二、地方党委和政府的乡村振兴责任

深入学习贯彻习近平总书记关于"三农"工作的重要论述和重要指示精神,认真贯彻党中央、国务院关于乡村振兴战略的方针政策和决策部署,并结合相关法律法规的要求,在结

合本地实际的基础上积极推进本地乡村振兴战略的实施。

各地区应在国民经济和社会发展规划、党委和政府工作中主动纳入乡村振兴的议程，结合各地区的实际情况制定相应的政策、规划以及任务，并认真组织实施，以推动乡村振兴的不断发展。

各级地方党委和政府应严格落实对粮食安全的责任，将确保粮食和关键农产品的稳定供应作为最重要的任务。要加强农田保护以及高标准农田建设等措施，保证粮食和关键农产品的生产目标得以顺利完成。此外，还需积极落实好各项有利于农民的政策，并全力调动农民种粮积极性，全面提高本地区的粮食安全保障能力。

要将巩固拓展脱贫攻坚成果摆在突出位置，一方面应完善驻村帮扶、消费帮扶、救助帮扶和产业帮扶等举措，增加对国家级乡村振兴重点帮扶县的支持力度，确保脱贫攻坚成果得到强有力的外部支持。另一方面，要积极发展县域经济，不断缩小收入和发展差距，提高脱贫地区和群众增收的内生动力，建立多层次的贫困防线，坚决防止大规模的返贫。

利用区域农业资源的优势特色，因地制宜地促进农业和农村经济的发展，积极探索农业多功能的路径，秉持以功能为导向，致力于塑造特色农业项目品牌，充分挖掘乡村多元价值，重视农村产业链构建，推动现代农业产业体系、生产体系和经营体系的发展。同时，还要提高乡村产业的规模化、标准化和品牌化程度，促进现代服务业与现代农业的深入融合。在此基础上，我们将更多的农业产业链环节留在乡村，为农民增加增收致富的途径，从而提高农民财产性收入，推进实现共同富裕。

为了增加乡村振兴的信心，要充分利用乡村振兴人才的作用。同时，需要鼓励和引导不同类型的人才加入乡村振兴事业，建立多种渠道来构建乡村振兴人才体系。此外，还应加强本地人才的培育和引进工作，并推行农村乡村振兴培育计划以培养更多的乡村基层干部。为了实现乡村振兴，需要引进高校和科研机构的专业人才以及各类人才，如大学生"村官"和"三支一扶"等人才。同时，还需要建立完善的人才作用发挥机制和人才保障机制，并注重人才的合理使用，以留住人才，确保有足够的人才储备。

大力推进农村精神文明建设，深入推进新时代农村思想教育，推动社会主义核心价值观融入农村发展，切实增强农民群众的思想道德修养，并开展形式多样的新时代文明实践活动，以符合农民群众兴趣的方式提升精神氛围，培育农村社会良好风尚。积极推进城乡精神文明融合发展，构建乡村公共文化体系，广泛传播科学知识，持续推动乡村文明进步，推动农村精神文明建设取得新的突破。

为加强农村生态文明建设，必须坚定信念，践行"保护生态就是保护丰饶资源"的观念，全面推进农村生态保护和治理工作。我们应注重整体性、全面性和协同性，加大生态环境治理的工作力度，系统性地推动山水林田湖草沙的一体化保护和恢复工作，培养生态红线意识，研究制定适应当地实际的生态保护与修复制度，贯彻落实农村生态环境保护治理的责任和源头治理，重视土地资源的污染防控和安全利用，防范生物入侵危害，建设人与自然和谐共生的现代化美丽乡村。

为满足农民群众真实需求，要有组织地展开了乡村建设行动。在此过程中，需要不断完善乡村的基础设施，统筹优化宜居生活空间布局，完善交通邮电、农田水利、供水供电、商业服务、园林绿化、教育、文化、卫生等基础设施建设，结合村民生活习惯和日常生活需求划定生活功能区，提高农村建房质量，对传统村落加以保护利用，推动农村人居环境的改善，优化产业资源配置，加强农民就业培训，减少农村人口流失，加快推进农村养老服务体系的完整化建设和农村公共医疗服务能力的整体性提高，缩小城乡基础设施建设方面的差距，切实增强农村群众生活的幸福感，建设一个宜居宜业的现代美丽乡村。

加强乡村基层组织建设，建立完善的现代乡村社会治理体制，充分发挥党委领导、政府负责、民主协商、社会协同、公众参与、法治保障和科技支撑的作用。同时，在党组织领导下，坚持自治、法治和德治相结合，形成有效的乡村治理体系。采取多种措施扩大农村基层党组织的覆盖范围，以更好地发挥基层党组织的组织力和领导力。推进农村社会治安防控体系建设，健全农村扫黑除恶常态化机制，依法严厉打击各种违法犯罪活动。畅通民意诉求表达渠道，及时解决群众面临的困难。全面整合人民调解、行政调解、司法调解、仲裁、行政复议及专业调解委员会等调解资源，打造"一站式"矛盾纠纷解决平台，维护农村社会和平安定。

以县域经济发展为重点，协同推进乡村振兴战略和新型城镇化战略的实施，推动城乡融合的快速发展。科学有序地执行村庄撤并的政策，完善农业转移人口市民化政策，推动农业转移人口积极融入城镇。保障进城落户农民合法土地权益，同时也鼓励他们以合法、自愿且有偿的方式转让土地。

坚持保持农村土地集体所有和家庭承包经营的基本制度长久不变，保持农户依法承包集体土地的基本权利长久不变，保持土地承包关系的稳定，强化对农户内部家庭成员平等享有各项权益的保护，推进农村土地资源优化配置，激活主体、激活要素、激活市场，在坚持土地公有制、确保农民利益和粮食生产能力、坚守耕地面积的基础上，充分调动基层和群众的创造积极性，发挥农民的主体力量，善用试点试验手段，推动农村重点领域和关键环节改革攻坚取得突破并落地见效。

三、地方各级党委和政府的责任分配[①]

（1）省级党委和政府对本地区乡村振兴工作负总责，并确保乡村振兴责任制层层落实。省级党委和政府主要负责人担任本地区乡村振兴的首要负责人，职责主要为：① 根据当地实际情况制定乡村振兴的阶段目标和相应政策措施，积极推进重点任务的分工、重大项目的实施以及重要资源的合理配置等工作。② 每年召开党委农村工作会议，确定乡村振兴年度重点任务。定期主持党委常委会会议、政府常务会议，听取工作汇报，讨论决策重要事项，审议乡村振兴相关法规、规划、政策和改革事项。定期组织党委理论学习中心组展开乡村振兴专题学习。③ 组织开展乡村振兴督促指导和工作调研，总结推广典型经验，及时纠正和处理乡村振兴领域违纪违规问题。落实乡村振兴联系点制度，带头定点联系 1 个以上涉农县。④ 加强考核监督、激励约束机制，督促党委常委会委员、政府领导班子成员按照职责分工，全力推动乡村振兴工作，并负责具体行业或部门的管理与协调。

（2）市级党委和政府承担推进本地区乡村振兴工作的责任，并要确保与上级部门的衔接、本地区内部的协调配合，以及有效监督检查，充分发挥市级对县级的带领作用。市级党委和政府主要领导是乡村振兴的首要责任人，具体的职责涉及以下几个方面：① 制订并提出乡村振兴的阶段性目标、年度计划和具体安排，确保工作任务明确并指导县级实施；同时，对乡

---

① 责任分配引自中共中央办公厅、国务院办公厅印发的《乡村振兴责任实施办法》第九条至十三条，2022年。

村振兴项目的实施、资金使用和管理以及目标任务的完成情况进行督促、检查和监督。②每年领导农村工作会议，明确本年度的重点任务，同时指导和安排实施。为了进一步推进乡村振兴，需要定期召开党委常委会会议以及政府常务会议，以听取工作汇报，并研究解决乡村振兴所面临的重大问题。此外，还应定期组织党委理论学习中心组，并开展专题学习，以提高对乡村振兴的理论认识。③与至少1个农村地区保持定期联系，进行专题调查研究，总结经验和实践，研究解决问题，为推动工作提供指导。④督促党委常委会委员、政府领导班子成员根据职责分工抓好分管行业（领域）或者部门（单位）乡村振兴具体工作。

（3）县级党政是乡村振兴的主导力量。县级党委和政府主要负责人是该地区乡村振兴的首要责任人，应专注于推动乡村振兴工作。其职责主要包括以下几个方面：①根据当地实际情况，制订乡村振兴规划和年度实施方案，明确各阶段的目标和任务，整合各类资源，合理安排相应的推进进度，有效运用资金，促进项目实施，并组织实施各项政策措施。②每年组织党委农村工作会议确定年度乡村振兴的重要任务。定期召开党委常委会、政府常务会议，讨论乡村振兴工作，不规则地进行工作调度会和现场推进会，积极推动乡村振兴重点任务的实施。定期组织党委理论学习中心组开展乡村振兴专题学习。③推动建立乡村振兴的推进机制，组织攻坚重点任务，策划推动实施乡村振兴的重要任务、重要项目和重大政策，确保乡村在发展上每年都有新进展。④从县级行政单位出发，明确对村庄进行分类，并通过优化布局，指导和推动村庄规划编制，以促进乡村振兴。同时，建立相应的项目库，完善乡村振兴资金项目信息公开制度，确保对乡村振兴资金项目的管理承担主要责任。⑤深入了解和及时解决乡村振兴工作中的问题和困难，定期走访1个以上的行政村，并争取在任期内完成对辖区内所有行政村的覆盖。通过联系和调查基层群众，解决乡村振兴推进过程中的难题和困境。同时，督促党委常委会成员和政府领导履行职责，有效管理乡村振兴工作。

（4）乡镇党委和政府应将乡村振兴作为核心任务，充分发挥基层基础的作用。要健全统一指挥和协调机制，实行"一村一策"的精准指导服务，制订村庄规划，确保乡村振兴资金项目得到实施，重点任务得到落实。

乡镇党委和政府的主要任务是推动乡村振兴，负责制定符合本地实际的具体目标和任务，并制订工作计划来组织实施上级党委和政府安排的乡村振兴的关键工作。定期对村庄和农户进行调研，力求在任期内完成对辖区所有自然村组的走访。

（5）村党组织统一领导村级各类组织和各项工作。村民委员会和农村集体经济组织在乡村振兴中具有基础性作用，全面贯彻"四议两公开"制度，号召组织农民积极参与乡村振兴。明确本村乡村振兴的主要任务并组织实施，具体贯彻落实各级各部门发布的各种政策、项目、资金等措施。为提升透明度，村级党务、村务、财务情况积极向公众公开，并公布农业政策执行、土地处理、土地流转、集体建设用地入市、资金使用及项目开展等细节。本村农村振兴的首要负责人是村党组织书记，其领导村"两委"成员确保具体任务的有效落实，加强与驻村第一书记和工作队等帮扶力量之间的沟通和协调。此外，还要定期访问农户，原则上每年都要覆盖本村所有农户，及时解决农民在生产和生活方面的实际问题。

为了保证乡村振兴各项重点任务的有效实施，明确采用分级负责的办法，明确省、市、县、乡、村五级的具体责任要求，将责任分工明确落实到不同层级的主要领导人，推动政策的有效实施和工作的顺利进行，以确保乡村振兴各项重点任务真正落地。

第三节　社会协同机制

乡村振兴是新时代中国"三农"工作的中心任务，是一个战略规划，是全面系统的过程。在乡村振兴中政府起主导作用，但还需要充分发挥社会协同治理的积极作用，调动公众参与的积极性，动员广大群众及其他社会组织积极参与乡村建设，夯实乡村振兴的基础，实现乡村振兴战略的总体要求，使乡村善治之路行稳致远。在建立社会协同机制时，组织社会力量参与社会管理，应充分发挥各类社会组织的力量，强化重点单位责任意识，加强东西部协作，加强社会组织的发展，包括社团、行业机构、中介服务机构和志愿者团体等，发挥这些组织在提供服务、反映需求和规范行为方面的作用。同时，也要加强军队和各类企事业单位的社会管理责任。

2022年12月，中共中央办公厅、国务院办公厅印发了《乡村振兴责任制实施办法》，其对社会协同机制作出了具体的规定。

一、重点单位的帮扶机制

中央单位开展定点帮扶，是中国特色扶贫开发事业的重要组成部分，是中国共产党领导和社会主义制度政治优势的生动体现，是中央单位转变作风、锻炼干部、坚持群众路线、密切同人民群众联系的途径与方法。党的十八大以来，中央单位定点扶贫工作强力推进，机制更加完善，成效更加显著，为打赢脱贫攻坚战作出了重要贡献。

全面推进乡村振兴，是"三农"工作重心的历史性转移，其深度、广度、难度都不亚于脱贫攻坚，需要汇聚全党、全社会的力量。中央重点单位要充分发挥协调能力强、政策信息和技术人才等资源富集的优势，在巩固和拓展脱贫攻坚成果和全面推进乡村振兴上持续发力，在助推定点帮扶县乡村振兴方面发挥排头兵作用，继续带好头、作表率，作出新贡献。

二、东西部协作机制

加强东西部合作机制，完善东部对西部的对口支援，是推动区域协调发展、协同发展、共同发展的重要战略举措，也是实现乡村振兴战略的重要推动力。

在东西部协作发展过程中，各级党委和政府应积极配合、相互协调，统筹推进区域间教育、文化、医疗卫生、科技等领域的协调发展。

三、群团组织的参与机制

我国的群团组织具有广泛的群众性，是发动群众积极参与社会治理的重要力量，也是党委、政府联系群众的桥梁和纽带。

工会、共青团、妇联、科协、残联等群团组织应当发挥优势和力量参与乡村振兴，围绕中心、服务大局，全面协调履行各自的职能，依托自身团队优势团结最广泛的群众服务于乡村振兴，在维护群众合法权益、妥善化解社会矛盾中充分发挥自己的群众优势。此外，要鼓励和支持各民主党派、工商联以及无党派人士等在乡村振兴中发挥积极作用。

四、军队的定点帮扶机制

在乡村振兴事业中,军队的帮扶也是不可或缺的。不断完善长效机制,推动军队定点帮扶工作的持续发展,巩固和提升帮扶成效。深化军民共建社会主义精神文明活动,并积极推动退役军人融入乡村振兴事业,以达到全面提升帮扶工作效果的目标。

五、企事业单位和社会组织的支持机制

在推动乡村振兴事业中,企事业单位和社会组织也应主动承担起积极的社会责任。积极探索建立稳定可靠的机制,调动企事业单位和社会组织的资源优势和人才优势,为乡村振兴提供高水平的服务与支持。充分发挥第三次分配的作用,以激励和引导不同类型的公益慈善资金为乡村振兴作贡献。通过各项政策和措施,不断鼓励公民积极主动地参与乡村振兴。

第四节 公众参与机制

社会治理在国家治理各个方面中是极为重要的一方面,对此必须不断加强并持续创新社会治理,始终坚持完善党委领导、政府负责、民主协商、社会协同、公众参与、法治保障、科技支撑的社会治理体系,建设人人有责、人人尽责、人人享有的社会治理共同体,以使人民安居乐业、社会安定有序,建设更加和谐稳定的社会。乡村治理不能光靠政府主导,还需要公众尤其是农民的积极参与。因此,需要建立起科学有效的公众参与机制,确保公众积极参与到乡村振兴事业中来。

一、突出党建引领,培育治理骨干

乡村振兴,人才先行。首先,我们可以尝试打破以村为界的选人用人模式,广泛吸收并大胆使用社会人才。例如优秀大学毕业生。加大对优秀大学毕业生等新生力量的人才引进力度,鼓励其前往经济发展落后地区从事乡村振兴工作,这样既可以提高大学生的社会实践能力,又可以充分利用他们的学识指导乡村发展。其次,在"引进来"的同时更要重视"乡贤"、退伍军人等本土资源的挖掘和培养,探索村干部队伍专职化管理办法,提高村"两委"干部薪酬待遇,为农村基层民主发展提供源源不断的骨干人才,带动更多的新生力量参与基层治理。

二、推进网格管理,转变管理职能

借鉴发达地区的城市社区管理模式,根据属地管理、地理布局以及现状管理等原则,将管辖地域划分成为若干个网格状的单元,政府按照对等的方式对公共服务资源进行整合,同时组织相应的服务团队,对网格内的居民进行科学管理。这种以家庭为单位的管理模式,其触角延伸到社会的最末端,推动了服务重心下移、资源要素下沉,极大地提升了管理的有效性和服务的针对性。这也势必要求政府管理职能完成从粗放向精细、从管理为主向服务为主、

从条条为主向条块结合、从经验为主向民主科学、从相对封闭向更为开放转变。这一过程也保证了公众参与乡村治理的空间。

三、夯实组织平台，畅通参与渠道

社区组织在一定程度上使得村民获得了更多的表达、发声渠道，是化解矛盾、缓和冲突的润滑剂、稀释剂。我们在加强党组织建设的同时，也要建立健全社区组织的机构设置，规范各个组织的职能，保证它们正常有效运作，防止这些组织因无人管理而出现散漫不作为现象。另外，积极推进"数字乡村"建设，利用现代信息技术平台，及时通过微信群、广播等各种传播媒介宣传各项政策、发布各级信息，以确保人民群众知情权的实现，并使政府治理与社会调节、居民自治实现较好的良性互动。

四、发挥协商民主，提高参与效果

党的十九大提出要"发挥社会主义协商民主重要作用。有事好商量，众人的事情由众人商量，是人民民主的真谛"。经过大量的实践，基层组织形成了诸如民主恳谈会、村民议事会、居民论坛、村（居）民决策听证等一系列丰富多样的协商形式，既实现了人民群众更广泛的政治参与和更有效的民意表达，又发挥了民主在了解民情、反映民意、纾解民忧上的重要作用。例如，传统乡村治理的"多数原则"极易忽视"少数"和"个体"的利益表达，也留下了各种矛盾纠纷的隐患。而"一会一访"（"一会"即村民小组会议协商，"一访"即入户访谈协商）模式，尊重了"少数"和"个体"的合理利益诉求，充分保证了每个群众的知情权、参与权、表达权和监督权，自然把各种矛盾纠纷的隐患化解于无形之中，大大提高了公众参与乡村治理的效果，彰显了"全过程人民民主"的本质要求。

乡村治则国家治，乡村兴则国家兴。在全面建成社会主义现代化强国的路上，一个都不能少。只要我们每个人都参与其中，人人有责、人人尽责、人人享有的社会治理共同体目标就能实现。

第五节　法治保障机制

法治保障机制是乡村治理中不可或缺的一环，也是实现乡村治理能力现代化、建设法治乡村的关键所在。在乡村治理实践中，只有严格贯彻落实法治精神，才能够从根本上保证乡村社会的秩序稳定、人民和谐以及公平正义，并为构建共建共治共享的乡村治理格局奠定相应的法治基础。国务院印发的《关于加强和改进乡村治理的指导意见》[①]指出，为了进一步提升乡村治理水平，在建设现代化乡村治理体制过程中，应推动提升乡村治理法治化水平，增强法治化保障，引导村民自觉履行法定义务、承担相应的社会责任。同时，法治保障机制为乡村协商民主的顺利推进提供了制度保障，能够提高乡村公共事务协商的有序性，推动协商

---

① 中共中央办公厅　国务院办公厅印发《关于加强和改进乡村治理的指导意见》[Z/OL]. (2019-06-23)[2023-12-22]. http://www.gov.cn/zhengce/2019/06/23/content_5402625.htm.

民主在乡村治理中发挥积极作用。

一、完善法治保障机制的原则

完善法治保障机制的目的在于引导村民牢固树立法治意识。这不仅为乡村治理建设提供了法治支撑，也为乡村治理打下了思想基础。

（一）坚持党的全面领导是健全完善法治保障机制的首要要求

党的十九大报告指出，必须把党的领导贯彻到依法治国全过程和各方面。中国特色社会主义最本质的特征是党的领导，这是中国特色社会主义最大的制度优势，也是我国乡村法治建设的根本保证。习近平总书记指出："办好农村的事情，关键在党，党管农村工作是我们的传统，这个传统不能丢。"[①]乡村治理法治保障机制的建设必须始终坚持党的领导，充分发挥党总揽全局、协调各方作用，依靠党组织协调各方、凝聚力量，推动乡村法治建设。

（二）坚持人民群众主体地位是健全法治保障机制的价值要求

坚持人民主体地位是坚持马克思主义实践观、历史观和价值观的逻辑必然，是对中国传统文化中"民本"思想的继承和转化，也是新时代坚持和发展中国特色社会主义的必然要求，符合人民群众的根本利益。健全乡村治理的法治保障机制，应以落实和保障广大人民群众的根本利益为目标，坚持确保农民的主体地位，保障农民共享乡村治理的建设成果。

（三）坚持一切从实际出发是健全法治保障机制的客观要求

坚持一切从实际出发是马克思主义的根本要求，也是党的思想路线的重要内容。推进乡村治理法治保障机制建设，必须从乡村实际情况出发，立足乡村实际，加强法治保障机制建设。

二、完善法治保障机制的路径

（一）要提升乡村治理主体的法治观念

党的十九大报告指出，要"打造共建共治共享的社会治理格局。加强社会治理制度建设，完善党委领导、政府负责、社会协同、公众参与、法治保障的社会治理体制"。健全的法治体系能够为乡村治理提供坚实的法治保障，乡村治理中的法治建设是系统化的复杂工程，需要多元治理主体的有效协同。加强乡村法治基层党组织建设，完善基层党组织法治教育培训体系，提升村委会和乡村社会组织法治意识和法律素养；加强乡村基层法治政府建设，构建和完善乡村基层法治型、服务型、民主型政府，以法治保障民主，以民主推进法治，共同推进实现乡村基层政府的法治化；提升村民自治组织法治观念，完善法律法规，保证自治组织产

---

① 中共中央党史和文献研究院. 习近平关于"三农"工作论述摘编[M]. 北京：中央文献出版社，2019: 67.

生的合法性和科学性，确保村委会在法律框架下履行职能；培养村民法治观念，加大法治宣传力度，定期组织村民学习相关法律法规，提高村民的法律意识和素养。

（二）积极拓展乡村法治教育的有效途径

以群众法治需求为导向，完善多样化法治教育方式，营造良好的法治文化氛围，为乡村法治保障机制建设奠定良好社会氛围和法治环境。一是可以组建多主体参与的普法队伍；二是可以利用新媒体技术等定期或不定期地开展法律知识宣讲活动，如乡村法治讲堂、特色普法活动等；三是加强乡村法律服务供给，为广大群众提供有效的法律服务。

（三）完善乡村司法纠纷协调机制

建立由乡镇党委主导下多元化解矛盾的乡村司法纠纷调解工作机制。基层人民法院要充分发挥地方司法机关在争议处理中的引导、促进和保障作用，有效化解纠纷，引导基层群众合理选择非诉讼纠纷解决方式（ADR）。利用现代信息技术，简化纠纷处理程序，提高纠纷处理实效。通过各种渠道和各种手段促进乡村经济社会矛盾纠纷的有效化解，构建和谐的乡村治理环境。

第六节　科技支持机制

为了贯彻落实党的十九大精神、2018年中央一号文件和《乡村振兴战略规划（2018—2022年）》的相关要求，农业农村部办公厅于2018年9月发布了《乡村振兴科技支撑行动实施〈方案〉》[1]（以下简称《方案》）。《方案》正式提出了组织和推动全国农业科教体系参与乡村振兴科技支撑行动的具体方案，充分发挥科技在乡村振兴中的重要作用。

为突破乡村振兴的重大技术瓶颈，要多方发力。一是加强技术培训，针对农业和农村地区的技术需求，开展针对性强的技术培训，以提高农民的专业技能和科技素质，使他们能够更好地应用新技术、新设备和新品种。二是推进产学研合作，鼓励高校、科研机构与农业企业、农民合作社等开展产学研合作，共同推进农业科技创新和成果转化。通过合作，可以将高校和科研机构的技术优势与企业的市场优势、农民的生产实践经验相结合，实现科技创新与农业生产的有效对接。三是引进先进技术，积极引进国内外先进的农业技术和设备，并推广应用到农业生产中。可以通过引进优良品种、高效种植技术、智能化农业机械等来提高农业生产效率和质量。四是加强技术推广，建立完善的农业技术推广体系，将先进的农业技术和设备推广到广大农村地区。可以通过开展技术宣传、组织技术示范、提供技术咨询等方式来推广新技术、新品种和新设备。五是优化产业布局，结合当地的资源禀赋和产业基础，优化农业产业布局，推动特色农业和优势产业的发展。通过优化产业布局，可以促进农业资源的合理配置，提高农业生产效率和农民收入水平。

---

[1] 农业农村部办公厅关于印发《乡村振兴科技支撑行动实施方案》的通知[Z/OL].(2018-09-30)[2023-12-22]. http://www.gov.cn/zhengce/zhengceku/2018-12/31/content_5442597.htm.

一、加强基础前沿技术研究

为了应对这一对国家和民众都至关重要的重大战略任务，我们必须充分意识到要关注国际科学前沿、国内农业的急迫需求以及未来科技的发展趋势，并专注于高效育种、长效绿色防控、资源利用、产品安全控制、畜禽基因组育种、合成生物技术、数据整合、纳米技术、人工智能、智能装备等领域的重点研究，致力于探究具有战略性和前瞻性的重大科学问题与前沿技术问题，以深化对大科学研究的原创性创新和系统布局特点的认识，并对基础研究的关键方向进行战略性规划。

二、加快关键核心技术研发

（一）大宗农产品方面

在农产品领域，关键是根据降低成本和提高效益、优质安全和可持续发展的要求，培育出高产高效的、适宜机械化作业的、资源高效利用的新品种。同时，还要致力于研发主要农作物、畜禽、水产等优质且高产的品种，以及配套的栽培养殖技术。除此之外，也需要对相关技术进行深入研究。一是研究土壤理化性状的关键调控技术、农田养分均衡调控技术、水肥一体化技术和相关设备。二是对水产高效生态健康生产技术，渔业生物资源高值化的利用技术，高效、低毒、低残留化学农药、生物农药和先进施药的机械化技术，动物用抗菌药替代技术和产品以及中兽药制剂和精准用药技术，大宗农产品保鲜、贮藏和运输工程化技术等多个领域进行开发研究。三是对创新的非热处理方法、高效的分离提取技术、环保高效的干燥方法、持久的抗菌包装以及清洁生产进行技术升级和整合应用。

（二）名特优新产品方面

名特优新产品的核心是要严格遵循提升品质、增加效益、保护生态的要求，以此为准则培育出口感独特、品质优秀、适合加工的特色农作物、畜禽水产新品种。在此基础上，开发与之相配套的高效环保的简化种植技术和设备，并对有关特色农产品进行高效干燥以及储藏保鲜等初加工工艺和设备进行研究。此外，要持续对传统食品工业化的关键技术进行相关研究，并不断研发改进传统加工食品的高效加工工艺以及储运技术和设备。

（三）新产业新业态培育方面

为了推动农业的综合发展，需要培育新的产业和业态。其中，关键是将农业与旅游、教育文化、健康养生等行业深度融合，实现多种功能的拓展，目标是逐步壮大观光农业、体验农业和创意农业等多种新的产业和业态。为实现这一目标，还需要精选适合休闲农业基地的新品种，包括特色、优质的农作物和畜禽水产等。在研发栽培养殖技术的同时，需要对民俗手工艺品加工利用技术和设备进行研究，并研发适用于不同经营规模的废弃物无害化处理技术和设备。同时，还需要针对农村电商、餐饮和娱乐等新兴业态，开发与之相适应的农业信息化技术，并对农业农村大数据进行收集、整理和挖掘，以不断提升云平台技术。

三、强化技术模式集成示范

（1）在重要农产品主产区，围绕粮食等重要农产品有效供给开展集成推广。重要农产品主产区主要包括水稻、小麦、玉米、大豆、油菜、马铃薯、棉花、蔬菜、糖料、橡胶、奶牛、肉羊、生猪、肉鸭、水产品等产业的优势产区。主要关注这些产业的绿色提质增效技术模式。

（2）在特色优势农产品产区，围绕推动传统产业转型升级重点开展集成推广。特色优势农产品主要包括果树、蔬菜、茶叶、牧草、烟草、中药材、热带香辛饮料、水产品等，要针对不同特色优势产业进行相应的绿色提质增效技术模式推广应用。

（3）在典型生态区，围绕农业可持续发展和创新农林文旅深度融合开展集成推广。主要包括北方的"四位一体"生态模式、南方的"猪—沼—果"循环模式、牧区的减牧还草模式、农牧交错带退耕还草模式、南方山区种草养畜模式、南方经济林林下经济模式、热区稻田绿色增效技术模式、沙漠化土地综合防治模式、石漠化地区综合治理技术模式、"粮饲—猪—沼—肥"生态模式、"林果—粮经"立体生态模式、不同水体绿色生态养殖模式、渔农综合种养模式、渔业资源增养殖与高值利用模式、综合生态养殖场生产模式、规模化养殖场生产模式、"围山转"生态农业模式、生态经济沟模式、西北地区"牧—沼—粮—草—果"五配套模式、生态果园模式、不同区域生态观光村和生态农庄等农业绿色可持续发展技术模式。

四、打造1 000个乡村振兴科技引领示范村（镇）

（1）依托农业高新技术产业示范区等，建设一批推动我国农业农村产业升级发展的科技引领示范村（镇）。为了进一步完善支持农业高技术产业发展的金融和政策机制，亟需加快推动农业领域的高新技术成果在示范区转化和落地。可以利用国家级农业科技产业平台，如国家农业高新技术产业示范区、国家现代农业产业科技创新中心等，充分发挥其科技优势和产业聚集效应，促进农业高技术产业的发展。逐步探索乡村农业产业的创新驱动发展路径，同时培育一批与乡村产业关系紧密的创新型农业企业，引领乡村产业持续向高水平发展，并持续优化产业结构。同时，形成具有较大竞争优势的农业高新技术产业集群，成为推动区域经济发展与产业升级的主要推动力量。

（2）依托国家农业可持续发展试验示范区，建设一批推动我国农业绿色发展的科技引领示范村（镇）。通过利用国家农业可持续发展试验示范区和农业绿色发展先行先试区，实现以质量兴农、绿色兴农、生态优先为导向，并围绕农业产业与资源节约、环境友好、生态保护等的协调发展和生态保护。在此基础上，重点推动农业绿色生产、农业资源保护与高效利用、产地环境保护与治理、农业生态系统养护修复等方面的技术创新、机制创新以及成果转化推广，整理出可复制、可推广的农业绿色发展技术模式，并努力建设一批在技术创新能力、技术推广水平以及技术应用效益等方面有显著成绩、能够辐射带动其他地区的科技引领示范村（镇）。

（3）依托国家现代农业示范区等，建设一批推动我国农村产业兴旺的科技引领示范村（镇）。在国家现代农业产业园以及国家现代农业示范区等各区域发展中，以现代产业发展理念为指导，始终坚持城乡统筹发展的原则。同时，充分利用区域的优势特色产业，依托规模化种养基地、产业化龙头企业和现代生产要素的集聚效应。此外，还要注重集约化高效生产、智能化设备和绿色加工等关键技术的应用，持续发展农业产业化联合体，不断推进区域乡村主导产业的全产业链开发以及第一、二、三产业的融合发展，以便充分发挥科技的引领示范作用，坚持推动农业由增产导向逐步转向提质导向，最终实现农业农村发展动能的转换，成功创建出一批产业特色鲜明、设施装备先进、生产方式绿色、经济效益显著、辐射带动有力的现代农业科技引领示范村（镇）。

（4）依托特色农产品优势区等，建设一批推动我国农业农村质量效益竞争力提升的科技引领示范村（镇）。以已有的农业竞争力提升科技行动示范县和中国美丽休闲乡村为基础，按照质量兴农、绿色兴农和效益优先的目标要求，重点关注区域优势农产品和农业多功能性，并以产学研协同为核心，以科技创新联合体为中心，主要集中在系统集成方面，包括主导品种、主推技术和种养机具等。此外，还应积极开展生态环境养护修复、休闲农业以及生态观光农业技术的集成和示范，逐步推广并应用先进技术模式，如节本降耗、提质增效、绿色生产和循环利用等。致力于创造一些具有与当地农业资源禀赋和发展方向深度融合的创新驱动增长点。努力推动并形成一些具有综合竞争力显著、质量效益同步提升、生态环境优美、产业功能多元、文化内涵丰富、农民收入明显增加、科技支撑保障有力的科技引领示范村（镇）。

五、培育一批引领乡村振兴的新型农业经营主体

（一）实施农业经营主体带头人轮训计划

带头人轮训计划的培训范围应涵盖专业大户、农业社会化服务组织负责人、家庭农场经营者、农民合作社带头人以及农业龙头企业负责人等，对其综合素质和职业能力进行重点培训，以提升其能力与水平。除此之外，还应持续加强规范化管理、政策支持以及跟踪服务，并对其发展的多种形式的适度规模经营给予相应支持，以发挥新型职业农民在引领现代农业发展方面的主导作用。

（二）实施现代青年农场主培养计划

为了吸引更多年轻人回到农村，"现代青年农场主培养计划"主要面向有中等教育及以上学历的年轻人，包括返乡下乡创业的青年、中高等院校毕业生、退役士兵和农村务农青年等群体。为了实现这个目标，应加强相应的培训、指导、创业孵化、认定管理和政策扶持，以吸引年轻人从事农业创业，并提升其创业能力和经营水平。

（三）实施农村实用人才带头人培训计划

培训计划的核心对象应该是在产业发展中扮演领导角色的人员以及大学生村官。该计划可以依托现代农业或新农村发展中的先进村庄，采用"村庄是教室、村官是教师、现场是教材"的培养模式，通过专家授课和实地教学等方法，逐步提升农村带头人的收入增加能力和致富能力，同时加强其示范带动作用。

（四）实施农业产业精准扶贫带头人培训计划

为了应对贫困地区的问题，应以村党组织书记、村"两委"成员、种养大户、大学生村官和农民合作社负责人等为主要关注对象，并对贫困地区的相关产业进行精准脱贫，同步加大农民培训力度，特别是在农民创新创业、美丽乡村建设、农民合作社培育以及大学生村官创业富民方面，以增强扶贫带头人的组织能力和引导农民逐步脱贫致富的能力。

六、强化制度创新，激发创新创业活力

（一）激活机制

推进科研机构以及科技人员的分类评价机制改革，核心在于将科技与产业的关联度、科技对产业的贡献度以及科技自身的创新度作为相应的评价标准。持续改进协同创新机制，并逐步做强国家农业科技创新联盟。此外，要集中精力解决农业基础性、行业性以及区域性的重要核心问题，不断探索科技与人才、资本以及金融等要素的资源结合的新机制，并促进现代农业产业科技创新中心的建设，最终实现区域农业经济增长的核心地位。

（二）放活人员

应当确立适当且合理的分配机制，以增加知识价值为导向，使科技人员能够实现名利双收。为了积极促进农业科研人员在高校和企业之间进行兼职兼薪，发挥更大的作用，可以综合运用多种形式，包括兼职获酬。此外，还需要不断推动公益性推广机构和商业服务组织的融合与发展，从而最终激发农业技术人员的推广活力。

（三）用活成果

要不断建立完善的科技成果评估机制，以准确评估其市场价值和应用前景，从而提高科技成果的供给质量和转化效率。此外，还应建立科技成果的转化交易平台，促进成果供给与产业应用之间的沟通。同时，需要加快推动科技成果的集成配套和成熟应用，以解决单一成果或单一技术无法应用或应用不佳的问题。

七、完善保障机制，推进科技助力乡村振兴

（一）加强组织领导

农业农村部可成立相应的乡村振兴科技支撑行动工作推进小组，制订相应的行动方案，牵头组织实施，定期进行绩效评估，持续提供指导和监督，并总结与宣传典型案例；各省、市、区农业和农村主管部门可按照相关工作方案，组织协调本科技教育系统、企业与新型农业经营主体和各农户等共同参与相应行动。

（二）加强协调协同

目标任务和实施重点要以实施方案为核心，要统筹优化政府、科教单位、推广机构和企业等各方资源配置，细致考虑各方面的细节。同时，要不断整合已有的资金，并在分配资金时做出相应调整。为了推进乡村振兴科技的支撑行动，应优先致力于发展产业升级的关键技术，特别是特色产业扶贫的实用技术，以及支持"一带一路"农业"走出去"的领先技术。这样可以引导各类资源和有利条件集中到乡村振兴科技的关键领域和重要研究方向。

（三）整合各类资源

要对现代农业产业技术体系、农业技术推广体系、农业科技创新联盟、现代农业产业科技创新中心、农业农村部重点实验室学科群等现有的研究团队、平台进行大力整合。不仅要推进信息资源和平台仪器的共建共享，还要充分考虑任务组织的问题。同时，需重视并发挥企业在任务确定、研发推进、中试转化和推广应用等方面的作用。

（四）强化考核评价

首先要根据各方的职责和主体责任，明确各参与单位在重点工作上的任务分工。其次，应采取合理的考核评价方式，并严格执行定期报告和定期监督检查制度，以不断完善目标管理、量化考核和绩效奖罚机制。最后，应不断探索并建立涉及政府、民众和社会组织等多个参与方的评价机制，积极推行第三方评估，以优化管理结构，持续加强工作督导责任，确保重点任务得到有效实施。

【延伸阅读】

1. 《习近平关于"三农"工作摘编》。
2. 《论坚持全面深化改革》。
3. 《走中国特色社会主义乡村振兴道路》。

【思考题】

1. 在乡村治理中各个机制的关系是怎样的？
2. 乡村治理中如何提高农民的参与积极性？

【案例分析】

案情：2023年5月，雅安市雨城区某某村村委会班子召开会议讨论关于启动修改本村村规民约的事宜，制订了草案征集实施方案。在村委会班子成员向村民进行草案和意见征集过程中，因为本村大多为留守老人和留守儿童，老人们文化水平有限，对于村规民约并不怎么理解，很少提出意见。在外务工或在外居住的村民分散各地，村干部难以联系上，联系上的也大多漠不关心。在草案制订后召集村民参加会议的时候，参会人数不到村民的半数，有些在外务工或居住不能出席，有些是在家也不想出席，认为耽误时间。除此之外，村干部们在日常工作中也常常遇到村民对村集体事务参与热情不高、态度不配合等问题，导致经常出现"干部干，村民看"的情况。

问题：
1. 在乡村治理过程中如何提高农民的参与积极性？
分析：这需要多方面措施共同推进。首先在村干部选任上，要选出村民信服、真正为村民谋利益的干部。在履行职责中要真正考虑村民的利益，为村民服务谋福利。畅通沟通渠道，让村民有发声渠道，村民的意见能得到重视和解决，充分发挥民主，提高村民的参与热情，真正实现人人有责、人人尽责、人人享有的乡村治理目标。

第六章

乡村自治体系概述

内容提要：乡村自治体系是国家基层治理体系的关键组成部分，村民自治组织是实现乡村自治的重要组织基础。保障和提升村民自治组织管理农村事务的能力，推进农村基层民主协商制度在乡村自治各环节的发展，改革创新村级组织工作事务制度是乡村振兴战略实施的重要依托。

学习目标与要求：了解乡村自治的基本原则，理解协商民主制度在农村基层治理中的具体表现，把握村民自治组织的职责和村级组织工作事务制度的具体内容、实际运用。

第一节 乡村自治概述

一、乡村自治的基本概念与表现形式

乡村自治发端于 20 世纪 20 年代的乡村建设运动，是乡村建设的核心概念，基层民主蕴含于乡村自治中。自治主要指在法律允许的范围内，由公民自行通过民主的方式组织构建社会团体来管理其内部事务。[①] 乡村自治是指在国家治理主体的指导、支持和帮助下的村民自治，即基层群众借助乡村基层自治组织——村民委员会，通过基层民主选举、民主决策、民主管理和民主监督直接行使民主权利，实现村民的自我管理、自我教育、自我服务、自我发展。

中共中央办公厅国务院办公厅关于健全和完善村务公开和民主管理制度的意见

乡村治理主体包括国家权力主体与乡村自治主体。乡村自治是乡村治理的重要环节，也是乡村治理的核心治理方式。党的十九大提出"构建自治、法治、德治'三治'结合的乡村治理体系"，而乡村是基层群众自治的重要场域，事关农民的基本生存、农业的全面振兴、农村社会的长远发展，是我国经济发展、社会稳定与国家安全的主要支撑。党的二十大报告强调，健全基层群众自治机制、积极发展基层民主，是全过程人民民主的重要体现。

二、乡村自治的原则

（一）坚持党的领导

作为乡村自治的领导核心，农村基层党组织须以党的路线、方针、政策为所有行动与决

[①] 肖唐镖. 当代中国农村宗族与乡村治理[M]. 北京：中国社会科学出版社，2008：23.

策的指南,发挥党的领导机关密切联系农民群众的纽带作用,领导和支持村民自治组织行使职权;依照宪法和法律,支持和保障村民开展自治活动,直接行使民主权利。

乡镇党委和村党组织是党在农村的基层组织,是党在农村全部工作和战斗力的基础,全面领导乡镇、村的各类组织和各项工作。① 乡村自治必须坚持农村基层党组织的领导核心地位。村民自治组织、农村集体经济组织等应当在农村基层党组织的领导下,实行村民自治,发展集体所有制经济,维护农民合法权益,接受村民监督。《关于加强和改进乡村治理的指导意见》为党领导乡村自治提供了方案,规定村党组织书记应当通过法定程序担任村民委员会主任和村级集体经济组织、合作经济组织负责人,村党支部委员会、村民委员会班子成员应当交叉任职。

(二)确保村民的主体地位

要使乡村自治产生实效,必须激发基层群众当家作主的主人翁意识,使其成为推进我国乡村基层民主政治建设的根本动力。农民是乡村振兴战略实施的参与者、决策者、受益者、评价者,是乡村振兴的主体,赋予、培育他们充分参与、表达意见、获得收益、提出评价的权利和能力,发挥基层群众的主体作用,是中国特色社会主义制度的本质要求。

《关于在农村普遍实行村务公开和民主管理制度的通知》深刻指出,农民是党在农村的依靠力量,也是国家政权最广泛、最深厚的群众基础。保护和发挥农民的积极性,历来是党取得革命和建设胜利的重要保证,也是推进社会主义现代化建设事业顺利进行的必要条件。②

乡村的发展和建设直接影响社会主义现代化国家的安全与稳定,乡村振兴关乎全社会的同步繁荣与发展。乡村治理的核心是村民自治,农民是农村的主人,农民对农村事务的积极参与是农村稳定发展和建设的根本保障,是乡村振兴的必由之路。

2021 年,《乡村振兴促进法》从法律上明确规定全面实施乡村振兴战略、走中国特色社会主义乡村振兴道路必须坚持农民主体地位,要充分尊重农民意愿,保障农民民主权利和其他合法权益,调动农民参与乡村振兴各方面事务的积极性、主动性、创造性。

(三)以法治为基础

乡村自治须有法治基础。2018 年出台的《关于实施乡村振兴战略的意见》提出要构建乡村治理新体系,将法治乡村确定为建设的重要内容。乡村振兴要坚持法治为本,树立依法治理理念,确保基层自治始终运行在法治轨道上。基层治理要强化法律在维护农民权益、规范农业市场运行、农业支持保护、农村生态环境治理、化解涉农矛盾纠纷等方面的权威地位,使法律成为基层自治的行动指南。增强基层治理人员法治观念、法治为民意识,将政府涉农立法、行政执法等各项工作纳入法治化轨道。立足农村经济社会发展状况、突出矛盾问题和

---

① 中共中央印发《中国共产党农村基层组织工作条例》第 2 条[Z/OL]. (2019-01-10)[2023-12-26]. http: //www. gov. cn/zhengce/2019-01/10/content_5356764. htm.
② 中共中央办公厅 国务院办公厅印发《关于在农村普遍实行村务公开和民主管理制度的通知》指导思想[Z/OL]. (2018-10-15)[2023-12-26]. http: //jjjcz. mee. gov. cn/djfg/dnfgzd/gfxwj/201810/t20181015_693980. html.

紧迫需要，建立健全乡村调解、县市仲裁、司法保障为主的基层矛盾纠纷化解调处机制；加强乡村法治宣传教育，加大农村普法力度，提高农民法治素养，引导广大农民增强尊法学法守法用法意识；健全农村公共法律服务体系，因地制宜提供法律服务，加强对农民的法律援助和司法救助。①

2020年出台的《关于加强法治乡村建设的意见》将"坚持法治与自治、德治相结合"作为法治乡村建设的基本原则之一，明确"以自治增活力、法治强保障、德治扬正气，促进法治与自治、德治相辅相成、相得益彰"②。完善群众参与基层社会治理的制度化渠道，健全充满活力的群众自治制度，这是法治乡村建设的主要任务之一。

关于加强和改进乡村治理的指导意见

（四）与国家治理相融合

只有坚持国家治理主体对村民自治组织工作的指导、支持和帮助，才能确保乡村自治的有效推进。在乡村振兴中，基层人民政府的应然角色是乡村自治秩序的维护者、引导者，村民委员会协助乡、民族乡、镇人民政府开展工作。基层人民政府不得干预依法属于村民自治范围内的事项，乡、民族乡、镇人民政府干预依法属于村民自治范围内事项的，由上一级人民政府责令改正。③

村民委员会或者村民委员会成员作出的决定侵害村民合法权益的，受侵害的村民可以申请人民法院予以撤销，责任人依法承担法律责任。村民委员会不依照法律、法规的规定履行法定义务的，由乡、民族乡、镇人民政府责令改正。④

第二节　村民自治组织

一、村民自治组织的产生

作为基层民主的重要部分，村民自治需通过特定的组织载体实现。村民自治组织振兴是乡村振兴的重要内容，是实施乡村振兴战略的重要手段。村民自治是随着历史发展而出现的，村民自治组织——村民委员会是在人民公社进行政社分开、农村家庭承包经营等责任制实施过程中，通过各地村民自发地摸索、探索逐步形成的。

生产责任制的推行，充分调动了广大农民的积极性，农业获得了大丰收。在农业经济获得突破的同时，乡村传统的管理方式未能与生产经营方式的变革同步，导致农村基层公共事务和公益事业无人管，治安形势严峻。时势的变化迫切需要乡村基层治理组织形式的变革，

---

① 中共中央 国务院印发《关于实施乡村振兴战略的意见》第6部分第3点：建设法治乡村[Z/OL]. (2018-02-04) [2023-12-26]. http: //www. gov. cn/zhengce/2018-02/04/content_5263807. htm. ?eqid= d04c422 e00010328 0000000 46486de8d.
② 中央全面依法治国委员会印发《关于加强法治乡村建设的意见》第2部分："基本原则"[Z/OL]. (2020-03-25) [2023-12-26]. http: //www. moj. gov. cn/pub/sfbgw/qmyfzg/202003/t20200325_150392. html.
③《村民委员会组织法》第5条。
④《村民委员会组织法》第36条。

新的治理组织应运而生。最初，新生的乡村基层治理组织形式不一，称谓各异，有的叫"村治安领导小组"，有的叫"村管理委员会"。广西最早以"村民委员会"命名乡村基层治理组织。20世纪80年代初，广西宜山、罗城两县的农民群众尝试在基层治理中通过村民委员会实现自治，自此以后全国各地也以各种探索丰富群众性自治组织的形式和内容，传统的乡村行政管理体制逐步淡出。由于村民委员会的产生源于对维护乡村社会治安的考量，是对政府治安管理的协助，其初始功能有限，之后其他地方农村基层治理群众性组织的实践逐步向经济、文化等方面扩展。

1982年中共中央第36号文件批示：各地要有计划地进行建立村民（乡民）委员会的试点。同年12月，第五届全国人大第五次会议通过的宪法把村民委员会和城市居民委员会放在一起，以根本法的形式肯定了农村基层自治实践，确认了村民委员会的法律地位，为村民自治提供了法律依据。第九届全国人大常委会总结了《村民委员会组织法（试行）》实施后村民自治的实践经验，根据党的十五大和十五届三中全会的精神，坚持试行法确定的原则和方向，于1998年11月4日修订通过了《村民委员会组织法》。自此，村民委员会作为村民自治组织的发展进入了新阶段。

《村民委员会组织法》明确村民委员会是村民自我管理、自我教育、自我服务的基层群众性自治组织，实行民主选举、民主决策、民主管理、民主监督[①]，根据村民居住状况、人口多少，按照便于群众自治、有利于经济发展和社会管理的原则设立。[②]村民委员会的设立、撤销、范围调整，由乡、民族乡、镇人民政府提出，经村民会议讨论同意，报县级人民政府批准。[③]村民委员会可以根据村民居住状况、集体土地所有权关系等分设若干村民小组。[④]

二、村民自治组织的组成和职责

（一）村民自治组织的组成

村民委员会由主任、副主任和委员共三至七人组成。为确保每位成员、每个民族都有平等参与的权利，村民委员会成员中应当有妇女成员，多民族村民居住的村村民委员会成员中应当有人数较少的民族的成员。[⑤]

中华人民共和国村民委员会组织法

村民委员会根据需要设人民调解、治安保卫、公共卫生与计划生育等委员会。村民委员会成员可以兼任下属委员会的成员。人口少的村的村民委员会可以不设下属委员会，由村民委员会成员分工负责人民调解、治安保卫、公共卫生与计划生育等工作。[⑥]

2018年，《关于实施乡村振兴战略的意见》指出，"加强农村基层基础工作，构建乡村治理新体系"要深化村民自治实践。坚持以乡自治为抓手，加强村民自治组织建设，健全和创新农村基层党组织领导的充满活力的村民自治机制，推动村党组织书记通过选举担任村委

[①]《村民委员会组织法》第2条。
[②]《村民委员会组织法》第3条。
[③]《村民委员会组织法》第3条。
[④]《村民委员会组织法》第3条。
[⑤]《村民委员会组织法》第6条。
[⑥]《村民委员会组织法》第7条。

会主任，继续开展以村民小组或自然村为基本单元的村民自治试点工作。

（二）村民自治组织的职责

村民自治的主体是村民，村民委员会是村民自治的具体组织者和执行者。村民委员会及其成员应当遵守宪法、法律、法规和国家的政策，遵守并组织实施村民自治章程、村规民约，执行村民会议、村民代表会议的决定、决议，办事公道，廉洁奉公，热心为村民服务，接受村民监督。村民自治组织的主要职责如表6-1所示。

表6-1 村民委员会主要职责

主要职责	具体内容
办理公共事务和公益事业	公共事务，指与本村全体村民的生产和生活直接相关的事务
调解民间纠纷	对本村村民因邻里之间、家庭内部、村民之间发生的民事纠纷和轻微的违法行为进行调解
协助维护社会治安	通过治安保卫组织做好治安防范、法治宣传和教育、社会治安综合管理等工作
推动农村生产建设和经济发展	支持和组织村民依法发展各种形式的合作经济和其他经济，承担本村生产的服务和协调工作，尊重并支持集体经济组织依法独立进行经济活动的自主权，维护以家庭承包经营为基础、统分结合的双层经营体制，保障集体经济组织和村民、承包经营户、联户或者合伙人的合法财产权和其他合法权益
管理农村集体财产	管理本村属于村农民集体所有的土地和其他财产，引导村民合理利用自然资源，保护和改善生态环境
开展精神文明建设	宣传宪法、法律、法规和国家的政策，教育和推动村民履行法律规定的义务、爱护公共财产，维护村民的合法权益，发展文化教育，普及科技知识，促进男女平等，做好计划生育工作，促进村与村之间的互助
推动农村社区建设	支持服务性、公益性、互助性社会组织依法开展活动，推动农村社区建设
维护民族团结	多民族村民居住的村，教育和引导各族村民增进团结、互相尊重、互相帮助
向政府反映村民的意见、要求和建议	通过反映村民的意见、要求和建议，帮助政府及时发现、研究和解决基层治理中的问题，避免政府决策失误，密切政府和群众的关系

三、村民委员会成员的推选和罢免程序

（一）村民委员会成员推选程序

村民委员会主任、副主任和委员，由村民直接选举产生。任何组织或者个人不得指定、委派或者撤换村民委员会成员。村民委员会成员、村民代表中党员应当占一定比例。

村民委员会成员出现缺额，可以由村民会议或者村民代表会议进行补选。补选程序与推选程序一样。补选的村民委员会成员的任期到本届村民委员会任期届满时止。

1. 选民登记

除了依照法律被剥夺政治权利的人外，凡是年满十八周岁的村民都有平等的选举权和被选举权，不因民族、种族、性别、职业、家庭出身、宗教信仰等不同而有区别。

户籍是否在本村并不必然影响村民的选举与被选举权。选举前，村民委员会应对下列人员进行登记并将其列入参加选举的村民名单，不同情况下获得选举资格的条件不同，具体情况如表 6-2 所示。

表 6-2 选民登记情况

是否本村户籍	是否在本村居住	参加选举条件
本村户籍	本村居住	满足选举基本条件
本村户籍	非本村居住	满足选举基本条件；本人表示参加选举
非本村户籍	本村居住	满足选举基本条件；本村居住一年以上；本人申请，经村民会议或者村民代表会议同意参加选举

村民只能登记参加一个地方村民委员会的选举。若村民已在户籍所在村或者居住村登记参加选举，就不得再参加其他地方村民委员会的选举。

村民选举委员会在确定好的选举时间二十日前公布登记参加选举的村民名单，村民对登记参加选举的名单有异议的，应当自名单公布之日起五日内向村民选举委员会申诉，村民选举委员会应当自收到申诉之日起三日内作出处理决定，并公布处理结果。[①]

登记参加选举的村民因工作或其他原因在选举期间外出不能参加投票的，可以书面委托本村有选举权的近亲属代为投票。委托人和受委托人的名单由村民选举委员会公布。具体选举办法由省、自治区、直辖市的人民代表大会常务委员会规定。

2. 选举的主持

村民选举委员会主持村民委员会的选举。村民选举委员会由主任和委员组成，其成员由村民会议、村民代表会议或者各村民小组会议推选产生。如村民选举委员会成员被提名为村民委员会成员候选人，其应退出村民选举委员会。村民选举委员会成员退出村民选举委员会或者因其他原因出现缺额的，按照原推选结果依次递补，也可以另行推选。

3. 选举流程

选举的具体流程图 6-1 所示。

被提名的候选人，应奉公守法、品行良好、公道正派、热心公益、具有一定文化水平和工作能力。当选人数不足应选名额的，不足的名额另行选举。另行选举的，第一次投票未当选的人员得票多的为候选人，候选人以得票多的当选，但是所得票数不得少于已投选票总数的三分之一。[②]选举时，应当设立秘密写票处。

[①]《村民委员会组织法》第 14 条。
[②]《村民委员会组织法》第 15 条。

```
选民投票表决
· 登记参加选举的村民过        · 实行无记名投票、
· 实行差额选举           半数投票,选举有效          公开计票的方法
· 候选人与村民见面,       · 获得参加投票的村民过        · 当场公布选举结果
  回答问题              半数的选票,始得当选

  选民提名候选人                                     公布选举结果
```

图 6-1　选举流程图

以暴力、威胁、欺骗、贿赂、伪造选票、虚报选举票数等不正当手段当选村民委员会成员的,当选无效。对以暴力、威胁、欺骗、贿赂、伪造选票、虚报选举票数等不正当手段,妨害村民行使选举权、被选举权,破坏村民委员会选举的行为,村民有权向乡、民族乡、镇人民代表大会和人民政府或者县级人民代表大会常务委员会和人民政府及其有关主管部门举报,由乡级或者县级人民政府负责调查并依法处理。①

(二)村民委员会成员的罢免程序

村民选举委员会成员不履行职责的,经村民会议、村民代表会议或者各村民小组会议讨论同意予以免职,缺额按照原推选结果依次递补,也可以另行推选。

本村五分之一以上有选举权的村民或者三分之一以上的村民代表联名,可以提出罢免村民委员会成员的要求,并说明要求罢免的理由。被提出罢免的村民委员会成员有权提出申辩意见。罢免村民委员会成员,须有登记参加选举的村民过半数投票,并须经投票的村民过半数通过。②

罢免要求通过后,村民选举委员会应当主持村民委员会成员缺额的补选。补选的村民委员会成员的任期到本届村民委员会任期届满时止。

村民委员会成员丧失行为能力或者被判处刑罚的,其职务自行终止。③

第三节　农村基层协商民主制度

一、社会主义协商民主制度

(一)社会主义协商民主制度的本质属性和基本内涵

《关于加强社会主义协商民主建设的意见》明确了社会主义协商民主的本质属性和基本内

---

① 《村民委员会组织法》第 17 条。
② 《村民委员会组织法》第 16 条。
③ 《村民委员会组织法》第 18 条。

涵。协商民主是在党的领导下，参与国家治理的各主体围绕经济社会改革发展稳定的重大问题和关系群众切身利益的根本问题，在决策之前和决策实施之中开展广泛协商，友好沟通与交流，努力形成共识的重要民主形式。[1]习近平总书记在庆祝中国人民政治协商会议成立65周年大会上的重要讲话中指出："社会主义协商民主，是中国社会主义民主政治的特有形式和独特优势，是中国共产党的群众路线在政治领域的重要体现。"

农村基层协商民主制度是社会主义协商民主制度在乡村治理领域的具体表现，是乡村振兴战略实施中全过程人民民主的重要体现，承载着乡村基层自治主体民主精神培育、民主素质锻炼、民主实践操作的价值功能，是切实保障村民知情权、参与权、表达权、决策权、监督权的重要制度基础。

中共中央印发《关于加强社会主义协商民主建设的意见》

（二）社会主义协商民主制度的发展历程

社会主义协商民主源自党领导人民进行革命、建设、改革的历史实践，带有中国特色社会主义的鲜明特色，是我国人民的独有创造。改革开放初期，农村基层干部和群众参与协商活动的需求促使民主协商在村民自治中萌生。

党的十三大报告提出"建立社会协商对话制度"。党的十五大报告指出，扩大基层民主，保证人民群众直接行使民主权利，依法实行民主管理，是健全社会主义民主制度的重要内容。1998年，为了贯彻落实党的十五大关于扩大基层民主、保障人民群众直接行使民主权利的精神，推进农村基层民主建设，密切党群干群关系，促进农村的改革、发展和稳定，中共中央办公厅、国务院办公厅发布《关于在农村普遍实行村务公开和民主管理制度的通知》。党的十八大报告正式提出"开展基层民主协商"，为推动农村基层协商民主制度建设与发展起到了重要作用。党的十八届三中全会深刻总结我国社会主义民主政治建设的经验和规律，作出健全社会主义协商民主制度、推进协商民主广泛多层制度化发展的重大战略部署。

2004年，中共中央办公厅、国务院办公厅发布《关于健全和完善村务公开和民主管理制度的意见》，明确实行村务公开和民主管理，是践行"三个代表"重要思想、维护农民群众根本利益的具体体现、是完善村民自治、发展社会主义民主的重要内容，是顺利推进农村改革和发展、加快农村全面建设小康社会进程的必然要求，是促进农村党风廉政建设、密切党群干群关系的有效途径。明确规定要进一步规范民主决策机制，保障农民群众的决策权；进一步完善民主管理制度，保障农民群众的参与权。

关于在农村普遍实行村务公开和民主管理制度的通知

2015年，《关于加强社会主义协商民主建设的意见》在稳步推进基层协商的建设方面提出，涉及人民群众利益的大量决策和工作，主要发生在基层。要按照协商于民、协商为民的要求，建立健全基层协商民主建设协调联动机制，稳步开展基层协商，更好地解决人民群众的实际困难和问题，及时化解矛盾纠纷，促进社会和谐稳定。[2]其基本要求之一是推进行政村、社区

---

[1] 中共中央印发《关于加强社会主义协商民主建设的意见》第1部分[Z/OL]. (2015-02-09)[2023-12-26]. http://www.gov.cn/xinwen/2015-02/09/content_2816784.htm.
[2] 《关于加强社会主义协商民主建设的意见》第8部分[Z/OL]. (2015-02-09)[2023-12-26]. http://www.gov.cn/xinwen/2015-02/09/content_2816784.htm.

的协商。坚持村（居）民会议、村（居）民代表会议制度，规范议事规程。积极探索村（居）民议事会、村（居）民理事会、恳谈会等协商形式。①重视吸纳利益相关方、社会组织、外来务工人员、驻村（社区）单位参加协商。通过协商无法解决或存在较大争议的问题或事项，应提交村（居）民会议或村（居）民代表会议决定。

2018年，《关于实施乡村振兴战略的意见》提出要依托村民会议、村民代表会议、村民议事会、村民理事会、村民监事会等，形成民事民议、民事民办、民事民管的多层次基层协商格局。

2022年，党的二十大报告提出要发展全过程人民民主，保障人民当家作主，作出"全过程人民民主是社会主义民主政治的本质属性，是最广泛、最真实、最管用的民主"的论断，提出了"全面发展协商民主""积极发展基层民主，健全基层党组织领导的基层群众自治机制，完善基层直接民主制度体系和工作体系"的任务，以增强城乡社区群众自我管理、自我服务、自我教育、自我监督的实效。报告强调，协商民主是实践全过程人民民主的重要形式，基层民主是全过程人民民主的重要体现。

二、农村基层民主协商制度的指导思想和基本原则

（一）农村基层民主协商制度的指导思想

农村协商民主制度建设，必须贯彻落实党的十八大和十八届三中、四中全会精神，高举中国特色社会主义伟大旗帜，以马克思列宁主义、毛泽东思想、邓小平理论、"三个代表"重要思想、科学发展观、习近平新时代中国特色社会主义思想为指导，坚持和完善我国根本政治制度和基本政治制度，以保证人民当家作主为根本，构建程序合理、环节完整的基层协商民主体系，推进协商民主广泛多层制度化发展，为发展中国社会主义民主政治注入新的活力，为开启全面建设社会主义现代化国家新征程、实现中华民族伟大复兴的中国梦凝聚智慧和力量。

（二）农村基层民主协商制度的基本原则

（1）坚持党对农村基层协商民主制度建设的领导。党的领导是中国特色社会主义最根本的保障和最本质的特征。加强协商民主建设，必须坚持党的领导，充分发挥党总揽全局、协调各方的领导核心作用，把握正确方向，形成强大合力，确保有序高效开展。

（2）贯彻民主集中制。农村基层民主协商制度必须贯彻民主集中制，体现最广泛群众利益，围绕乡村振兴战略，锚定农村经济社会发展各种命题，促进农业经济持续健康发展，维护乡村社会和谐稳定，确保乡村自治始终行进在中国特色社会主义政治发展轨道上。

（3）依法推进协商民主制度。农村基层协商民主制度坚持依法有序、积极稳妥，确保协商民主有制可依、有规可守、有章可循、有序可遵。坚持协商于决策之前和决策实施之中，增强决策的科学性和实效性。

（4）确保农村基层协商民主制度的广泛性、多元性。农村基层协商民主制度的建设应始

---

① 《关于加强社会主义协商民主建设的意见》第 8 部分第 22 点[Z/OL]. (2015-02-09)[2023-12-26]. http://www.gov.cn/xinwen/2015-02/09/content_2816784.htm.

终如一地坚持参与主体、参与事务、参与环节等协商民主制度关键要素的广泛性，更好保障人民群众的知情权、参与权、表达权、决策权、监督权。坚持求同存异、理性包容，切实提高协商质效。

三、农村基层协商民主的渠道和程序

农村基层治理既是国家治理体系的重要构成，也是实现乡村振兴的基石。党的十九届四中全会明确指出，健全基层党组织领导的基层群众自治机制，在城乡社区治理、基层公共事务和公益事业中广泛实行群众自我管理、自我服务、自我教育、自我监督，拓宽人民群众反映意见和建议的渠道，着力推进基层直接民主制度化、规范化、程序化。《关于加强和改进乡村治理的指导意见》将健全党组织领导的村民自治机制，完善村民（代表）会议制度，推进民主选举、民主协商、民主决策、民主管理、民主监督实践作为增强村民自治组织能力的重要手段。

民主议事是村民自治中基层群众行使民主权利、维护自身利益的重要制度，对于制约村民委员会不作为或者乱作为发挥了重要作用。农村基层协商民主的主要渠道是村民会议、村民代表大会、村民小组会议。

（一）村民会议

1. 村民会议的组成

村民会议是村民实行自治的权力机构，由本村十八周岁以上的村民组成。

2. 村民会议的召集、召开

村民会议由村民委员会召集。为保障村民拥有召集村民会议的主动权，激发其参与农村基层治理的热情和积极性，法律规定一定比例的村民或村民代表可以提议召开村民会议，此时村民委员会应当召集村民会议。召集村民会议，应当提前十天通知村民。为保障农村基层民主协商制度充分发挥作用，避免会议流于形式，法律还规定了村民会议的召开条件。如表6-3所示。

表6-3 村民会议召集、召开条件

事项	形式	主体	比例
会议召集	提议	村民	十分之一以上
		村民代表	三分之一以上
会议召开	参加	本村十八周岁以上村民	过半数
		本村的户的代表	三分之二以上

对召开村民会议及作出决定，法律可以另作规定。农村基层治理与乡村振兴的参与者有密切关系，对驻本村的企业、事业单位和群众组织的利益也可能产生影响，召开村民会议时可以根据需要邀请上述对象派代表列席。

3. 村民会议的决议

村民会议决议内容涉及村民委员会的工作、决定以及村民代表会议的有关决定，村民会议还可以依法授权村民代表会议进行相关工作，具体规定如表 6-4 所示。

表 6-4　村民会议决议、授权的形式及内容

形式		内　容
审议		村民委员会的年度工作报告
评议		村民委员会成员的工作
撤销或变更		村民委员会不适当的决定
		村民代表会议不适当的决定
授权	授权对象	村民代表会议
	授权内容	审议村民委员会的年度工作报告、评议村民委员会成员的工作、撤销或者变更村民委员会不适当的决定

为了切实保障村民利益，除了概括式规定村民会议决议内容外，法律还规定与村民利益相关的一部分事项必须经村民会议讨论决定方可办理，这些事项大多与村民经济利益相关，村民代表会议获得村民会议授权后也可讨论决定办理。具体规定如表 6-5 所示。

表 6-5　必须经村民会议讨论决定的事项

补贴、收益及财产	本村享受误工补贴的人员及补贴标准
	从村集体经济所得收益的使用
各类方案	本村公益事业的兴办和筹资筹劳方案及建设承包方案
	土地承包经营方案
	村集体经济项目的立项、承包方案
	宅基地的使用方案
	征地补偿费用的使用、分配方案
其他	村民会议认为应当由村民会议讨论决定的涉及村民利益的其他事项

法律对讨论决定村集体经济组织财产和成员权益的事项另有规定的，依照其规定。[①]村民会议可以制定和修改村民自治章程、村规民约，并报乡、民族乡、镇人民政府备案。

为了确保村民在农村基层治理中的主体地位，掌握村民会议决议的决定权，使决议体现最广大基层群众的意愿，法律还规定了村民决议通过的条件——经到会人员的过半数通过。

（二）村民代表会议

为了解决由于各种原因使得村民会议难以召开的问题，保证农村基层协商民主制度效能，使村民能够便捷行使民主权利，法律规定人数较多或者居住分散的村可设立村民代表会议。

[①]《村民委员会组织法》第 24 条。

1. 村民代表会议的组成

村民代表会议由村民委员会成员和村民代表组成，并且村民代表和妇女村民代表占村民代表会议组成人员的比例均有明确规定。具体比例如图6-2、图6-3所示。

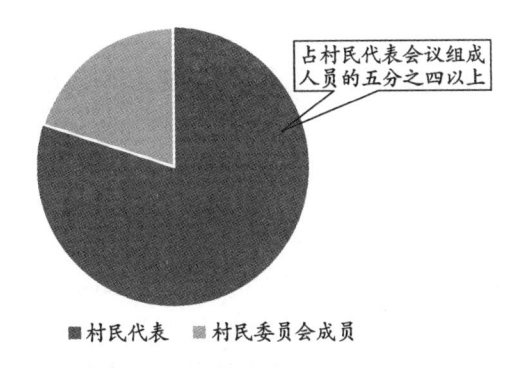

图 6-2　村民代表比例（占村民代表会议组成人员的五分之四以上）

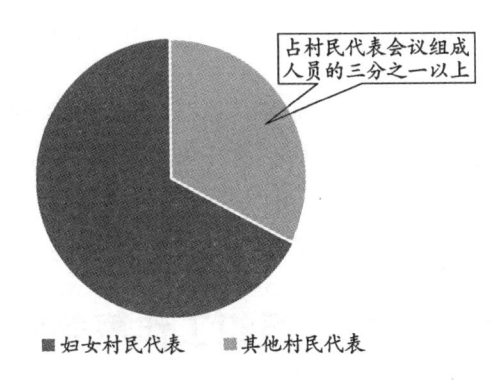

图 6-3　妇女村民代表比例（占村民代表会议组成人员的三分之一以上）

村民代表由村民每五户至十五户推选一人，或者由各村民小组推选若干人。村民代表的任期与村民委员会的任期相同。村民代表可以连选连任。①

村民代表应当向其推选户或者村民小组负责，接受村民监督。

2. 村民代表会议的召集

村民代表会议每季度召开一次，由村民委员会召集。有五分之一以上的村民代表提议，应当召集村民代表会议。村民代表会议有三分之二以上的组成人员参加方可召开。②

3. 村民代表会议的决议

村民代表会议讨论决定村民会议授权的事项，所作决定应当经到会人员的过半数同意。

村民自治章程、村规民约以及村民会议或者村民代表会议的决定不得与宪法、法律、法规和国家的政策相抵触，不得有侵犯村民的人身权利、民主权利和合法财产权利的内容。③村

---

① 《村民委员会组织法》第25条。
② 《村民委员会组织法》第26条。
③ 《村民委员会组织法》第27条。

民自治章程、村规民约以及村民会议或者村民代表会议的决定违反前款规定的，由乡、民族乡、镇人民政府责令改正。①

（三）村民小组会议

为了切实保障村民依法办理自己的事情，保障其利益不受侵害，法律设计了村民小组会议制度。

1. 村民小组会议的召开

有三分之二以上的本村民小组十八周岁以上的村民或三分之二以上的本村民小组的户的代表参加，村民小组会议才能召开。经到会人员的过半数同意后，村民小组所作决定方为有效。

村民小组组长由村民小组会议推选。村民小组组长任期与村民委员会的任期相同，可以连选连任。②

2. 村民小组会议的决议

属于村民小组的集体所有的土地、企业和其他财产的经营管理以及公益事项的办理，由村民小组会议依照有关法律的规定讨论决定，所作决定及实施情况应当及时向本村民小组的村民公布。③

第四节　村级组织工作事务制度

一、村级组织及工作事务

（一）村级组织

2022年，《关于规范村级组织工作事务、机制牌子和证明事项的意见》对村级组织进行了界定。村级组织包括村党组织、村民自治组织、村集体经济组织、村务监督组织和其他村级经济社会组织，是党和政府联系基层群众的桥梁和纽带，也是全面实施乡村振兴战略的主要依托。④

（二）村级组织工作事务

为了深入贯彻落实党中央关于减轻基层负担的决策部署和习近平总书记关于基层治理重

---

① 《村民委员会组织法》第27条。
② 《村民委员会组织法》第28条。
③ 《村民委员会组织法》第28条。
④ 中共中央办公厅　国务院办公厅印发《关于规范村级组织工作事务、机制牌子和证明事项的意见》序言[Z/OL]. (2022-08-22)[2023-12-26]. http://www.gov.cn/zhengce/2022/08/22/content_5706403.htm.

要指示批示精神，推动健全基层减负常态化机制，《关于规范村级组织工作事务、机制牌子和证明事项的意见》对村级组织承担的工作事务、设立的工作机制、加挂的牌子、出具的证明事项等方面的规范提出了全面的意见。

1. 明确村级组织工作事务

根据党内法规、国家法律法规以及有关章程的规定，村级组织工作事务具体包括下列内容：

（1）宣传贯彻执行党的理论和路线、方针、政策，党中央、国务院以及地方党委和政府决策部署。

（2）加强村党组织及其领导的村级组织自身建设，组织群众、宣传群众、凝聚群众、服务群众。

（3）实行村民自治，发展壮大农村集体经济，维护村民群众合法权益，开展村级社会治理，提供村级综合服务等。

县级党委和政府依法依规明确党政群机构在全面推进乡村振兴方面的职责范围和履职方式，依法依规明确党政群机构要求村级组织协助或者委托村级组织开展工作事务的制度依据、职责范围、运行流程。未经县级党委和政府统一部署，党政群机构不得将自身权责事项派交村级组织承担。不得将村级组织作为行政执法、拆迁拆违、招商引资、安全生产等事务的责任主体。

2. 创新村级组织工作方式

建立健全村级组织工作事务分流机制，分类办理政府基本公共服务事项、村级公共事务和公益服务事项，以及村民群众个人事项，具体情况如表6-6所示。

表6-6 村级工作事务创新工作方式

工作事务	创新工作方式
公共服务事项	探索以清单等方式规范公共服务事项，强化村级组织兜底服务、综合服务能力。对交由村级组织代办的公共服务事项，由乡镇党委和政府提供必要工作条件。将属于政府职责范围且合适通过市场化方式提供的村级公共服务事项纳入政府购买服务指导性目录，在征求村级组织意见基础上，由县乡级政府依法购买服务
公共事务和公益服务事项	对村民群众确有需要，但村级组织难以承担的公共事务和公益服务事项，由乡镇党委和政府协调解决

为了提高农村基层治理效能，助推乡村振兴，文件提出深化全国基层政权建设和社区治理信息系统分级应用，探索以县（市、区、旗）为单位推进村级数据资源建设，逐步实现村级组织工作数据综合采集、多方利用。[①]

针对村级组织负担较重的实际，国务院《关于做好2022年全面推进乡村振兴重点工作的意见》指出，今后要推广村级组织依法自治事项、依法协助政府工作事项等清单制，

[①] 中共中央办公厅 国务院办公厅印发《关于规范村级组织工作事务、机制牌子和证明事项的意见》第2部分第1项：创新村级组织工作方式[Z/OL].(2022-08-22)[2023-12-26]. http://www.gov.cn/zhengce/2022/08/22/content_5706403.htm.

规范村级组织机构牌子和证明事项，推行村级基础信息统计"一张表"制度，减轻村级组织负担。

二、村级组织工作事务制度

村民委员会应当实行少数服从多数的民主决策机制和公开透明的工作原则，建立健全各种工作制度。

（一）村务公开制度

1. 村务公开的目的

村务公开作为切实加强民主监督的有效形式，目的是让群众参与管理和监督村里的公共事务和公益事业，保障农民群众的知情权。每次村务公开后，党支部和村委会要及时召开党员大会、村民会议或村民代表会议，广泛听取群众的反映和意见。对群众提出的疑问，及时作出解释；对群众提出的要求，及时予以答复；对大多数群众不赞成的事情，坚持予以纠正。通过村务公开，让村民实质参与公共事务的管理，实行有效的民主监督。

关于规范村级组织工作事务、机制牌子和证明事项的意见

党的十六大提出了"健全基层自治组织和民主管理制度，完善公开办事制度，保证人民群众依法直接行使民主权利，管理基层公共事务和公益事业，对干部实行民主监督"的要求，村务公开经常化、制度化和规范化，为促进农村改革、发展和稳定发挥了重要作用。

2. 村务公开的内容

根据《关于在农村普遍实行村务公开和民主管理制度的通知》和《关于健全和完善村务公开和民主管理制度的意见》的规定，村务公开要从农民群众普遍关心的和涉及群众切身利益的实际问题入手，凡属群众关心的热点问题，凡涉及群众切身利益的大事，以及村里的重大问题都应以一定形式向村民公开，接受群众的监督。公开的内容要简洁明了，便于群众了解。要根据农村改革发展的新形势、新情况和村民的要求，及时调整、充实、丰富和拓展公开的内容。如土地征用补偿及分配、农村机动地和"四荒地"发包、村集体债权债务、税费改革和农业税减免政策、村内"一事一议"筹资筹劳、新型农村合作医疗、种粮直接补贴、退耕还林还草款物，以及国家其他补贴农民、资助村集体的政策落实情况，及时纳入村务公开的内容。

关于做好2022年全面推进乡村振兴重点工作的意见

村民委员会应当及时公布有关事项并接受村民的监督，具体内容如表6-7所示。

村务公开的重点是财务公开，主要包括财务计划及其执行情况、各项收入和支出、各项财产、债权债务、收益分配、代收代缴费用、水电费、以资代劳情况以及群众要求公开的其他财务事项。村集体经济组织要认真执行各项财务制度。

表 6-7 村务公开的内容

公布主体	公布内容
村民委员会	由村民会议、村民代表会议讨论的事项及其实施情况
	国家计划生育政策的落实方案
	政府拨付和接受社会捐赠的救灾补助、补贴补助等资金、物资的管理
	村民委员会协助人民政府开展工作的情况
	涉及本村村民利益，村民普遍关心的其他事项

3. 村务公开的形式和方法

公开的形式和方法可以根据实际情况因地制宜、灵活多样，如采用有线广播、召集村民会议或村民代表会议等方式。各村应坚持实际、实用、实效的原则，在便于群众观看的地方设立固定的村务公开栏，进行张榜公布，还可以通过广播、电视、网络、"明白纸"、民主听证会等其他有效形式公开。

4. 村务公开的时间

只有及时公开才能保证有效的监督，村务公开的时间要及时，需要公开的事项要尽早向村民公开，也可以采取定期公开的形式。时限较长的事项可以每完成一个阶段即公布一次进展情况。每一件较大事项完成之后，及时向群众公布结果。

根据法律规定，村务公开事项中，一般事项至少每季度公布一次；集体财务往来较多的，财务收支情况应当每月公布一次；涉及村民利益的重大事项应当随时公布。[①]

5. 村务公开的基本程序

村务公开的基本程序是：村民委员会根据本村的实际情况，依照法规和政策的有关要求提出公开的具体方案；村务公开监督小组对方案进行审查、补充、完善后，提交村党组织和村民委员会联席会议讨论确定；村民委员会通过村务公开栏等形式及时公布。

2018年11月，中共中央政治局召开会议审议通过了《中国共产党农村基层组织工作条例》。《条例》强调，凡是农村的重要事项和重大问题都要经党组织研究讨论，村级重大事项决策实行"四议两公开"，加强村务监督。作为农村基层治理的重要手段，农村所有村级重大事项都必须在农村基层党组织领导下，按照"四议""两公开"的程序决策实施。实施步骤如表 6-8 所示。

"两公开"是指决议公开和实施结果公开。

决议通过的事项要进行公告，可通过文字、广播、新媒体等形式实施。文字公告一律在村级活动场所和村党务村务公开栏内进行公示。若村民对公告内容不了解不明白的，有关人员要做好解释工作；经群众反馈或工作检查中发现公告内容确有遗漏的、不真实的应重新公布。在此期间，村党支部委员会、村民委员会成员、全体党员和村民代表要主动深入群众中征求意见建议，并将收集到的意见建议进行认真分析、调查，进一步补充和完善决议事项。若发现决议中确实存在重大问题，或必须对决议进行全面修改的，要重新召开党员大会、村

[①]《村民委员会组织法》第30条。

民代表会议或村民会议，说明情况，宣布决议无效，待修改完善后重新进入"四议""两公开"工作法决策程序。

表6-8 "四议"制度

主体	形式	过程
村党支部	提议	对本村重大事项及关系村民切身利益重要问题，在广泛听取意见、认真调查论证的基础上，集体研究提出初步意见和方案，使提议符合中央和省、市、县、镇的要求，符合本村发展实际，符合群众意愿
村党支部委员会 村民委员会	商议	由支部书记主持，就村党支部提议的初步意见进行充分讨论和发表意见，按照少数服务从多数的原则形成商议意见
党员会会	审议	对村党支部委员会、村民委员会商定的重大事项，提交党员大会讨论审议。召开党员大会审议前，全体党员就议案充分征求村民意见。党员大会审议后，村党支部委员会、村民委员会认真吸纳党的意见建议，对方案修订完善，对农户做好方案的宣传解释工作
村民代表会议或 村民会议	决议	党员大会通过的事项，依照有关法律法规规定，在村党支部领导下，由村委会主持，召集村民代表会议或村民会议讨论表决

决议事项在农村基层党组织领导下由村民自治组织实施，实施进程和结果及时向全体村民公布。发挥农村基层党组织、村民会议、村务监督小组等组织的作用，对实施结果进行审核审查并由村民自治组织及时进行公示。

6. 村务公开的监督

村民委员会应当保证所公布事项的真实性，并接受村民的查询。村民委员会不及时公布应当公布的事项或者公布的事项不真实的，村民有权向乡、民族乡、镇人民政府或者县级人民政府及其有关主管部门反映，有关人民政府或者主管部门应当负责调查核实，责令依法公布；经查证确有违法行为的，有关人员应当依法承担责任。[①]

群众对公布的内容有疑问的，可以口头或书面形式向村务公开监督小组投诉，村务公开监督小组对群众反映的问题应当及时进行调查，认真审查村务公开各项内容是否全面、真实，公开时间是否及时，公开形式是否科学，公开程序是否规范。确有内容遗漏或者不真实的，应督促村民委员会重新公布；也可以直接向村党组织、村民委员会询问，村民委员会应在10日内予以解释和答复。

村务公开监督小组要及时向村民会议或村民代表会议报告监督情况，对村务公开资料进行整理归档并妥善保管。对不履行职责的成员，村民会议或村民代表会议有权罢免其资格。

（二）村务档案制度

为了确保基层自治工作有章可循、有据可查，村民委员会和村务监督机构应当建立村务档案。村务档案包括：选举文件和选票，会议记录，土地发包方案和承包合同，经济合同、

[①]《村民委员会组织法》第31条。

集体财务账目，集体资产登记文件，公益设施基本资料、基本建设资料，宅基地使用方案、征地补偿费使用及分配方案等。[①]

（三）村务监督制度

村应当建立村务监督委员会或者其他形式的村务监督机构，负责村民民主理财，监督村务公开等制度的落实，其成员由村民会议或者村民代表会议在村民中推选产生，其中应有具备财会、管理知识的人员。[②]村务公开监督机构成员应当热爱集体，公道正派，有一定的议事能力。村务监督委员会主任一般由党员担任，可以由非村民委员会成员的村党组织班子成员兼任。村民委员会成员及其近亲属不得担任村务监督机构成员。[③]

村务监督机构成员向村民会议和村民代表会议负责，须及时将发现的问题、监督的具体情况等向其汇报，可以列席村民委员会会议。

《关于加强和改进乡村治理的指导意见》要求村务监督委员会要发挥在村务决策和公开、财产管理、工程项目建设、惠农政策措施落实等事项上的监督作用。健全村级重要事项、重大问题由村党组织研究讨论机制，全面落实"四议""两公开"。

2018年通过的《中华人民共和国监察法》将"基层群众性自治组织中从事管理的人员"纳入监察范围，推动了村务监督制度的发展与完善。《关于做好2022年全面推进乡村振兴重点工作的意见》提出要加强基层纪检监察组织与村务监督委员会的沟通协作、有效衔接，强化对村干部的监督。在此基础上，2023年中央一号文件进一步提出要持续开展市县巡察，推动基层纪检监察组织和村务监督委员会有效衔接，强化对村干部全方位管理和经常性监督。

（四）村民委员会成员经济责任审计制度

为了督促村自治组织成员尽职尽责，确保农村基层治理有序、有质、有效，村民委员会成员在任期内和离任时将接受经济责任审计，具体规定如表6-9所示。

表6-9 村民委员会成员实行任期和离任经济责任审计

审计时间	审计组织	审计对象	审计事项
任期内及离任时	县级人民政府农业部门、财政部门或者乡、民族乡、镇的人民政府	村民委员会成员	本村财务收支情况
			本村债权债务情况
			政府拨付和接受社会捐赠的资金、物资管理使用情况
			本村生产经营和建设项目的发包管理以及公益事业建设项目招标投标情况
			本村资金管理使用以及本村集体资产与资源的承包、租赁、担保、出让情况，征地补偿费的使用、分配情况
			本村五分之一以上的村民要求审计的其他事项

---

① 《村民委员会组织法》第34条。
② ①《村民委员会组织法》第32条。

对村民委员会成员审计结果应当及时公布，其中离任经济责任审计结果应当在下一届村民委员会选举之前公布。

（五）民主评议制度

村民委员会成员、村务监督机构成员以及由村民或者村集体承担误工补贴的聘用人员应当接受村民会议或者村民代表会议对其履行职责情况的民主评议。①

民主评议每年进行一次，由村务监督机构主持。村民委员会成员、村务监督机构成员连续两年被评议不称职的，其职务终止，应当主动辞职；拒不辞职的，应当启动罢免程序。

《关于规范村级组织工作事务、机制牌子和证明事项的意见》指明了对村级组织考核评价机制完善的方向。《意见》指出，要建立以解决实际问题、让村民群众满意为导向的村级组织考核评价机制。避免形式主义，坚决杜绝简单以设机制挂牌子安排村级组织任务、以填报表格或者提供材料调度村级组织工作、以"是否留痕"印证村级组织实绩等问题。②县级党委和政府应整合各党政群机构要求村级组织填报的各类表格，每年年初统一交由乡镇安排村级组织按规定频次填报。③以县（市、区、旗）为单位，清理整合面向村级组织的微信工作群、政务 App，不得简单以上传工作场景截图或者录制视频等作为评价村级组织是否落实工作的依据。④

禁止随意向村级组织下发行政指令与任务；未经县级党委和政府统一部署，党政群机构不得要求村级组织填报表格、提供材料。

【思考题】

1. 乡村自治的基本原则有哪些？
2. 村民委员会成员选举的流程是什么？
3. 农村基层民主协商制度的指导思想是什么？
4. 为什么要实行村务监督制度？

【案例分析】

案情：王某系中共党员、北京市某村党支部书记兼村委会主任。2018年12月，该村未召开村党支部委员会、村民委员会联合会议及村民代表会议，王某私自决定与村民李某签订《土地租赁合同》，合同约定将村集体106亩土地以市场价出租给李某使用。

问题：村干部未经民主程序决定重大事项怎样定性？

分析：对于王某私自决定村级土地租赁事项该如何精准定性存在不同认识。

有观点认为，王某的行为应定性为违反国家法律法规。王某私自决定土地出租事宜，未

---

① 《村民委员会组织法》第33条。
② ③ ④ 中共中央办公厅 国务院办公厅印发《关于规范村级组织工作事务、机制牌子和证明事项的意见》第2部分第 1 项：完善村级组织考核评价机制[Z/OL]. (2022-08-22)[2023-12-26]. http://www.gov.cn/zhengce/2022-08/22/content_5706403.htm.

召开村民代表会议，属于违反《中华人民共和国村民委员会组织法》的行为，应依据党纪处分条例第二十八条定性处理。也有观点认为，王某的行为应定性为违反组织纪律。王某将村集体土地出租，未召开村党支部委员会、村民委员会联合会议，违反了议事规则，个人决定重大问题，应依据党纪处分条例第七十条第（二）项"违反议事规则，个人或者少数人决定重大问题"定性处理。还有观点认为，王某的行为应定性为违反工作纪律。王某在处理村级事务工作中，未按规定程序私自决定土地出租，属于不正确履行职责，应依据党纪处分条例第一百三十三条"在党的纪律检查、组织、宣传、统一战线工作以及机关工作等其他工作中，不履行或者不正确履行职责，造成损失或者不良影响"定性处理。

实际上，对于村级重要事项民主议定民主决策程序的相关规定已经很完善。根据《村民委员会组织法》相关规定，村民的承包经营方案、宅基地使用方案等涉及村民利益的事项，村民委员会必须提请村民会议讨论决定，方可办理。根据中共中央办公厅、国务院办公厅《关于在农村普遍实行村务公开和民主管理制度的通知》以及市、区两级的有关规定，按照农村工作实际，本案涉及村集体土地承租事宜为村级重要事项，按照该村所在区文件规定，村级重要事项的决策程序为：（一）需要做出决策的村级重要事项，需由相关的村级组织向村党支部提出。（二）所提议题经村党支部讨论通过后，由党支部书记向村级组织联席会议提出并付诸讨论。（三）村级组织联席会议经讨论形成决议后，需首先在党员大会上通报并征求意见，再由村级组织联席会议向决策机构提交书面材料，并向决策机构做出详尽说明。（四）向村民会议或集体经济组织成员的村民会议提交的议题，经到会三分之二以上人员讨论通过后，即做出正式决议。正式决议做出后，要在村务公开栏做出公示。

2023年中央1号文件

关于本案如何定性需要考虑以下三个方面的问题。

第一，从构成要件考虑，本案中王某私自决定土地出租事宜，从行为看，对于村级重要事项民主议定民主决策未召开村党支部委员会、村民委员会联合会议、村民代表会议。从结果看，以市场价出租给李某使用。首先，王某未召开村民代表会议，违反《村民委员会组织法》有关规定，损害了集体经济组织依法独立进行经济活动的自主权和村民民主决策权，符合党纪处分条例第二十八条"有其他违法行为，损害党、国家和人民利益"的构成要件。其次，按照工作要求，村集体土地出租事宜需要召开村党支部委员会、村民委员会联合会议，属于应由集体讨论的事项，王某私自决定将村集体土地出租，违反了议事规则，个人决定重大问题，符合党纪处分条例第七十条第（二）项"违反议事规则，个人或者少数人决定重大问题"的构成要件。最后，王某私自决定土地出租并以市场价签订合同，根据党纪处分条例第一百三十三条规定，在党的纪律检查、组织、宣传、统一战线工作以及机关工作等其他工作中，不履行或者不正确履行职责，造成损失或者不良影响的，应给予党纪处分。而王某以市场价签订合同，并未造成经济损失，不符合该条的构成要件。综上，王某的行为符合党纪处分条例第二十八条、第七十条第（二）项的构成要件，以违反组织纪律、违反国家法律法规定性均有合理性。

第二，从行为本质考虑，王某的行为触犯了党纪处分条例第二十八条、第七十条第（二）项，在量纪上处分相当。如果触犯的数个条款处分相当，则应按照最能体现其行为本质的条款定性处理。本案中，对王某的行为定性为违反国家法律法规，不能突出本案的关键特征。

本案是典型的村基层党组织"一把手"违反议事规则，个人决定重大问题的行为。从行为本质来讲，适用第七十条第（二）项更准确。

第三，从办案效果考虑，民主集中制是党的根本组织原则，是党内政治生活正常开展的重要制度保障。本案中王某的行为是典型的农村基层党组织"一把手"只讲集中不讲民主、重大问题不经讨论就拍板的行为。农村基层党组织是党根植农村、治理农村、建设农村的组织基础，在基层治理中起着重要作用，农村基层党组织落实民主集中制，才能更好地服务社会，提高基层治理水平。本案中，对王某的行为以违反组织纪律定性，更能起到良好的政治效果、纪法效果和社会效果。

因此，根据党规党纪和相关法律法规，结合农村工作实际，对王某的行为定性为违反组织纪律更为适宜。[①]

[①] 王雅男. 村干部未经民主程序决定重大事项怎样定性[N]. 中国纪检监察报，2023-09-13(6).

第七章

乡村德治体系

内容提要： 党的十九大报告明确提出实施乡村振兴战略，并强调加强农村基层基础工作，健全自治、法治、德治相结合的乡村治理体系，这是首次将德治纳入乡村治理的范畴。[①]在构建自治、法治、德治"三治融合"的多元共治体系过程中，乡村德治发挥着重要的作用，是贯彻落实乡村振兴战略的切实抓手之一。本章在对"德治"定义的基础上，梳理乡村德治历史沿革，介绍乡村德治的内容与功能，以弘扬社会主义核心价值观、培育文明乡风、树立道德模范、加强农村文化建设为抓手，建设以"善治"为内核的乡村德治体系。

学习目标与要求： 着重掌握乡村德治的定义，社会主义核心价值观的内涵、本质、价值；了解乡村德治的历史发展、文明乡风的定义，理解乡村德治的基本内容、功能；弘扬社会主义核心价值观的价值、原则与方法。

第一节 乡村德治概述

一、乡村德治的概念

（一）"德治"的内涵

1. 传统德治

"德"的甲骨文字形是由直和彳（行）组成的，为会意字，旨意为循行，后金文字形在此基础上增加了"心"，写作"惪"，郭沫若在《青铜时代》将改字训为"直心"，取正直之意。[②]德治观念发源于西周，具有深厚的历史渊源，强调统治者应当勤奋敬业，具有高尚的品德，官员应该廉洁奉公，民众则要望德向化。在这种治理理念中，西周统治者特别强调"孝道"，即尊敬父母、友善亲人，将其视为最基本的德性。尤其是对于父母的"孝道"观念，不仅限于个人生活，还延伸至宗族，形成了追溯祖先孝行的祭祀活动，孝道被视为建立宗法等级制度和家国伦理基础的核心价值。到了春秋末年，儒家学派创始人孔子主张国家治理的关键在于以道德来教化民心，反对仅仅依靠刑罚而忽略道德教育的治国模式。同时也强调"仁"，即"克己复礼"，反对苛政和严酷的刑罚。儒家的又一代表性人物孟子则将前者进一步发展为"仁政"，主张君主以"仁义"理念治理国家。荀子则提出了"礼治"的思想，认为礼仪是最高的行为

[①] 习近平. 决胜全面建成小康社会，夺取新时代中国特色社会主义伟大胜利——在中国共产党第十九次全国代表大会上的报告[R/OL]. (2017-10-27)[2023-12-24]. http://www.gov.cn/zhuanti/2017/10/27content_5234876.htm.

[②] 语和，雷园园. 村民自治视域下的乡村德治论纲[J]. 山东大学学报：哲学社会科学版，2020(1): 134-142.

准则。①董仲舒则提出了"三纲五常"的教化理念,教导百姓遵循道德规范。②总的来说,传统的德治是统治阶级利益的体现,以"礼"为基本手段,强调"德主刑辅",慎用刑罚。

2. 现代德治

对于现代意义上德治的界定,一种观点认为"以德治国"是从国家治理的层面阐释道德作为治理工具所起的维护社会秩序的作用。③有学者则认为"德治"不同于"法治""礼治",是依赖民间朴素道德观念约束民众的日常行为,进而形成的民间社会秩序。④这两种观点,前者主要关注国家层面的治理,主张统治者通过有广泛群众基础的道德观念来教化国民,塑造高尚品格,进而提升社会整体的道德水平。这种方式的目标是在社会中形成一种支持与协作的情感、意识和思维方式,以实现国家的良好治理。

相比之下,后者更加注重社会层面的治理,被看作是一种社会公众自我管理与约束的方式,强调了公众的自觉性。道德观念影响着公众的思想观念、行为举止等,从而对社会秩序有一定的规范与协调作用。这种方式不仅仅关注国家治理,还着眼于社会整体的协同与发展。

3. 传统与现代"德治"的区别

传统德治和现代德治既有联系又有区别。二者都高度重视道德在社会治理中的重要地位和作用。但二者的区别在于:第一,社会基础方面,"人治"是"传统德治"的社会基础,道德教化是国家治理的主要手段,而法律和刑罚则是辅助手段;而"法治"是"现代德治"实施的社会基石,主张道德和法律共同治理,认为"依法治国"和"以德治国"都是国家治理的基本方略,前者以强制性手段规范社会成员的行为,后者则通过劝导来提升社会成员的思想认知。第二,内容方面,传统德治的"德"以"三纲五常""三从四德"等封建规范为核心。"治"则以维护封建专制统治为目的。而现代德治中的"德"涵盖的是社会公德、职业道德、家庭美德和个人品德等社会主义道德规范的内容,关注国家、社会和个人的发展与进步。"治"侧重于道德管理,旨在不断提高人民群众的道德水平和道德境界,同时也着眼于提升为政者的个人思想品德,保障权力的行使合乎宪法和法律的规定,从而促进社会更加繁荣稳定、和谐有序地发展。⑤

(二)乡村德治的定义

乡村德治,是指通过道德教育和道德引导,促进社会公德、职业道德、家庭美德等各方面的道德建设,从而达到社会治理目的的一种治理方式。它是为适应新时代的需求而产生的一种治理模式。其以农民为核心,以乡村传统文化为根基并结合现代创新元素,旨在丰富村

---

① 方达评,注. 荀子·成相[M]. 北京:商务印书馆,2016:441.
② 张世亮,钟肇鹏,周桂钿,译注. 春秋繁露·精华[M]. 北京:中华书局,2012:96.
③ 张健. 中国社会历史变迁中的乡村治理研究[M]. 北京:中国农业出版社,2012:141.
④ 邓大才. 走向善治之路:自治、法治与德治的选择与组合——以乡村治理体系为研究对象[J]. 社会科学研究,2018(4):33.
⑤ 罗贝. 新时代我国普通乡村德治研究[D]. 成都:西南财经大学,2020.

民的精神生活品质，进一步提高乡村社会的文明程度。

中国是一个以农耕文化为文明基础的国家，而乡村德治从古至今都一直扎根在中国德治文化的传统当中。费孝通先生曾经在《乡土中国》中言及，中国社会本质上是一个乡土社会，从自己向外推构成波纹式"差序格局"的社会范围，是由一个个私人联系的、由道德要素维持着的"伸缩网"，孝悌维护亲子同胞之爱，忠信维护朋友之义。[①]在中国本土的社会差序格局中，固有的道德理念为村民的思维方式和社交模式提供了一套价值体系，这一体系体现在多个方面，包括塑造良好的家风和家法、制定规范的村规民约、传承典型的士绅文化以及乡村调和纠纷。传统的农村生产方式主要依赖于家庭作为共同生活的单位，这导致村民对家庭和家族荣誉的强烈关注，促使他们积极培养优良的家风和家法，同时崇尚礼仪和法律，强调孝顺和兄弟情谊，形成了士绅文化的特色。在相对封闭的地理环境中，人际关系多难以跨越村庄范畴，而具有密切的血缘联系，"家族"或"宗族"的地域特征和重要性更为凸显。所以，在乡村社会中，村规和民约更多地以道德教化为主导，倡导长幼有序，赞扬同乡情谊，引导人与人之间友善相处，纠纷解决方式多采取调解而非诉讼。基于此，乡村自治采取德治无疑是一条优选路径。

二、乡村德治的历史沿革

中国社会自古以来始终保持着"皇权不下县，县下皆自治"的治理模式，故乡村自治千百年间一直是中国农村地区的典型治理逻辑，其经历了不同历史时期的演变，呈现出以下三种独特的模式。

（一）稳固型德治模式

自秦王朝建立起专制主义中央集权制度以来，中国社会一直存在着两种力量，影响着社会的运行。一方面是以皇权为核心的官制力量，影响着社会大环境的发展；另一方面是以家族或宗族为核心的力量，在民间社会中发挥着作用。相比较而言，在民间社会中，官制权力的运行似乎处于一种真空状态。皇权虽然通过征税徭役等手段延伸至国家治理下的每个个体，但在乡村内部事务的管理方面是由士绅、族长等地方精英凭借个人威信进行决断，形成了一种专制背景下的自治制度，并多以家法族规和乡约规范的方式明确具体要求。

最初，家法族规是习惯法。南北朝以后，家族法规的内容呈现出系统化的趋势，典型代表《颜氏家训》规定了道德伦理、职业教导、礼仪礼节、奖惩机制四个层面，用以教化族中子弟。乡约在明朝中后期兴盛起来，其典型代表则为《吕氏乡约》《增损吕氏乡约》。乡约分为官办乡约和民办乡约。前者通常由地方官员指导编撰，用以对管辖地域进行风俗正化；而后者多为乡绅氏族自发组织并主导编写，与家法相互配合，将个体道德修养和乡村道德塑造相结合。因此，广大乡村地区依托地方精英主导，以宗族组织为基础，借助家法族规和乡约规范构建起了具有强大稳定性的德治模式，即为"稳固型德治模式"。

---

① 费孝通.乡土中国[M].北京：生活·读书·新知三联书店，1985:32.

（二）兼容型德治模式

清朝在中后期颁布的《城镇乡地方自治章程》，标志着中国近代乡村自治的伊始。然而，由于独特的历史背景，这一尝试最终未能成功。随后，南京临时政府和国民政府均试图通过推行地方自治来解决乡村治理危机，以重构国家与社会之间的良性关系。以米氏父子的翟城模式、晏阳初的定县模式为代表，怀揣着振兴乡村、救亡图存的知识分子也纷纷提出挽救乡村的主张。①然而，由于统治阶级自身的限制性，当权者更为关注的是如何从乡村攫取更多的政治资本和财富资源，而非切实解决乡村面临的问题。与此同时，乡村改革派也对农民最关心的土地问题视而不见，因此导致农村社会危机的剥削关系和制度弊病并未被根本改变，最终这场轰轰烈烈的"乡村自救"运动陷入沉寂。

随着国家政权的逐渐下放和政府内部的日益复杂化，受到冲击严重的则是上一类"稳固型德治模式"。但是冲击并没有打破该模式，它依然坚挺着，并继续在乡村治理中发挥着重要的领导作用。随着新式教育下的精英人才不断注入乡村治理改革中，西方的现代治理理念也被引入乡村，并与深厚的宗族传统相互融合。尽管这种新融合不足以动摇儒家传统中的礼仪和忠孝观，但为乡民带来了前所未有的观念上的启发，引发了乡村社会对于儒家文化的反思，广大乡村地区也成为儒家思想与西方文化结合与博弈的试验场。但就结果而言，虽然此种模式对传统伦理道德产生了冲击，同时也极具进路意义，但因新的价值体系尚未建立，该模式反而成为限制乡村自治模式发展的因素之一。

（三）重塑型德治模式

在新中国成立后的三十年间，乡村宗族文化经历了瓦解和逐渐消退的阶段。在政治运动的干预、生产方式的变革等因素的共同作用下，以血缘关系为基础的传统权威逐渐被削弱，而阶级斗争观念以及意识形态教育成为乡村文化主流，主导着村民的精神生活。

改革开放后，在新的经济体制下，"政社合一"的集体性生产方式不复存在，农民成为各自经营的"原子化"单元个体②，家庭联产承包责任制应运而生。同时，为了延续相应的公共管理职能，我国在1982年创立了"三个自我、四个民主"③的基层群众性自治组织——村民委员会，正式迈入了现代乡村自治的阶段，家族家风、传统风俗、乡贤文化逐渐开始复苏。一场博弈又"复合"的交互状态在传统道德礼俗与理性主义法治间展开。德治模式在适应社会制度的前提下寻求共存并不断发展的机会，这意味着其必须能够符合当时的社会实践和群众认知所确定的可接受范围。由此可见，"重塑型德治模式"是在改革开放后，乡村德治与乡村自治、乡村法治三者之间动态发展的过程中逐渐形成的一种治理模式。

---

① "翟城"作为中国近代历史名村，是中国近代村民民主自治第一村，开创了中国以行政村为单位的地方自治的先河。翟城是中国创办最早的村级女子学校所在地、中国创办最早的农民合作社"因利协社"所在地，是中国乡村建设运动的发源地和重要实验地之一。米氏父子的乡村德治历经12年，其内容包含办新式教育、发展村庄经济、改革纳税制度、改善乡村卫生和乡风民俗、设立义仓、保卫村庄等方面，并因此被定为模范村。鉴于米氏父子经验，1927年著名的平民教育家晏阳初在此推广平民教育运动，因效果显著，将总部由北平迁往定县，并将平民教育运动逐步推广至全县，形成全县范围的试验区，直至1937年全面抗战爆发后撤离。经过十年的实验区发展，形成了一整套"定县经验"，为以后国际乡村建设运动提供了宝贵经验。
② 梁漱溟. 梁漱溟全集(第3卷)[M]. 济南：山东人民出版社，2005: 108.
③ 此处的"三个自我"是指自我管理、自我教育、自我服务；"四个民主"是指民主选举、民主决策、民主管理、民主监督。

（四）新时代背景下"三治融合善治模式"

在新时代背景下，乡村善治以"产业兴旺、生态宜居、乡风文明、治理有效、生活富裕"的乡村振兴战略总要求为实现目标。①这个目标在不同地方会有自治程度、道德建设情况、风俗习惯等方面的差异，不可能固化地采用同一种模式，因此需要因地制宜，具体问题具体分析，充分发挥自治、法治、德治的作用来实现最大效益。乡村德治作为一种典型的软治理方式，相较于法定的村民自治制度而言，具有非正式性、灵活性等特点，所以必须用以国家强制力为保障的法治为其"兜底"才能生成乡村治理的社会理性。同时，乡村德治也是传统村民自治的一部分，只有将德治置于自治和法治的框架内，才能真正整合利益诉求，规范个体行为，促进乡村社会的和谐有序发展。

三、乡村德治的基本内容

（一）以文养德，用社会主义核心价值观滋养文明乡风

在农村社区的长期农业生产和生活实践中，农民逐渐形成了独具地方特色的乡村文化，并在乡村生活中扮演着至关重要的角色，也为村民提供了精神支持和动力。乡村德治建设需要在传承和发展优秀乡村传统文化的基础上，吸收现代文化的新理念，实现传统与现代的有机结合，以确保现代乡村德治建设更符合新时代乡村振兴要求。

为了实现上述目标，各基层党组织应当充分发挥党的领导核心作用，通过培育新时代乡村核心价值观，积极引导各村开展德治实践，不断提升村民思想道德修养，与村民一道培育文明乡风，涵养德育新形态，为乡村社会的发展和进步提供支持。

（二）以规立德，用村规民约树立德治权威

村规民约针对的是各村日常的生产生活，是村民自发制定并得以广泛遵守的行为准则。在中国治理实践中，村规民约具有悠久的历史传统，早在北宋时期，吕氏兄弟就推行了《吕氏乡约》，在引导、劝诫、督促乡民行为方面发挥了重要的作用，对后世产生深远影响。如今，村规民约仍然在教化引导村民、调解邻里纠纷、抑制不良风气等方面发挥着重要作用。在加强乡村德治建设的过程中，必须充分利用这一载体来规范村民行为，激发崇德向善、守望相助等优良传统。②

（三）以贤树教，用乡贤文化涵养道德情操

乡贤文化的显著特点是见贤思齐、择善而从，它是独属于乡村社区的中华优秀传统文化。其不仅是中华优秀传统文化的组成部分，而且在今天依然发挥着泽被乡里的重要作用。新时代，乡贤积极参与德治建设有助于增强村民在本村事务中的话语权，提高村民的政治参与积

---

① 习近平. 决胜全面建成小康社会，夺取新时代中国特色社会主义伟大胜利——在中国共产党第十九次全国代表大会上的报告[R/OL]. (2017-10-27)[2023-12-24]. http://www.gov.cn/zhuanti/2017-10/27/content_5234876.htm.
② 罗贝. 新时代我国普通乡村德治研究[D]. 成都：西南财经大学，2020.

极性，鼓励村民为自身权益发声。而为了弘扬乡贤文化，一方面需要传颂"古贤"，弘扬并传承传统乡贤文化，用古代乡贤的高尚的品德感化人心；另一方面，还应当培养"今贤"，培育和发展现代乡贤文化，使乡村德治焕发出新的生机和活力。

四、乡村德治的功能

乡村自治和乡村法治通常依赖外在的、强制性的手段来确保执行，而德治能将道德原则内化为个体的内在信仰，促进人的自我约束。从乡村治理的实践来看，乡村德治主要有教育、协调、约束和凝聚四大功能。

（一）教育功能

乡村德治具有培养村民道德情操的功能。通过形式多样的道德教育活动，能够向村民传递正确的道德准则，起到或示范或警示的作用，教导村民自觉遵守道德规范并对自身行为进行自我反省。有助于弘扬社会正能量，对于增强村民道德意识、锤炼村民道德意志、陶冶村民的道德情操有着极其重要的作用，进而涵养积极向上的乡村社会风气，摒弃陈规陋习，为乡村社会的现代化建设提供文明的社会氛围和培育出有较高道德水平的人才，推动乡村振兴战略的落实。

（二）协调功能

乡村事务通常较为繁杂琐碎，容易引发各种矛盾纠纷。而乡村德治作为一种柔性的约束手段，能够关注到村民生活的各个方面，调解范围更为广泛深入，在协调解决村民乡村矛盾纠纷方面发挥着独特作用。通过发挥村规民约、村风民俗等德治工具在纠纷处理中的作用，不仅有助于缓和紧张的人际关系、化解矛盾冲突，还能有效减轻基层政府的治理负担，降低人力物力成本。乡村德治也可以充分利用村民已有的文化认同，进一步对其思想观念进行优化整合，使他们更加自觉地减少冲突与纷争，共同维护乡村社会的和谐与稳定。

（三）约束功能

主体正当行为的培养是乡村德治活动的前提。其通过内在与外在的约束来促使村民遵守符合主流价值的观念的共同行为规范，并逐渐接受和认同其中蕴含的价值理念，培养集体意识。相较于村民自治和乡村法治等外部约束工具而言，乡村德治是更为隐形的约束机制，如社会舆论和自我谴责等，在村民不自觉的状态下能够产生深刻而持久的渗透作用，推动整个乡村社会生活的和谐有序发展。这种约束机制有助于塑造村民的道德观念，使他们更自觉地遵守行为规范，从而维护村庄的社会秩序。

（四）凝聚功能

乡村德治在凝聚村民共识方面发挥着关键作用。由于村民在家庭背景、受教育程度以及经济水平方面存在较大的差异，他们往往拥有不同的思维方式和行为习惯。而反映本村村民共同利益的乡村德治文化能形成一套统一的、具有可操作性的道德标准,作为村民认识社会、辨别是非、解决矛盾的好工具,引导村民形成共同的价值目标和思维观念,并做出符合道德标准的选择行为,进而促进共同目标的达成。因此,通过德治建设,继承和弘扬乡村优秀道德文化,有助于提高村民对道德规范的认同感,凝聚起共同的价值理念,注重相互配合,增强农民集体行动的意识和能力。

第二节 弘扬社会主义核心价值观

一、社会主义核心价值观概述

(一)社会主义核心价值观的内涵

社会主义核心价值观以富强、民主、文明、和谐,自由、平等、公正、法治,爱国、敬业、诚信、友善为核心内容。社会主义核心价值观是社会主义核心价值体系的内核,体现了社会主义核心价值体系的根本性质和基本特征,反映了社会主义核心价值体系的丰富内涵和实践要求,是社会主义核心价值体系的高度凝练和集中表达。[①]

核心价值观与核心价值体系方向一致,体现了社会主义意识形态的本质要求,体现了社会主义制度在思想和精神层面的质的规定性,凝结着社会主义先进文化的精髓,是中国特色社会主义道路、理论体系和制度的价值表达,是实现中华民族伟大复兴的中国梦的价值引领。[②]针对日益复杂的乡村治理态势,社会主义核心价值观对培育乡村道德文化,守住文化阵地、促进乡村振兴起着不可忽视的思想道德精神引领作用。

(二)社会主义核心价值观的原则

社会主义核心价值观培育的深厚沃土是中国社会实践。社会主义核心价值观是马克思主义理论与中国具体实践相结合的产物,是习近平新时代中国特色社会主义思想的最新成果。[③]同时,社会主义核心价值观是在各民族共同奋斗的历程中形成的,凝结了各民族人民的共同价值追求,符合我国的民族特性。在实践过程中,社会主义核心价值观将以改革创新为核心的时代精神融入自身的发展过程,以解决新时代发展所面临的价值观问题,体现了时代性。

社会主义核心价值观的基本原则包括以下四个要点:其一,坚持以人为本,尊重群众的主体地位,关注人们的利益诉求和价值愿望,推动人的全面发展。其二,坚持以理想信念为核心,为实现全社会的中国特色社会主义共同理想而奋斗,着力于巩固人们的精神支柱,注重树立正确的世界观、人生观和价值观。其三,坚持理论联系实际,基于分类指导,根据不同层次、不同对象的需求,找准与人们思想和群众利益的共鸣点和交汇点,使价值观念更加

---

① 中共中央办公厅. 关于培育和践行社会主义核心价值观的意见[M]. 北京:人民出版社,2013:13.
② 韩振峰. 社会主义核心价值观体现社会主义的本质要求[N]. 光明日报,2015-05-07(2).
③ 中国社会科学院习近平新时代中国特色社会主义思想研究中心. 全面把握社会主义核心价值观的特点[N]. 经济日报,2019-12-24(4).

切合实际,贴近人心。其四,坚持改革创新,善于利用群众喜闻乐见的方式,建立易于群众参与的平台,拓宽群众参与渠道,积极推进理念、方法和基层工作的创新,增加工作的吸引力和感染力。①

(三)社会主义核心价值观的本质

1. 富强、民主、文明、和谐

"富强、民主、文明、和谐",是我国社会主义现代化国家的建设目标,也是社会主义核心价值观基本理念的凝练表达,对其他层次价值理念具有统率作用。②其一,富强,意指国富民强。富强是国家繁荣和人民幸福的物质基础。这一目标是社会主义现代化国家经济建设的应然结果,也是中华民族的美好期盼。其二,民主,强调人民当家作主。民主是社会主义的生命,是人类的美好诉求,也是创造人民美好生活的政治保障。其三,文明,是实现中华民族伟大复兴的重要支撑。文明是社会进步的重要标志,是社会主义现代化国家的重要特征,也是国家文化建设的必然要求,是对面向世界、面向未来的,民族的科学的大众的社会主义优秀文化的概括和总结。其四,和谐,是社会主义现代化国家在社会建设领域方面的价值追求,也是社会发展的重要保障。

2. 自由、平等、公正、法治

"自由、平等、公正、法治"体现了中国特色社会主义的基本特性,是中国共产党长期坚持的核心价值观念。其是对美好社会的生动描述,也是在社会层面对社会主义核心价值观基本理念的精练概括。其一,自由,意指人的意志自由、存在自由和发展自由。自由是人类社会的美好向往与追求,也是马克思主义追求的社会价值目标。它强调个体的权利和自由意愿,是社会主义民主政治的重要价值。其二,平等,意指公民在法律面前一律平等,不断实现实质平等是平等的价值取向。其要求尊重和保障人权,确保每个人依法享有平等生存和发展的权利。其三,公正,意指社会的公平和正义,建立在人的解放、自由平等权利的基础之上。其四,法治,这是治国理政的基本方式。而目前提出的依法治国是社会主义民主政治的基本要求。通过法治建设以维护和保护公民的权益,确保自由、平等、公平和正义的实现。③

3. 爱国、敬业、诚信、友善

"爱国、敬业、诚信、友善"覆盖社会道德生活的各个领域,是公民的基本道德规范,是从个体行为层面对社会主义核心价值观基本理念的凝练。它是公民必须恪守的道德规范,也是评价个人道德行为选择的基本价值标准。其一,爱国,是基于个人与祖国之间深厚的情感关系,强调人们以"振兴中华"为己任,促进民族团结、维护祖国统一。爱国同社会主义紧密结合在一起,还是调节个人与祖国关系的行为准则。其二,敬业,强调公民忠于职守,克己奉公,服务人民,充分体现了社会主义职业精神。其三,诚信,意指诚实守信,强调诚信

---

① 中共中央办公厅. 关于培育和践行社会主义核心价值观的意见[M]. 北京: 人民出版社, 2013: 14.
② 胡锦涛. 坚定不移沿着中国特色社会主义道路前进为全面建成小康社会而奋斗[M]. 人民出版社, 2012: 15.
③ 王文庆. 论践行社会主义核心价值观——浅谈社会主义核心价值观的发展形态与认识[C]. 甘肃省培育和践行社会主义核心价值观理论研讨会, 2015: 147.

劳动、信守承诺、诚恳待人。它是社会主义道德建设的重点内容，也是人类社会千百年传承下来的道德传统。其四，友善，强调公民之间应互相尊重、互相帮助，维护和睦友好的社会主义新型人际关系。

二、弘扬社会主义核心价值观的价值

培育和践行社会主义核心价值观，是实现中华民族伟大复兴中国梦的战略任务。进行乡村治理，我们需要采用润物无声的方式，将社会主义核心价值观潜移默化地融入乡村德治中，这与中国特色社会主义发展要求相契合，与中华优秀传统文化和人类文明优秀成果相承接。①

（一）树立价值

乡村治理的最终任务就是实现善治，通过满足农民在乡村生活中的合法正当需求，以实现政府、社会、农民等主体协调共治，共享和谐，进而优化治理效能，最终实现各方利益最大化。社会主义核心价值观的三层价值准则立足国家、社会和个人，进一步发挥了意识形态在推进国家治理体系和治理能力现代化进程中的作用。富强、民主、文明、和谐是国家层面的价值目标；自由、平等、公正、法治是社会层面的价值取向；爱国、敬业、诚信、友善是公民个人的价值准则。市场经济，打破了固有的乡村社会秩序，公共事务治理当中的生成性矛盾愈加突出。社会主义核心价值观要想发挥价值引领的示范作用，重在通过社会舆论引导风俗习惯的养成、内心信念的培育，进而使农民构建正确的价值取向。

（二）涵育思想

社会主义核心价值观在乡村治理中有其独特的思想涵育功能，在乡村纷繁复杂的价值观中为农民的思维观念现代化提供了新的思路。一方面，社会主义核心价值观凭借通俗的语言和形象的表达，从思想深处不知不觉地融入农民价值信念当中，并以其实现的可能性和理论的科学性，成为新时代中国农民的精神内核。另一方面，社会主义核心价值观是国家精神在价值体系当中的核心要素。习近平总书记指出，人民有信仰，国家有力量，民族有希望。我国正面临世界百年未有之大变局带来的机遇和挑战，必须增强广大农民对主流价值观的认同，有效形成宏观把握、中观构建、微观实践的社会主义核心价值观融入乡村治理的制度体系。

（三）精神保障

社会主义核心价值观的弘扬事关乡村治理体系构建。农村地区经济基础相对薄弱，精神文明建设相对滞后，基层党组织建设存在一些问题，这在一定程度上影响了农民群众对社会主义核心价值观的认同。改革开放以来，农村社会结构经历了重大转型，原有的价值观念和行为模式不断受到冲击。而社会主义核心价值观是乡村振兴进程中必须高扬的旗帜，应当在乡村治理中坚持以社会主义核心价值观为精神保障，在精神文化层面强化社会主义核心价

---

① 曾美海. 乡村振兴视域下乡风文明建设路径研究[J]. 贵阳市委党校学报，2021(6): 52.

观的教化、规范和引领作用。这有利于明确社会转型期我国乡村在意识形态领域的价值观念和标准，引导农民群众的思想行动，坚定农民群众的理想信念，凝聚农民群众的精神力量，保障乡村治理的顺利推行，有利于构建乡村德治体系和为实现农村社会的和谐发展奠定思想基础。①

三、弘扬社会主义核心价值观的原则

（一）党总揽全局，协调各方原则

必须毫不动摇地坚持和维护党的领导核心地位，为乡村振兴提供强有力的政治保障。大力推进基层党组织建设，持续整顿村党组织软弱涣散问题，以充分发挥基层党组织的战斗堡垒作用。同时，农村基层党组织及广大党员应当带头学习党的指导思想，坚决贯彻党的方针政策，以爱国敬业，奉献创新的党员精神引导广大村民，持续加强农村精神文明建设，大力发挥主流意识形态的价值引领作用，以乡村产业振兴夯实社会主义核心价值观认同的物质根基，并充分发挥新媒体的宣传教育作用，以通俗易懂、喜闻乐见的形式提升农民对社会主义核心价值观的理解与认同，从而使社会主义核心价值观内化于心、外化于行。

（二）统筹规划，协调发展原则

要统筹谋划以社会主义核心价值观为主题的乡村文化建设与经济建设、政治建设、社会建设、生态文明建设以及党的建设之间的协同性，使农村社会主义核心价值观的培育融入在"产业兴旺、生态宜居、乡风文明、治理有效、生活富裕"的乡村振兴战略总体要求中，以农村经济社会发展带动核心价值观培育，以核心价值观的培育和践行提升广大农民干事创业的精气神，充分调动广大农民的生产积极性和创造性，为乡村振兴培育敢想敢干的高素质人才和富有活力的创业环境。

（三）因地制宜，循序渐进原则

要通过各种通俗易懂的形式如电视广播、宣传展板、休闲广场等载体大力宣传社会主义核心价值观，做到贴近性、接地气，找准与农民群体思想的共鸣点。要积极推进工作创新，增强宣传工作的吸引力和感染力，开辟便于群众参与的渠道，搭建群众乐于参与的平台，使得人民群众自觉参与到社会主义核心价值观的学习和宣传过程中来，进而建立并践行符合社会主流要求的积极向上的价值观念。同时，要结合国家、民族和乡土情况，科学把握乡村的差异性和发展趋势，因地制宜，分类施策，避免形式主义和照搬照抄，不搞"一刀切"，持之以恒，踏实推进。②

---

① 李彬，张振. 在乡村振兴中培育践行社会主义核心价值观[J]. 人民论坛，2022(6): 124.
② 邓力. 乡村振兴进程中社会主义核心价值观融入乡村治理的价值导向及路径选择[J]. 辽宁经济管理干部学院学报，2021(1): 95.

四、弘扬社会主义核心价值观的方式

（一）以社会主义核心价值体系引领中华优秀传统文化建设

乡村是兼具生产、生活、生态、文化等多重功能的地域综合体，是与城镇互促互进的人类主要活动空间。虽然在根本上乡风的形成离不开特定村庄内生产与产品的分配、交换等物质活动，村庄所处的自然与生态环境，村庄受外部社会影响的程度与层次等复合因素，但乡风本就属于文化范畴，是"长期依托某农村区域，形成的一种共有的区域特色、思维方式以及历史文化传统的乡村文化"[①]。而留存乡间的文化资源，本身也具有温润人心、涵养民性的功能，会对文明乡风的形成产生影响。现代文明生活的一个显著标志，就是随着生产的发展、人们所获取或占有的物质成果的丰富，社会的文化财富、超物质的精神财富等相应也在增加，此时人们对文化财富、精神财富的需求达到了一个相当高的水准，而文化财富与精神财富的供给水平，无论是在"质"还是"量"上，都会得到大的提升。当然，对农业社会来说，生产方式的传统是可以保持得相当长久的。中华民族在漫长的历史发展进程中，形成并积累了大量特色鲜明、内涵醇厚的农耕文化，源远流长的中华文明与中华传统文化也是以农耕文明、农耕文化为底色的。对于当前的乡土社会来说，影响其乡风文明建设进程的文化资源，不仅在"质"和"量"的供给上均增加了新的精神财富、新的文化，也有底蕴深厚的传统农耕文化。要看到，"农耕文化是我国农业的宝贵财富，是中华文化的重要组成部分，不仅不能丢，而且要不断发扬光大"[②]；而在广泛的社会实践中，优秀乡村文化能够提振农村精气神，增强农民凝聚力，孕育社会好风尚。一个村庄里既有的文化传统和普遍的中华优秀传统农耕文化，对其文明乡风的塑造与定型会产生影响。因此，传承和弘扬中华优秀传统文化，特别是优秀农耕文化，就是新时代加强乡风文明建设的应然路径。传承和弘扬优秀传统文化，"要坚持古为今用、以古鉴今，坚持有鉴别地对待、有扬弃地继承"[③]，努力实现其创造性转化与创新性发展，使优秀传统文化能与现实相融相通，特别是要与社会主义制度条件下的文化建设要求，和人们的文化生活需要紧密结合起来。实现这一目标的关键，就在于坚持用作为社会主义意识形态本质体现的社会主义核心价值体系引领优秀传统文化的创造性转化和创新性发展，使之能为当今社会的发展提供不竭动力。

（二）坚持以社会主义核心价值体系引领民风与家风建设

以社会主义核心价值体系引领民风建设，其中的关键体现在两个方面。其一，以社会主义核心价值体系推动移风易俗的深入开展，其具体实现主要包括借助广泛开展道德评议、村民评议等活动，举办丰富多彩、农村居民喜闻乐见的文化活动，开展星级文明户、文明家庭评选、文明村镇创建等活动，将崇尚健康、科学、文明的生活理念融入乡村的日常生活中。

---

① 孔祥智，等. 乡村振兴的九个维度[M]. 广州：广东人民出版社，2018：100.
② 习近平关于"三农"工作论述摘编[M]. 北京：中央文献出版社，2019：123.
③ 习近平谈治国理政（第2卷）[M]. 北京：外文出版社，2017：313.

其二，以社会主义核心价值体系引领村规民约制定。在村民自治制度下，村规民约是依据党的方针政策、有关法律法规、核心价值体系等，结合本村实际，为维护村庄社会秩序而制定的一套规章制度。虽然村规民约并没有强制性的法律效力，但其仍属于社会性规范的范围，在村治实践中仍可对村民的言行产生较强的约束作用，在一个侧面上推动乡风文明建设的深度开展。中华民族历来重视家庭，重视家庭建设，"家庭不只是人们身体的住处，更是人们心灵的归宿。家风好，就能家道兴盛、和顺美满"[①]。家风是社会风气的重要组成部分，中国共产党历来重视家风建设。虽然在现代政治国家建设过程中，受传统生产方式变革、人口流动性增加等复合经济因素影响，个体的层次不断加深，但在乡土中国，家庭或多或少还具备传统意义上乡土中国最基本的生活单元与组织单位的政治功能，仍然是人们成长成才的第一原地，家庭仍然是乡村治理与乡村秩序稳定的关键，家风建设也将影响乡风文明建设的整体效益。正因为如此，以社会主义核心价值体系引领乡风文明建设，必然要求我们坚持以核心价值体系涵养醇厚家风、指引家风建设。

（三）坚持以社会主义核心价值体系引领思想品德建设

其实，无论是中观层面的民风，还是微观层面的家风，都应当是作为村庄生产生活主体的农民的思想道德水平及受其影响发生的行为的集中体现。因此，我们试图通过强化乡土中国的民风建设与家风建设推动乡风文明建设，就应该重视加强农民思想品德的培育与建设。对此，党和国家在部署相关工作时，已明确强调要在新时代乡村治理中要持续推进农村精神文明建设，提升农民精神风貌，倡导科学文明生活，不断提高乡村社会文明程度。这具体包括在农村培育和践行社会主义核心价值观、巩固农村思想文化阵地、倡导诚信道德规范等内容。这些具体内容在本质上都属于实践路径或实践方法的范畴，所谓"内容决定形式"，推动农村思想道德建设的核心其实还是在道德资源或者道德规范的发掘上。按照唯物史观的经典认识，物质生活的生产方式制约着整个社会生活、政治生活和精神生活的过程，而人的道德观念属于社会意识形式的范畴，特定社会里人们的思想道德观念、思想道德水准，也势必会以一定的生产关系的总和为基础。当然，包含社会意识形式在内的上层建筑也具有一定的相对独立性。可见，人的道德观念的变化虽然在根本上取决于占社会主导地位的生产关系的总和的变化，但二者之间并非超验的同步。所以，即便新时代中国社会的生产关系总和在不断进步，也依旧受到社会主义初级阶段的基本国情等的影响。在普遍的意义上，包括基层乡村在内，当前我国的思想道德领域仍然存在着不少问题。道德始终是阶级的道德，在根本上代表着占社会统治地位的阶级的道德观念与态度。习近平总书记指出："核心价值观，其实就是一种德，既是个人的德，也是一种大德，即国家的德、社会的德。"[②]所以，新时代为培育和建设文明乡风，不仅应深入实施新时代公民道德建设工程，更应以社会主义核心价值观为引领，以主流价值构建道德规范、强化道德认同、指引道德实践，引导农民群众在日常生活中始终能明大德、守公德、严私德。

---

① 习近平. 习近平谈治国理政（第2卷）[M]. 北京：外文出版社，2017: 355.
② 习近平关于社会主义文化建设论述摘编[M]. 北京：中央文献出版社，2017: 112.

（四）坚持以社会主义核心价值体系引领乡村治理体系建设

在实践中，乡风文明建设并不只是民风塑造、民德教育的问题，也是一个很好的社会治理议题。从社会治理层面看，以社会主义核心价值体系引领乡风文明建设，主要应当聚焦于核心价值体系是可以对新时代乡村治理体系形成熏陶、熏染作用的。[①]党和国家明确强调，新时代推进乡村治理，需要健全党组织领导的自治、法治、德治相结合的乡村治理体系。特别是"三治结合"，是推动乡村治理现代化、实现乡村治理有效的关键环节，也是运用社会治理手段推动乡风文明建设的重要途径。"三治结合"并非要素机械地叠加，而应是"自治为体，德法两用"的逻辑。由此，我们要在深化村民自治的基础上，通过不断加强"德法两用"实践，进而深入推进乡风文明建设。从理论上看，新时代"德法两用"的逻辑，应该有四个基本指向。[②]第一，强化道德对法治的支撑作用，即一方面要重视发挥道德教化的作用，为全面依法治国创造良好人文环境；另一方面，也要在道德体系中体现法治要求，使道德体系与社会主义法律规范相衔接。第二，要把道德要求贯彻到法治建设中，即一方面要以法治承载道德理念，使道德有可靠的制度支撑，同时要将社会主义核心价值观贯彻法治全过程，使社会主义法治成为良法善治；另一方面，应当及时将实践中具有可操作性的、较为成熟的且被人民群众广泛认同的道德要求转化为法律规范。第三，应当坚持运用法治手段来解决道德领域中较为突出的问题，尤其是要依法加强对群众所强烈反映的不道德行为的整治。第四，应当全面增强法治意识和道德自觉，将法治宣传与道德教化有机结合起来。

第三节　培育文明乡风

一、文明乡风概述

（一）文明乡风的内涵

1. 乡风

"乡风"一词，最早可追溯到春秋战国时期，《管子·版法》中有"必先顺教，万民乡风"的记载，强调了教化对改善民风的积极影响。学界目前已经对乡村风貌的内涵进行了广泛的讨论，概而言之，乡风主要涉及农村地区的乡土文化、风俗习惯、生活方式以及环境景观等方面的内容，反映了乡村社会中村民的价值观和思想道德认知。乡风既体现在乡村的建筑风格、农耕文化、生活习惯以及自然景观上，也表现在村民的言行举止、社区互动以及传统乡村活动中。

2. 乡风文明

乡风文明是新农村建设必不可少的重要组成部分，也是建设和谐乡村的重要体现。乡风

---

① 董长瑞. 把农村思想道德建设落到实处[J]. 党建文汇, 2019(7): 43.
② 习近平. 习近平谈治国理政（第2卷）[M]. 北京：外文出版社, 2017: 134-135.

文明指的是农村的科学、教育、文化、卫生、体育等事业逐步满足农民日益提高的物质和精神生活需求，促进农民群众的思想、文化和道德水平不断提升。乡风文明与新农村建设的其他各方面密切相关，"生产发展、生活宽裕"是指农村的物质文明建设，"乡风文明"是指精神文明建设，"村容整洁"是指生态环境文明建设，"管理民主"是指政治文明建设。几个方面相互联系、相互支撑，成为构建社会主义新农村的理想蓝图。

（二）文明乡风的本质

1. 是健全乡村德治体系的基础性工程

培育文明乡风是构建健全的乡村德治体系的基础性工程，涵盖政治、文化、科学等多个领域。在政治方面，要深入推进农村思想政治工作，积极宣传强农惠农富农政策。在文化方面，要采取符合农村特点、为农民群众所喜闻乐见的有效方式，推动社会主义核心价值观在农村地区的融入，让村民自觉践行。在科学普及上，要广泛普及科学知识，推进农村移风易俗，深化文明村镇和文明家庭创建，旗帜鲜明地反对各种不良风气和陈规陋习，引导形成积极向上的社会风气，大力培育新时代中国特色社会主义乡村文明。[1]

2. 是推进乡村振兴战略的灵魂工程

习近平总书记在2017年12月考察江苏徐州时强调："实施乡村振兴战略要物质文明和精神文明一起抓，特别要注重提升农民精神风貌。"[2]培育文明乡风是乡村振兴的核心工程，也是改善农民精神面貌的重要着力点。实施乡村振兴战略，不仅要满足农民的物质需求，让他们"住上好房子、开上好车子"，更要关注农民的精神需求，让他们"过上好日子、活得有面子"。尤其是在农村居民的基本生活需求已得到满足的阶段，满足农民的精神需求变得愈发重要和紧迫。

二、文明乡风的内容

（一）基层党建

基层党建是指在中国共产党的组织体系中，从党的最基本单位出发，通过加强党的组织建设、党员教育培训、党的理论宣传、党的政策执行等方式，推动党的组织和党员在基层单位（如社区、村、企业、学校等）内发挥领导核心作用，以促进基层单位的良好运转和发展。加强党组织在农村地区的建设，有助于引导乡村居民沿着正确的政治方向培育文明乡风。

（二）清洁家园

文明乡风中对清洁家园的要求强调维护乡村的环境卫生和生态环境。保持农村环境的整洁，减少垃圾和污染，倡导环保意识，清洁家园，不仅要求村民关注自家环境的整洁，还要

---

[1] 加强农村精神文明建设——论学习贯彻中央农村工作会议精神[N]. 人民日报, 2021-01-04(2).
[2] 习近平在江苏徐州考察强调紧扣新时代要求推动改革发展[Z/OL]. (2017-12-14)[2023-12-24]. http://www.gov.cn/xinwen/2017-12/14/content_5246749.htm.?eqid=e73406bc00022e1200000004645b4b5d.

求居民积极参与整个村庄环境的维护中，共同创造一个干净整洁的社区环境。

（三）文化阵地

培育文明乡风涉及精神文化建设，应当以马克思主义科学理论武装村民头脑，用社会主义核心价值观滋养村民心田，高扬爱国、爱党、爱社会主义的精神旗帜，提升政治素养，坚定"四个自信"，增强主人翁意识，发挥好基层文化阵地的基础性作用。

（四）移风易俗

成立红白理事会，邀请社区有威望、有影响力、热心服务的老党员、退休教师、乡贤人物、文化名人等群体参与基层社区管理，制定社区居规民约，大力倡导婚事、丧事简办，反对铺张浪费，破除封建迷信，革除陈规陋习，倡导健康文明新生活，建立平等、友爱、互助的人际关系，积极营造健康向上的生活环境。

（五）志愿服务

抓好志愿服务组织的外引内培，成立诸如党员志愿服务队、公益书社、老年之家、社区"搭把手"服务队等志愿服务组织。突出长效管理，抓好志愿服务制度建设。[1]推出志愿者奖励激励计划，对社区志愿者的活动开展情况和成效进行量化，并用适度的"物质奖励"予以激励，积极推动社区志愿服务氛围。

（六）树立典范

坚持从日常调查走访中，了解核实在勤劳敬业、诚信经营、尊老敬老、热心公益、无私奉献等方面存在的真人真事，并做好跟踪记录工作。开展社区先进模范评选，如开展"三最三好"评选活动[2]，开展"点燃一盏灯、照亮一大片"活动[3]，树立社区典型品牌，传播正能量。

三、乡风文明建设政策背景

将"乡风"和"文明"合为一个整体概念提出，始于党的十六届五中全会。会议明确了社会主义新农村建设的总要求，即"生产发展、生活富裕、乡风文明、村容整洁、管理民主"[4]。在国家"十一五"规划纲要中，乡风文明建设首次被纳入国家战略层面。[5]随后，国家"十二

---

[1] 如制定党员志愿者"四亮剑"制度，亮身份、亮形象、亮项目、亮成效。
[2] 这里指"最美家庭、最美善举、最美志愿者、好媳妇、好党员、好青年"等评选活动。
[3] "点燃一盏灯、照亮一大片"指通过社区道德讲堂、周末剧场、群众课堂等载体，邀请社区典型人物现身说法，用鲜活教材和生动细节来传播社区的正能量。
[4] 中国共产党第十六届中央委员会第五次全体会议．中共中央第十六届五中全会公报[EB/OL]. (2008-08-20) [2023-12-24]. http://www.gov.cn/test/2008/08/20/content_1075344.htm.
[5] 第十届全国人民代表大会第四次会议．中华人民共和国国民经济和社会发展第十一个五年规划纲要[EB/OL]. (2006-3-14)[2023-12-24]. http://www.gov.cn/gongbao/content/2006/content_268766.htm.

五"规划纲要提出了推进农村乡风文明建设的目标。①而国家"十三五"规划纲要则强调了培育良好的家风、乡风、校风和行风的要求。②党的十九大明确提出要加快推进农村现代化,其中乡风文明建设是重要目标之一。③《中共中央国务院关于实施乡村振兴战略的意见》中5次提到了乡风文明,并对其进行了系统的论述。④同样,《乡村振兴战略规划(2018—2022年)》中也多次强调了乡风文明的重要性。⑤具体如图7-1所示。

```
01 党的十六届五中全会首次将"乡风"和"文明"合为整体
02 国家"十一五"规划纲要首次将乡风文明建设纳入国家战略层面
03 国家"十二五"规划纲要提出要"推进农村乡风文明建设"
04 国家"十三五"规划纲要"培育良好家风、乡风、校风、行风,营造现代文明风尚"
05 党的十九大提出乡村振兴战略
06
```

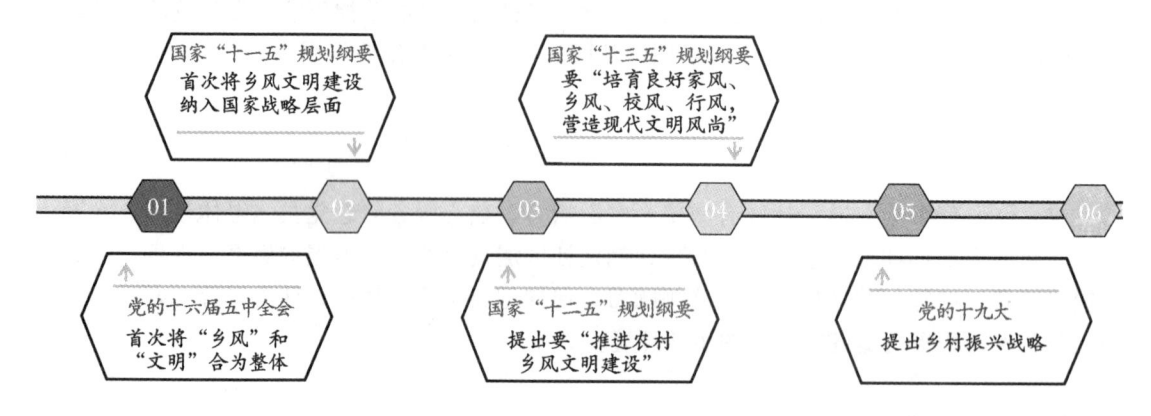

图7-1 "乡风文明建设"政策推进时间轴

习近平总书记在中共中央政治局第八次集体学习中再次强调,"产业兴旺、生态宜居、乡风文明、治理有效、生活富裕"是实施乡村振兴战略的总要求,并提出了一系列具体要求,包括社会主义核心价值观的弘扬、农村优秀传统文化的保护和传承、农村公共文化建设的加强、乡村社会文明程度的不断提高、乡村治理能力和水平现代化的逐步推进以及让农村既充满活力又和谐有序等,以不断满足广大农民群众日益增长的美好生活需要。此外,中共中央办公厅、国务院办公厅印发的《关于加强和改进乡村治理的指导意见》也强调了实施乡风文明培育行动的重要性。⑥同时,《中国共产党农村工作条例》也明确提出要深入开展农村群众性精神文明创建活动,丰富农民精神文化生活,提高农民科学文化素质和乡村社会文明程度。⑦

乡风文明建设是实施乡村振兴战略的重要内容,是推动乡村振兴的重要力量和软件基础。加强乡风文明建设,既要传承弘扬中华优秀传统文化,还要充分发挥先进文化的引领作用。同时,更要充分尊重乡村本位和农民群众的主体地位,因地制宜地提供文化服务,提升农民素质,推动乡村社会文明程度的不断提高。

---

① 第十一届全国人民代表大会第四次会议. 中华人民共和国国民经济和社会发展第十二个五年规划纲要[EB/OL]. (2011-03-16)[2023-12-24]. http://www.gov.cn/2011lh/content_1825838.htm.
② 第十二届全国人民代表大会第四次会议. 中华人民共和国国民经济和社会发展第十三个五年规划纲要[EB/OL]. (2016-03-17)[2023-12-24]. http://www.gov.cn/xinwen/2016-03/17/content_5054992.htm.
③ 习近平. 决胜全面建成小康社会,夺取新时代中国特色社会主义伟大胜利——在中国共产党第十九次全国代表大会上的报告[R/OL]. (2017-10-27)[2023-12-24]. http://www.gov.cn/zhuanti/2017-10/27/content_5234876.htm.
④ 中共中央,国务院. 关于实施乡村振兴战略的意见. [EB/OL]. (2018-02-04)[2023-12-24]. http://www.gov.cn/zhengce/2018-02/04/content_5263807.htm.
⑤ 中共中央,国务院. 乡村振兴战略规划(2018—202年). [EB/OL]. (2018-09-26)[2023-12-24]. http://www.gov.cn/zhengce/2018-09/26/content_5325534.htm.
⑥ 中共中央办公厅,国务院办公厅. 关于加强和改进乡村治理的指导意见. [EB/OL]. (2019-06-23)[2023-12-24]. http://www.gov.cn/zhengce/2019-06/23/content_5402625.htm.
⑦ 中共中央. 中国共产党农村工作条例. [EB/OL]. (2019-09-02)[2023-12-24]. http://www.qstheory.cn/llwx/2019-09/02/c_1124948792.htm.

四、培育文明乡风的价值

（一）培育文明乡风是实施乡村振兴战略的必然要求

党的十九大提出了"实施乡村振兴战略"这一重要任务，并明确了"产业兴旺、生态宜居、乡风文明、治理有效、生活富裕"的总要求。①习近平总书记在中央农村工作会议上强调，要全面推进产业、人才、文化、生态、组织的振兴，统筹部署、协同推进，着力解决重点问题，补齐短板。②这一重要部署与总要求一脉相承，高屋建瓴、内涵丰富、规划清晰，是做好新时代"三农"工作的基本遵循和构建指南。

良好的乡风为乡村产业的发展提供有利的环境和动力，推动农村经济的多元化、可持续发展。文明乡风能够改善农村地区的形象，提升对游客、资金、人才的吸引力，从而为产业发展创造有利条件。值得一提的是，在培育文明乡风的具体实践中，文明乡风常常与地方的特色产业紧密结合。传承优秀的传统文化和乡土特色，可以为特色农产品、农村旅游、手工艺等特色产业提供独特的资源，促进地方特色产业的可持续发展。

良好的乡风有利于破除大众对于乡村为"穷山恶水"的偏见，有利于激发当地村民的自豪感，提升农村地区的吸引力，是解决乡村引才、留才困难问题的有效举措与应有之义。用文明乡风与强化服务乡村观念引导共同形成"让人才愿意留在乡村发展、来到乡村发展"的强大合力，将投身乡村工作、服务乡村振兴打造成青年人才就业选择的新风尚。

文明乡风培育强调尊重传统、崇尚文化，通过倡导文明行为和文化素养，促使乡村居民更加关注和传承本地的历史、风俗、民间故事等传统文化，有利于传承乡村的优秀传统文化。同时，通过弘扬优秀文化、展现文明风采，村民能够更加自豪地认同自己的文化，增强文化自信，推动乡村文化的振兴。

文明乡风与生态文明建设密切相关，文明乡风倡导尊重自然、保护环境的理念，有助于培养乡村居民的生态意识。在文明乡风的引领下，"绿水青山就是金山银山"的理念深入人心，村民自觉采取行动保护生态环境，减少污染和资源浪费，实现经济发展和生态保护的有机统一，为乡村地区和整个社会的可持续发展作出了贡献。

（二）培育文明乡风是推进乡村治理现代化的重要举措

乡村治理体系以自治为基、法治为本、德治为导向，基层党组织通过领导乡村多元治理主体、融合多元治理规则、采取多元治理工具推进乡村治理现代化。推进文明乡风培育，是融合推进乡村治理体系建设，确保乡村社会充满活力、和谐有序发展的重要举措。

文明乡风鼓励居民积极参与社区事务，提倡民主决策、协商共治，从而增强居民在自治中的主体地位，促使他们更积极地参与社区建设，更好地实现自我管理和自我服务。

文明乡风的培育倡导守法守纪、遵守规章制度，能够引导居民自觉遵守法律法规，增强

---

① 习近平. 决胜全面建成小康社会, 夺取新时代中国特色社会主义伟大胜利——在中国共产党第十九次全国代表大会上的报告[R/OL]. (2017-10-27)[2023-12-24]. http://www.gov.cn/zhuanti/2017/10/27/content_5234876.htm.
② 习近平在中央农村工作会议上强调：锚定建设农业强国目标, 切实抓好农业农村工作. [EB/OL]. (2022-12-24) [2023-12-24]. http://www.news.cn/politics/2022-12/24/c_1129230368.htm.

法律意识，从而维护社会的公平正义。文明乡风的推动也可以加强居民对法律权益的保护意识，增强维权意识，使法治在乡村得到更好的贯彻。

培育文明乡风是德治的基础，强调价值观、道德规范的传承。文明乡风的倡导有助于培养健康的社会风尚，推动居民形成自觉遵循公共道德的行为习惯，充分发挥德治在乡村治理中的柔性作用。

（三）培育文明乡风有利于加强农村精神文明建设

要实现乡村社会治理体系现代化，应结合乡村治理当前实践成果，充分发挥文化价值在乡村治理中的作用，探索乡村治理的伦理路径，使人民从创造更好的生活环境的物质层面上升到追求真理、善良、美丽的精神层面，在建设乡风文明过程中大力发展公共文化，丰富农民的娱乐生活，不仅适应了农民精神文化增长的需求，更满足了农民对美好生活的向往。

文明乡风倡导乡村居民遵守社会公德，注重道德观念和行为规范的培养。通过积极推进文明乡风建设，乡村居民能够更好地履行自己的社会责任，关注公共利益，积极参与公共事务，净化农村社会风气，共同营造向善向美的安全宜居乡村。同时，提升农民群众的科学文化素养，有助于培育更多有文化、懂技术、会经营的新型职业农民，促进农村产业现代化发展。

五、培育文明乡风的方式

文明乡风既是乡村文化建设的"软件工程"，又是乡村治理的"难点工程"，在培育过程中坚持和加强中国共产党的集中统一领导是我国乡村发展的特色，也是我国乡村治理最大的优势。坚持农民是建设主体，这是乡风文明建设的应有原则。从乡村的实际情况出发，用好农村各种传统文化资源。要始终尊重农民的文化需求和文化创造，着力塑造新时代农民的精神面貌。[①]

（一）引导乡风文明建设方向

乡风文明建设必须紧跟时代的需求和乡村振兴的需要，引导农民群众的思想观念和行为习惯逐步契合农村社会现代化发展的要求。[②]首先，要开展形势政策教育，有针对性地答疑解惑，增强信心，凝聚共识。其次，要发挥社会主义核心价值观的引领作用，以农民群众喜闻乐见的形式和通俗易懂的语言对社会主义核心价值观进行宣传推广，在农村形成知荣辱、讲正气、促和谐的良好风尚。再次，要办好科技文化知识学习活动，帮助农民提高科学文化素养，掌握实用技术。最后，要坚持不懈地进行普法教育，在农村形成"遵纪守法为荣、违法乱纪为耻"的良好法律环境。

（二）传承中华优秀传统文化

保护乡土文化的物质载体是传承优秀传统文化的首要保障，通过保护古镇、古城、古村落

[①] 李静，张兴宇. 以乡风文明建设助推乡村振兴[N]. 光明日报，2021-04-20(3).
[②] 张华伟. 乡风文明：乡村振兴之"魂"[N]. 学习时报，2018-09-14(3).

等具有历史风貌的乡村建筑，避免刻意宣传带来的"大拆大建"，进而破坏优秀传统文化。其次，要发扬民间文化和本土所发展的新文化。既要传承独特的文化风格和样式，又应当赋予其新的文化内涵，让优秀的民间文化焕发新的生机活力，并得到更好的传承。最后，要开展丰富多彩的节庆活动。充分利用各类传统节日，组织开展各种富有地方特色的文化活动，更好地传承传统文化，让节日更加充满人文情怀，让乡村成为更多情感的寄托载体。

（三）加强农村公共基础设施建设

第一，文化科技下乡应充分借助市场的力量，通过加大对公共基础设施建设的财政投入，推动农村民俗文化与各类创意产业结合性发展。第二，要开发适合现代人口的文化内容、呈现形式和推送方式，并充分考虑留守儿童、妇女和老人的多样化需求。第三，充分发挥自身资源优势，将乡风建设与乡村旅游和新兴产业发展相结合，打造具有本土特色的小镇和村舍，以便传播良好的乡风。第四，要消除陈规陋习，大力依靠群众制定和完善村规民约，为乡村产业发展营造良好的社会环境。

（四）确保乡风文明建设渠道的有效性

乡风文明建设的重任承担者应为县乡政府，积极领导、组织和协调公共文体服务则成为确保乡风文明建设渠道有效性的重要基石。在具体实施过程中，除了要坚持因地制宜的原则，政府根据地域的实际情况以及农民的实际需求推送乡风文明建设思想，为农民提供有针对性的文化服务外，还需坚持政府的供给手段从"单一化"转向"多元化"，支持和鼓励社会力量兴办农村公共文化事业。运用市场手段整合民间艺术资源，广泛动员农民参与，鼓励各地组建群众性文艺表演队伍，充分发挥各村文化能人和民间艺人的作用，实现"农民演给农民看"的目标，并将道德教化与文化艺术结合起来，使表演者和观众都能在其中得到教育。[①]

（五）倡导多元化路径的移风易俗

当前村规民约普遍呈现内容类化、缺乏特色的情况，并不能体现真实的具有本土特色的村情村貌，致使村规民约普遍存在难以记忆与宣传、村民的理解不到位、规约效力打折扣等问题，应当采取措施予以完善。同时，应当深挖具有代表性的乡贤事例，对家规家训进行整理和宣传，组织和评选道德模范，多途径凝聚道德力量。除此之外，还可开展星级文明户、文明家庭等群众性精神文明创建活动。

（六）完善乡风文明建设运行路径

第一，对于乡村文明建设的工作机制应从加强基层党建工作、提升基层党员素质和组织领导战斗力等诸多路径完成构建。第二，基层群众通过引导修订乡规民约、整治人居环境以及践行乡风文明等各类活动，成为真正参与并切实体会乡风建设的受益者。第三，探索"精

---

① 张华伟. 乡风文明：乡村振兴之"魂"[N]. 学习时报，2018-09-14(3).

神+物质"奖励双结合的激励机制,着重关注女性在乡风文明建设中的积极推动作用。第四,利用学校教育结合乡村文明建设,受力点在学生身上,让学生在价值观念树立期嵌入良好的乡风文明建设理念,更易形成以学生辐射家庭、以家庭辐射社会的良好氛围。

第四节 树立道德模范

一、道德模范概述

(一)道德模范的内涵

道德模范指那些在道德、行为和价值观方面非常优秀的人。他们的行为和决策往往符合社会普遍接受的道德标准,对他人产生积极的影响,促进社会的良好发展。道德模范的定义可以因文化、时代和社会背景而异,但通常具备诚实和正直、尊重和善待他人、公平和正义、助人和奉献等特质。

(二)新时代农村道德模范和"乡贤"的关系

在中国古代,乡村地区的道德模范被称为"乡贤",他们具有崇高道德、卓越才能,以及强烈的社会责任感,他们关心乡村民生,积极参与乡村事务,在中国古代的乡村社会中扮演着重要的角色。由此看来,新时代农村道德模范与古代"乡贤"都具有高尚的道德品质、社会责任感以及重要的影响力和示范作用,道德模范建设是对源远流长的"乡贤文化"的传承与创新。

自党的十八大以来,中国特色社会主义进入新时代,"新乡贤"成为政治学、社会学、经济学、历史学等不同学科领域所研究的焦点。从"新乡贤"的基本概念而言,目前学界有广义和狭义两个向度。从广义上讲,"新乡贤"指的是在基层民众广泛认同的基础上,能够为家乡经济文化建设提供各方面有益帮助的社会贤达人士,具有乐于助人、敦睦乡邻、无私奉献等高尚的道德品质。[1]从狭义上讲,"新乡贤"是指能达成乡亲们某种特定的价值期望,或能满足村民特定的利益需求,而受到父老乡亲发自内心的赏识、信托和敬重的人。由此可见,无论是广义还是狭义的"新乡贤",其内容均包含"乡村道德模范"。

(三)道德模范的典型事例

一方面,留乡新乡贤的作用应得到充分发挥。与传统乡贤相似,留乡新乡贤们都居住在乡村,其中有担任公职的,有经商致富的,有退休回乡的。特别需要重视这些留乡新乡贤的道德示范和引领作用,因为乡村治理常需要通过德治的方式,即借助道德规范和乡规民约等手段进行治理。留乡新乡贤的存在和行为对于培养乡村内的良好道德风尚至关重要,这种德治方式具有特殊的意义和价值。

---

[1] 董长瑞. 有的放矢:把农村思想道德建设落到实处[N]. 人民日报,2019-6-19.

另一方面，离乡新乡贤的作用也不容忽视。离乡新乡贤是指离开家乡但仍然关注和支持推动家乡经济社会发展的群体，这是因时代发展而产生的群体。其中有些离乡新乡贤即使身在乡外，也依然牵挂着故乡。他们拥有更广泛的职业范围和人脉，并获得了一定的成就。相比于留乡新乡贤，他们的资源更加丰富，充分发挥他们的作用，有利于吸引投资和招揽人才，促进乡村公益事业发展，也有助于培养农民群众的爱国爱家乡情感。具体如表7-1所示。

表 7-1 道德模范部分典型事例

所在乡镇	道德模范	个人事例	道德品质
宁夏韩闸村	冯娟荣	一名地地道道的农村妇女，每天日出而作、日落而息，像蜡烛一样燃烧自己，照亮接触过的每一个人。善人者，人亦善之。身处韩闸村韭菜产业基层一线，冯荣娟在收购韭菜时，一直秉持"诚信"。市价涨了，就高不就低；市价跌了，就按约定的保值价收购。生意之外，她团结邻里、乐善好施，赢得了乡亲们的信任和一致好评，就连隔壁村的村民都对她赞不绝口	诚实守信勤劳友善
湖南隆回县	张验明	隆回县公安局交通警察大队辅警。自2014年从事辅警工作以来，始终兢兢业业，坚守工作岗位，认真履行职责，全身心投入交通安全管理工作，全力保障城区道路交通的安全、畅通，因工作表现突出，被任命为辅警组长。8年来，无论骄阳"炙烤"下变"焦警"，还是风雨"倾盆"下变"浇警"，始终守护在群众身边，为群众安全出行保驾护航。2022年8月他坚守岗位指挥交通被晒成"黑包公"的形象被群众上传网络，感动百万网友，被抖音、隆回网、邵阳新闻网、《邵阳日报》、网易、光明网等平台多次报道	敬业
陕西火星庙村	张少伟	注重家风家教、孝敬父母、关爱子女、夫妻和睦。特别是其母亲已84岁高龄，并患有老年重度痴呆症十几年，还患有重度中风、脑梗等疾病，现已瘫痪在床，生活不能自理。在老人急需特殊照料的当下，他义不容辞地担起了养护母亲生活起居、一日三餐、求医用药、室内外环境卫生及母亲个人卫生、精神慰藉等方面的担子，同时把母亲照顾得无微不至。他在母亲患多种重病的情况下，能够守望相助、患难与共，得到了乡亲邻里的广为传颂	孝顺
四川梓潼县	黄仕伦	1978年2月出生，梓潼人生活网负责人、梓潼县新媒体联谊会会长。参加工作20年以来，先后组织并参与了文明实践、扶弱助残、扶危济困、安全进校园、疫情防控等学雷锋志愿服务活动1 000余次。积极组织社会各界人士参与社会公益活动，2022年8月召集900余名志愿者参加疫情防控，好评如潮。他利用自办的《梓潼人生活网》发布了600余条梓潼停水、停电、交通路况信息，制作宣传梓潼视频300余条，创作《大美梓潼》被转发超1.2万人次，累计播放量突破50万。他多次发起帮助贫困病人，组织网络人士进行网上捐赠；积极开展乡村振兴电商培训，提升乡村干部、农业特色大户创业就业素质和能力。2018年荣获绵阳党外知识分子及新的社会阶层人士同心服务活动先进个人	助人为乐

二、树立道德模范的价值

（一）道德模范生于斯长于斯，树立道德模范利于被学习

1. 可学习性

道德模范源自乡土，回馈乡亲。他们在乡民邻里间的崇高威望和良好声誉，对乡民产生了可供效仿的模范作用。道德模范的品质是具有现实影响的，因为他们源于群众，属于群众。模范之所以为模范，是因为他们是通过社会实践积累了道德经验，习得了行为技能。评选道德模范，树立典型榜样，褒奖基层涌现的"凡人善举"，表彰群众身边可见、可摸、可学的"平民英雄"，能够强有力地引领村民们从自身做起，从当下开始，从日常小事着手，引领村民们见贤思齐，积极追求进步和优秀，让道德模范人物成为大家争相学习的榜样。在伟大的时代，崇高的精神是必不可少的支撑；伟大的事业，同样也需要榜样的力量来引领。典型人物是一面引领风尚的旗帜，道德模范则是一座精神丰碑。道德模范作为群众推选出来的身边榜样，对公民道德建设最具有说服力和影响力。他们的事迹和精神是形成良好社会风尚的重要推动力量，是社会主义公民道德建设的生动实践。[①]通过他们的引领和示范，更好地推进乡村道德建设，提升村民的道德素质和社会责任感，为乡村振兴事业提供坚实的支撑。

2. 亲近性

以模范人物或模范群体为价值载体的榜样教育，具有弘扬正气的使命。与传统的说教式、灌输式德育相比，道德模范教育能够将抽象的道德规范形象化、人格化，从而生动地、鲜活地展示出道德模范的言行举止，激发人们内心的情感共鸣，并激励他们效仿，更加贴近引导、教育人们的思想政治教育需求。也就是说，和其他的德育形式相比，榜样教育能更容易地唤起人们内心深处的感情、理想和自我实现的需要，在新时代具有巨大的社会优势和文化优势。它以高尚的品格塑造人、以优秀的事迹感染人、以先进的价值指引人、以远大的理想激励人为目的，有机统一了教育的目标、内容与人的自我实现的需要。

（二）乡村为伦理共同体，道德模范可增强乡村凝聚力

1. 凝聚价值共识

改革开放40多年来，乡村道德的变革与进步构成了乡村道德发展的主流，但也应看到，乡村社会逐渐显露出道德权威力量弱化、村庄共同体凝聚力不足、人际信任度下降等诸多问题。就价值共识凝聚困境来讲，树立道德模范是一条可选之路，道德模范的树立意味着社区共同选择推崇积极的价值观和行为准则。道德模范的行为和品质通常符合社区的共同价值观，代表社区所认同的道德准则。道德模范的存在和认可在社区内形成了一种积极的社会范式，这种范式代表社区所倡导的价值观和道德标准。因此，社区成员更容易在这些共同的价值观和行为准则上达成共识，从而增强社区的凝聚力和稳定性。结合上文所述的乡村伦理共同体特质，树立道德模范有利于更好地发挥道德"水波式"感染力，促进乡村德治体系的构建。

---

① 曾长秋，李盼强. 树立道德模范人物与提升公民道德价值观[J]. 中州学刊，2012，(3): 33-36.

2. 凝聚情感共识

道德模范往往因其积极的品德和行为受到大家的认可和尊重。村民们会因为这些模范人物的努力、奉献和正面影响而产生情感共鸣。一方面，道德模范的行为会成为整个村庄的荣誉，村民会为有这样的人物存在而感到自豪。这种自豪感会在情感上联系村民，认为村庄的声誉和荣誉也代表自己的一部分，从而强化他们对村庄的认同感。另一方面，这种情感共同体的感觉会使村庄的成员更加团结，感受到共同的目标和价值。值得一提的是，当村庄面临困难或挑战时，道德模范的行为和品德可以成为一种精神支持，大家通过分享其正面故事来互相激励，鼓舞大家共同克服困难，增强凝聚力。

道德模范的存在和认可会在情感上拉近村民之间的距离，让他们感受到彼此的联系和共同的情感纽带。这种情感共鸣和共同体的感觉有助于加强村庄内部的凝聚力，让村民更加团结一致地追求共同的目标和价值观，充分发挥人民群众在乡村振兴中的主体作用，助力乡村振兴战略持续落地推进。

三、树立道德模范的方式

（一）培养阶段

1. 发挥党建引领作用

党的农村基层组织要加强和改进农村思想政治工作，宣传党组织和党员先进事迹，发挥农村优秀老党员、老干部在乡风文明建设中的道德模范作用，传承真善美的价值观，传播正能量，更要发挥基层党员干部作为乡风文明建设重要参与者的作用。通过发挥农村党建志愿者等人才资源优势，定期开展基层党员主题文化教育，采用党员到户、党员积分制等形式，调动村民参与乡风文明建设的热情，引导群众崇德向善、尽善尽美，争做道德模范。

2. 加强农民道德教育

在农村大力推进社会公德、职业道德、家庭美德、个人品德建设，开展时代楷模、道德模范、最美人物、身边好人等学习实践活动，运用爱国主义教育基地开展鲜活的道德教育，更好地成风化俗、涵育美德。同时，要加强农村青少年思想道德教育，坚持培育正确的道德认知、自觉的道德养成，培养好思想、好品行、好习惯。

3. 加强农村公共文化建设

《中华人民共和国国民经济和社会发展第十四个五年规划和2035年远景目标纲要》指出："优化城乡文化资源配置，推进城乡公共文化服务体系一体建设。"[1]基于此，应当大力修建乡村文化设施，在农村地区兴建图书馆、文化馆、社区文化中心等文化设施，为居民提供文化娱乐、学习、交流的场所，满足多样化的文化需求。同时，推广数字文化，提供数字化的图书、音视频资源，建设数字文化平台，让农村居民通过互联网获取文化信息和学习资源。

---

[1] 十三届全国人民代表大会第四次会议. 中华人民共和国国民经济和社会发展第十四个五年规划和 2035 年远景目标纲要. [EB/OL]. (2021-03-13)[2023-12-24]. http: //www. gov. cn/xinwen/2021/03/13/content_5592681. htm.?eqid=d001748.

（二）挖掘阶段

1. 了解当地文化，深入实施道德建设工程

组织评选道德模范、爱心人士等新乡贤，用乡贤文化凝聚道德力量。广泛开展星级文明户、文明家庭等人民喜闻乐见的精神文明创建活动，让广大村民积极主动地投身于乡村振兴事业。在提高广大农民的积极性、主动性和创造性方面，有许多可行的举措。《农民日报》等针对农村的报纸和杂志应不断提高质量，致力于为"三农"服务，并设立专门的道德模范栏目，挖掘和宣扬农村的道德典范。此外，中央人民广播电台和中央电视台可以增加"三农"相关的节目并延长播出时段，借助自身关注度和影响力让更多的人了解并参与到农村道德建设工程中来。农业大省的省级党报可以开设农村版，电台和电视台也可以设立农村频率和频道。如果条件允许，市级党报以及市、县级广播电台和电视台也可以开设针对基层和"三农"服务的栏目或频道，并加大对道德模范的挖掘力度。

2. 注重典型示范，注重发挥模范的榜样作用

适时推出一批新时代农民的先进模范人物，让农民群众学有榜样、赶有目标，深化学雷锋志愿服务活动。大力弘扬雷锋精神，广泛开展形式多样的学雷锋实践活动，采取措施推动学雷锋活动常态化，号召党员、干部要做培育和践行社会主义核心价值观的模范，发挥党员先锋模范作用。

（三）宣传阶段

1. 深入宣传精神

结合社会主义核心价值观弘扬道德模范作用，实现一次宣传，两方到位。引导公众从社会主义核心价值观的角度去思考和欣赏道德模范的行为。强调道德模范行为是社会主义核心价值观的生动实践，与广大人民的价值追求紧密联系，从而引发人们的价值共鸣。

2. 多渠道宣传

组织当地媒体以公益广告、报刊等多种渠道进行道德模范事迹宣传，举办"道德模范"展播活动。该活动可以以道德模范个人事迹为选题，进行规划和内容建设，并将农村题材纳入舞台艺术生产、电影和电视剧制作、各类书刊和音像制品出版计划，确保农村题材的文艺作品在出品总量中占据一定的分量，更好地宣传和弘扬道德模范的事迹和精神。

3. 多场景弘扬

大力推进道德模范"进学校，进工厂，进社区"工程。在学校开展道德教育，用道德模范的实践经验为广大青少年树立良好的价值观，一定要让青少年人生的扣子从一开始就扣好。同时，通过工厂内刊、员工培训等途径，宣传道德模范的事迹，激励员工在工作和生活中践行社会主义核心价值观。在社区组织志愿者活动、文化节庆典等多种社区活动时，将道德模范的事迹融入其中，让居民亲身感受到榜样的影响，增强道德模范宣传实效。

第五节　加强农村文化建设

一、农村文化建设概述

文化是一种生态共同体，蕴含着精神价值和生活方式。它通过积累和引导，创建集体人格。文化是人类生活的反映、活动的记录、历史的沉淀，是一种时间的"积累"，通过"引导"而移风易俗。在这个动态过程中，渐渐积淀成一种"集体人格"。当文化——沉淀为集体人格时，它也就凝聚成了民族的灵魂。

农村文化指的是与城市文化相对应的一种特殊的文化存在形态。它源于农耕文明，以地缘和血缘关系为纽带，以传统社会伦理为秩序的乡村社会，并经过长期发展，逐渐形成一套以乡规民约、生活信仰、传统习俗和社会禁忌等非正式制度为基础的独特文化模式。

从广义上看，农村文化主要指的是乡村村民在长期的生产实践中创造的精神财富与物质财富的总和。从狭义上来说，乡村文化是乡村精神文明建设的重要内涵之一，在一定程度上反映了村民长期以来在乡村社会实践中所产生的具体认知与思维理念，是一种更深层次的心理反映，是最能代表农民生活和理念的文化，是最能体现乡村特征的文化。

二、农村文化建设的内容

农村文化根据不同的文化类型分为乡村物质文化和乡村非物质文化两个大类。

（一）物质文化建设

农村物质文化是指为了满足乡村生存和发展所创造出来的物质产品所表现出来的文化。物质类文化包括自然环境、空间肌理、乡村建筑、生产工具等。农村物质文化建设的重要内容之一则是推进农村文化的建设，涉及基础设施建设，包括道路、桥梁、水利设施、电力设施等基础设施的规划、建设和维护；住房改善，包括提高农民的居住条件；农村环境治理，注意改善农村的环境质量，包括水污染治理、垃圾处理、土地保护等，以及农村教育设施、卫生和医疗设施。

（二）非物质文化建设

乡村非物质文化是指历史上人类在乡村实践过程中所创造的各种精神文化，包括节庆民俗、传统工艺、民间艺术、民间武术、村规民约、宗族观念、宗教信仰、道德观念、审美观念、价值观念以及古朴闲适的村落氛围等。非物质文化建设是推进农村文化建设的重中之重。通过记录、传承、培训、推广等方式，确保珍贵的文化元素能够代代相传，为乡村振兴和发展提供内在动力。

三、加强农村文化建设的价值

在党的二十大报告中,习近平总书记对推进文化自信自强作出了重要部署,强调要"繁荣发展文化事业和文化产业"①。文化事业和文化产业的繁荣发展是满足人民精神文化需求、增强人民精神力量、建设中华民族共有精神家园的基本途径。农村地区的文化建设对于新时代"三农"工作至关重要,也是全面实现乡村振兴的核心。

(一)加强农村文化建设是实施乡村振兴战略的应有之义

2017年12月,习近平总书记在江苏徐州市考察时指出:"农村精神文明建设很重要,物质变精神、精神变物质是辩证法的观点,实施乡村振兴战略要物质文明和精神文明一起抓,特别要注重提升农民精神风貌。"②民族要复兴,乡村必振兴,乡村要振兴,文化必先兴。必须以乡村文化振兴为抓手,方能更好更高效地推动农村政治、经济、社会和生态的发展,推进乡村振兴战略的实施。

(二)加强农村文化建设是改善基层治理环境的关键举措

推进农村文化建设有助于传承和弘扬地方特色的价值观、信仰体系和社会道德规范,为基层农村地区形成共同的价值观念和社会共识,进而促进社会和谐和稳定。同时,农村文化建设不仅仅是物质文化建设的补充,还包括精神文明的建设。通过开展文化活动、宣传教育等方式,营造更加积极向上的社会氛围,有助于提高基层村民的文化素养、精神追求以及法治意识,增强社会文明程度,从而改善基层治理的环境。③

(三)加强农村文化建设是实现文化强国的重要一步

习近平总书记在党的二十大报告中指出:"全面建设社会主义现代化国家,必须坚持中国特色社会主义文化发展道路,增强文化自信,围绕举旗帜、聚民心、育新人、兴文化、展形象,建设社会主义文化强国。"④文化兴国运兴,文化强民族强。在实现第二个百年奋斗目标大背景下,文化强国战略是全球化进程中国家文化软实力的集成式体现。建设社会主义文化强国,短板在乡村,乡村文化振兴,是文化强国建设的重要维度。

---

① 习近平. 高举中国特色社会主义伟大旗帜,为全面建设社会主义现代化国家而团结奋斗——在中国共产党第二十次全国代表大会上的报告[R/OL]. (2022-10-25)[2023-12-24]. http: //www. gov. cn/xinwen/2022/10/25/ content_5721685. htm.
② 习近平在江苏徐州考察强调紧扣新时代要求推动改革发展[Z/OL]. (2017-12-14)[2023-12-24]. http: //www. gov. cn/xinwen/2017/12/14/content_5246749. htm. ?eqid=e73406bc00022e1200000004645b4b5d.
③ 韩美群,杨威. 新知新觉:充分发挥文化在乡村振兴中的作用[N]. 人民日报,2020-11-18.
④ 习近平. 高举中国特色社会主义伟大旗帜,为全面建设社会主义现代化国家而团结奋斗——在中国共产党第二十次全国代表大会上的报告[R/OL]. (2022-10-25)[2023-12-24]. http: //www. gov. cn/xinwen/ 2022/10/25/ content_5721685. htm.

四、农村文化建设的瓶颈

（一）农村空心化，建设的投入与产出失调

在城镇化不断推进的过程中，农村受到最显著的影响之一就是农村人口的流动速度加快，导致农村地区出现严重的空心化现象。中国农村地区外出务工的主力群体的流动往往导致农村地区的文化建设出现空心化现象。这种现象使得乡村公共文化设施的受益人口范围显著缩小，文化建设投入与文化服务受益度之间的关系失衡，这也是当前中国农村地区文化建设所面临的主要挑战之一。具体而言，文化建设的投入远远超出了其实际产出，这不仅加大了公共文化建设的平均成本，而且由于农村地区的人口密度相对较低，许多公共文化设施出现闲置与浪费现象。例如，许多乡镇的农民书屋和农村文化活动室常常长期处于闲置状态，这进一步造成了资源浪费。此外，由于农村地区文化公共服务的受益主体相对不足，降低了公共文化服务项目建设的效率，也对各级政府和社会组织积极参与公共文化工程建设产生了一定的负面影响。这些现象表明，农村地区需要更加有效地整合文化资源，达到文化建设投入与产出之间的平衡。

（二）文化边缘化，基层领导干部意识不到位

长期以来，受"发展主义"和以 GDP 为主要政绩考核标准等因素影响，县乡地方政府将主要精力放在发展经济上，文化建设并没有得到重视。在以经济发展为导向的情况下，部分基层领导干部更倾向于追求短期能够见效的经济项目，而忽视了文化建设，文化建设在一些地区处于边缘位置。[①]同时，部分基层干部缺乏对文化的综合认识，认为文化建设仅仅是策划一些文艺演出、传统节日等活动，而没有深刻理解文化建设涵盖的文化产业发展、非物质文化遗产保护、乡村旅游等更广泛的领域。由此看来，基层领导干部认识不到位是加强文化建设时必须解决的问题。

五、加强农村文化建设的方式

新时代农村文化建设工作面临着文化建设投入和文化服务产出不协调、基层领导干部文化建设认识不到位等现实困境，亟须进一步加强对农村文化建设工作的完善和乡村振兴战略下文化建设的审思，在合理优化农村公共文化资源的基础上，探索农村文化建设的策略，构建农村文化建设新体系。

（一）加强党对农村文化建设的领导

1. 基层党组织加强思想阵地建设

深入推进农村思想政治工作，开展学习贯彻习近平新时代中国特色社会主义思想主题教

---

① 李祖佩. 村庄空心化背景下的农村文化建设：困境与出路——以湖北省空心村为分析对象[J]. 中州学刊, 2013(6): 74.

育，弘扬社会主义核心价值观，积极宣传强农、惠农、富农政策，增强农村干部和群众的政治觉悟和使命感，激发基层干部和居民的积极性和创造力，巩固党的基层组织的领导地位，保证党对农村文化建设的政治、思想领导。

2. 基层领导干部重视农村文化建设

各级党委和政府对加强农村文化建设负有重要责任。应将农村文化建设列入各级党委和政府的重要议事日程，以确保各项农村文化建设目标任务得到切实履行。同时，应建立完善的评价机制，将为农村农民服务的文化单位工作纳入重要考核标准。推进农村文化建设的法治化、规范化和制度化，以确保工作的有序进行。

（二）回归农民在文化建设中的主体位置

农民是乡村文化的创造者，也是乡村文化的传承者和受益者。推动乡村文化振兴，一方面要强化农民的集体意识、主人翁意识，树立乡村文化建设来自人民、依靠人民、为了人民、服务人民的鲜明导向。另一方面，应当培育挖掘乡土文化的本土人才，支持乡村民间文化团体开展符合乡村特点的文化活动，加快乡村文化振兴。全面激发以农民群众为主体的全社会参与热情，提高农村文化造血功能。

（三）处理好发展好农村现有文化

1. 继承优秀文化，焕发时代生机

我国在文化发展方面应坚守和发展马克思主义的主导方向，以马克思主义为指导原则。中国农村文化既有智慧、高雅的一面，也存在低俗、愚昧的一面。因此，我们对待农村文化必须坚持全面发展的观点，对于优秀的乡村传统文化，重视对其的保护、传承和弘扬。在与现代社会对接时，注重借助现代化的手段，如数字化技术、互联网平台，将这些传统文化与时代发展相结合，让农村现有文化焕发出时代生机。

2. 结合地方特色，打造独有文化

在传统文化的继承和发展中，突出强调地方特色。通过实地调研，深入了解当地的历史、风俗、习惯、宗教等特色，加强对农村丰富的民族民间文化资源进行系统性挖掘、整理和保护。同时，授予那些承载着传统技艺、造诣精湛的民间艺人以"民间工艺大师""民间艺术大师"等荣誉称号，激发人民群众传承传统文化的热情。实施特色文化品牌战略，培育一批具有地方特色的文化名镇、名村、名园、名人、名品，彰显当地独特的文化元素，以展现其特殊性。

（四）加强乡村文化供给体系建设

1. 整合文化设施，增加资源总量

坚持以政府为主导，以乡镇为依托，以村为重点，以农户为对象，发展县、乡镇、村文化设施和文化活动场所，加大农村公共文化设施建设力度，打通农村公共文化服务"最后一公里"，构建完整的公共文化服务体系。如每个行政村建设图书室、阅报室、棋牌室、黑板报以及群众性文化体育娱乐活动中心，有条件的行政村建设村史馆或村博物馆、村广播、村数字电影院、美丽乡村文化院坝。实现县有文化馆、图书馆，乡镇有综合文化站，行政村有文化活动室，妥善分配农村重要公共文化资源，逐步增加为农村服务的资源总量，为乡村文化建设打下坚实的物质基础。

2. 培养文化人才，造就优秀队伍

习近平总书记在党的二十大报告中强调："人才是最宝贵的资本。"[①]要提升农村文化建设的质量，必须依赖一批有广泛影响力的文化领域杰出人士，以及一支结构合理、布局科学、素质卓越的文化专业队伍。要实现这一目标，应当逐步提升文化队伍人员的综合水平。同时，坚持依法行政，实行从业资格制度，以确保农村文化事业单位的从业人员具备必要的资质。通过财政补贴、颁发荣誉称号等多种形式激发专业艺术从业者的积极性，鼓励社会力量参与到农村文化队伍的教育和培训中来，相互交流、融合发展。此外，积极培养农村文化骨干力量，充分发挥民间艺人和文化领域的精英在活跃农村文化生活、传承和促进民族民间文化发展方面的作用，巩固农村文化建设的群众基础。

3. 完善政策法规，提供制度保障

对于需要加以规范和引导的，如文化产业扶持、非物质文化遗产保护、文化设施建设等方面，政府可因地制宜出台明确的政策法规，鼓励各方积极参与文化建设，为乡村文化供给体系的建设提供法律依据。健全乡村文化供给体系，保障乡村文化的多样性、持续性和高质量发展，使农村文化建设成为乡村振兴的重要支撑。

【延伸阅读】

1. 请阅读 2013 年中共中央办公厅印发的《关于培育和践行社会主义核心价值观的意见》（中办发〔2013〕24 号）文件。
2. 请阅读杨旭东 2019 年发表的论文《新时期农村移风易俗的历史观照与现实思》。
3. 请阅读谢龙阁 2022 年发表的论文《价值、困境与对策：乡村振兴视域下农村文化建设》。

【思考题】

1. 乡村德治的内涵是什么？
2. 乡村德治的功能有哪些？
3. 如何理解社会主义核心价值观的本质？
4. 弘扬社会主义核心价值观的原则有哪些？
5. 如何理解培育文明乡风的价值？

---

① 习近平. 高举中国特色社会主义伟大旗帜，为全面建设社会主义现代化国家而团结奋斗——在中国共产党第二十次全国代表大会上的报告[R/OL]. (2022-10-25)[2023-12-24]. http://www.gov.cn/xinwen/2022-10/25/content_5721685.htm.

6. 如何树立道德模范？
7. 如何加强农村文化建设？

【案例分析】

案情：俗话说，久病床前无孝子。但宝坪镇枣树村方兰春，十六年如一日悉心照顾瘫痪母亲，用实际行动生动诠释了"久病床前真孝子"。

2006年，对方兰春家庭来说，可谓祸不单行。父亲因病去世，母亲瘫痪卧床不起。面对接二连三的打击，方兰春并没有倒下去，她用自己瘦弱的身躯，坚强地撑起摇摇欲坠的家庭。在母亲瘫痪在床期间，她一边经营家庭大小事务，一边亲自照料母亲饮食起居。自学康复按摩手法，坚持每天给母亲按摩。或许是孝感动天，十几年的辛勤付出让奇迹不断发生，母亲的腰部和腿部慢慢有了知觉，进而能在床上自主活动，现在能在儿子的搀扶下缓慢行走。

在方兰春的言传身教和严肃家规的影响下，孩子们也很优秀，以优异的成绩考上了理想的大学，找到了稳定的工作。如今，也像母亲一样孝敬父母和长辈。方兰春一家自强不息、孝老爱亲的事迹得到当地群众的交口称赞，争相学习她们孝老爱亲、严于教子、勤俭持家、踏实能干的好家风，乡风民风为之一新。

问题：试分析此案运用的是何种乡村德治方式？有何现实意义？

分析：（一）本案例采取的是弘扬社会主义核心价值观念、树立道德模范、培育文明乡风相结合的方式进行乡村德治。树立典型，引领优良家风。此社区深入挖掘典型的优良家风故事，宣传家风事迹，让更多人看到、听到、学到身边的良好家风。发动广大党员干部主动带头，以身作则，培育和树立良好的家风，将亲情之孝延伸为关爱他人、奉献社会的大孝大爱，做孝老爱亲的倡导者、文明乡风的推动者。以"家"为单位弘扬传统美德，营造文明健康、向善向上的社会环境。

（二）现实意义：习近平总书记高度重视家庭在基层社会治理中的作用，强调"不论时代发生多大变化，不论生活格局发生多大变化，我们都要重视家庭建设，注重家庭、注重家教、注重家风""使千千万万个家庭成为国家发展、民族进步、社会和谐的重要基点"。家庭是社会的细胞，是基层社会治理的重要基础。加强和创新基层社会治理，可以把家教家风作为重要抓手，充分发挥其涵养道德、厚植文化、润泽心灵的作用，营造出良好的社会风尚。

第八章

乡村法治体系

内容摘要： 本章主要介绍乡村法治体系的基本内容，以习近平新时代中国特色社会主义思想为指导，按照实施乡村振兴战略的总体要求，加强党对法治乡村建设的领导，健全党组织领导的自治、法治、德治相结合的乡村治理体系，涵盖法治乡村、平安乡村建设总体要求、主要任务[①]，乡村矛盾纠纷调处化解，基层小微权力腐败惩治和农村法律服务等基本内容。

学习目标与要求： 掌握乡村法治体系，法治乡村、平安乡村建设的指导思想、基本原则和主要任务，了解乡村矛盾纠纷调处化解途径、基层小微权力腐败惩治和农村法律服务的基本内容。

第一节 乡村法治概述

一、乡村法治的基本含义

依法治国是广大人民群众在党的领导下，依照宪法和法律规定，通过各种途径和形式管理国家事务，管理经济文化事业，管理社会事务，保证国家各项工作都依法进行，逐步实现社会主义民主的制度化、法律化。[②]在中国乡村实现法治是建设社会主义法治国家的基础，乡村法治是推进全面依法治国的重要环节。

2018年《中共中央国务院关于实施乡村振兴战略的意见》[③]和《乡村振兴战略规划（2018—2022年）》[④]明确提出了建设法治乡村的重大任务。2021年4月26日，农业农村部印发《关于全面推进农业农村法治建设的意见》，明确到2025年农业农村法治建设的总体目标，并从完善农业农村法律规范体系、提高农业执法监管能力、提升农业农村普法实效、依法全面履行职能、强化农业农村部门依法治理能力等五个方面，提出了强化重点领域立法、严格规范性文件合法性审核等十五项重点举措。[⑤]

乡村法治是指在维护国家法治统一的前提下，充分运用法律手段管理乡村的各项事务，以保障农业经济的持续发展和广大农民的正当利益，进而为农村的改革、发展和稳定提供强

[①] 中央全面依法治国委员会印发的《关于加强法治乡村建设的意见》[OL]. (2020-03-25)[2023-12-22]. http://www.moj.gov.cn/pub/sfbgw/qmyfzg/202003/t20200325_150392.html.
[②] 江泽民. 在中国共产党第十五次全国代表大会上的报告[M]. 北京：人民出版社，1997.
[③] 中共中央 国务院印发《中共中央国务院关于实施乡村振兴战略的意见》[OL]. (2018-02-04)[2023-12-22]http://www.gov.cn/xinwen/2018-02/04/content_5263807.htm.
[④] 中共中央、国务院印发《乡村振兴战略规划(2018－2022年)》[OL]. (2018-09-26)[2023-12-22]. http://www.moa.gov.cn/ztzl/xczx/xczxzlgh/.
[⑤] 农业农村部印发《农业农村部〈关于全面推进农业农村法治建设的意见〉全面推进农业农村法治建设》[OL]. (2021-04-27)[2023-12-22]. http://www.moa.gov.cn/xw/zwdt/202104/t20210427_6366789.htm.

有力法律保障的社会主义法治。[①]

二、乡村法治建设的现实意义

乡村法治建设为实施乡村振兴战略提供了重要支撑。乡村法治建设将乡村振兴的重大决策部署转化为法律规范，为乡村治理提供了重要的法治保障，有利于在乡村治理中运用法治思维和法治方式全面推进乡村振兴，充分发挥法治在我国农业农村高质量发展方面的保障作用。

乡村法治建设为推进全面依法治国提供了有力保障。我国社会主义制度保证了人民当家作主的主体地位，也保证了人民在全面推进依法治国中的主体地位。[②]乡村法治建设充分调动广大人民群众投身依法治国实践的积极性和主动性，使全体人民都成为社会主义法治的忠实崇尚者、自觉遵守者、坚定捍卫者，使尊法、信法、守法、用法、护法成为全体人民的共同追求。[③]

第二节　法治乡村建设

一、法治乡村建设的总体要求

（一）指导思想

法治乡村建设以习近平新时代中国特色社会主义思想为指导，紧紧围绕统筹推进"五位一体"总体布局和协调推进"四个全面"战略布局，按照乡村振兴战略总体实施要求，加强党对法治乡村建设工作的领导，健全党组织领导下的自治、法治、德治相结合的乡村治理体系，着力推进乡村依法治理，教育引导广大农村干部群众办事依法、自觉守法、遇事找法、解决问题化解矛盾靠法，走出一条符合中国国情、体现新时代特征的中国特色社会主义法治乡村之路，为全面依法治国奠定坚实基础。

（二）基本原则

坚持党的领导。坚持和加强党对法治乡村建设的领导，夯实农村基层党组织领导地位，通过强化农村基层党组织建设以充分发挥其战斗堡垒和先锋模范作用，确保法治乡村建设始终沿着正确方向发展。

坚持以人民为中心。坚持人民群众在法治乡村建设中的主体地位，切实保障过程群众参与、效果群众评判、成果群众共享，始终牢记法治乡村建设为了群众、依靠群众、服务群众，

---

① 孟庆瑜. 农村法治的运行机制探讨[J]. 国家行政学院学报, 2006(1): 72-75.
② 习近平. 习近平法治思想学习纲要[N]. 人民日报, 2019-08-01(6).
③ 习近平. 论坚持全面依法治国[M]. 北京: 中央文献出版社, 2020: 107-108.

不断增强人民群众参与法治乡村建设的获得感、幸福感和安全感。

坚持法治与自治、德治相结合。正确把握法治、自治和德治的辩证关系，以自治增强活力、以法治强化保障、以德治弘扬正气，促进法治与自治、德治相辅相成、相得益彰。

坚持从实际出发。根据乡村人口结构、经济状况、自然环境和风土人情等不同情况，因地制宜开展法治乡村建设，勇于探索创新，注重工作实效。

（三）主要目标

到 2035 年，乡村法治可信赖、权利有保障、义务必履行、道德得遵守，乡风文明达到新高度，乡村社会和谐稳定，乡村治理体系和治理能力基本实现现代化，法治乡村基本建成。

二、法治乡村建设主要任务

（一）完善涉农领域立法

对于在全面推进乡村振兴战略过程中出现的新情况、新问题，首先需要健全完善涉农法律法规。重点就农民权益维护、规范市场运行、农业支持保护、农村生态环境治理等方面加强制度建设，充分发挥法律的引领、规范、保障和推动作用。具体而言，要进一步保障和实现农民基本权益并完善多元纠纷解决机制，使农民在权益受到侵害时能够得到及时、公正的救济。要进一步规范农业市场运行秩序，促进农业产业升级和结构调整，推动农业现代化建设。要进一步建立强有力的政策支持和资金保障，并制定相应的实施细则和监督机制，以促进农业的平稳发展和农民的稳定增收。要进一步明确政府和农民在生态环境治理中的责任和义务，鼓励和支持绿色农业和循环经济的发展，实现农业可持续发展。

其次，通过开展涉农法律法规规章的立法后评估工作，提高农业农村领域立法的科学性和民主性，确保相关法律法规规章能够有效落地。同时，结合相关法律法规规章施行情况，制定出台涉农法律法规规章配套制度措施，使法律法规规章更加贴近农业农村领域的实际需求，提高其可操作性和实施效果。对于不适应改革要求的法律法规规章，要及时修改或废止，确保其能够始终满足农业农村领域的发展需求，为农业农村领域的可持续发展提供坚实的法治保障。

（二）规范涉农行政执法

全面深化农村基层行政执法体制改革是推进法治乡村建设的必然要求。首先，要强化基层执法队伍素质建设，确保基层执法队伍具备扎实的法律知识、良好的职业道德和完备的执法技能。合理配置执法力量资源，推动执法力量向基层倾斜，以更好地关注和解决基层社会问题，推动法治乡村建设的进程。

其次，规范农村基层行政执法工作，严格按照法定职责和权限执法，避免执法越位、缺位和错位现象的发生，保障行政相对人的合法权益。同时，加强对执法工作监督，健全执法工作投诉举报处理机制和行政处罚裁量基准制度，进一步落实行政执法公示制度、执法全过程记录制度、重大执法决定法制审核制度,通过完备的制度建设和高效的制度实施,多管齐下提高执法的透明度和公正性,切实做到有权必有责、用权受监督、违法必追究、侵权须赔偿。

最后,加强基层行政执法人员业务培训,严格实施行政执法人员持证上岗和资格管理制度,保证执法人员的专业性和合法性。健全农产品质量安全村级协管员队伍,推进网格化监管,保障农产品质量安全监管"最后一公里"不落位,推动乡村治理能力的进一步提升。

(三)强化乡村司法保障

法治乡村建设离不开司法保障。首先,要完善司法为民便、民利措施,通过加强人民法庭建设,完善人民法庭巡回审理制度,合理设置巡回办案点和诉讼服务点,做好巡回审判工作,最大限度减少群众特别是边远农牧区群众的诉讼之累。

其次,依法妥善办理重点领域涉农纠纷案件,完善审判机关、检察机关、公安机关协作分工机制。依法打击和处理破坏农村生态环境、侵占农村集体资产、侵犯农民土地承包经营权等违法犯罪行为,惩治破坏农村经济秩序犯罪,严厉打击农村黑恶势力及其"保护伞"、邪教组织,坚决把受过刑事处罚、"村霸"和存在涉黑涉恶涉邪教等问题的人清理出村干部队伍,打击收买外籍妇女为妻、非法收养儿童、"黄赌毒"违法犯罪活动。

最后,加大涉农案件执行和对执行活动法律监督力度,推进困难群众执行救助体系建设,及时维护农民正当权益。完善对经济困难的当事人缓、减、免交诉讼费的具体条件与标准。加大刑事司法救助力度,对生活困难的被害人及其近亲属依法及时给予司法救助。加强涉农民事、行政、刑事案件的法律监督工作,确保法律正确统一实施。加大涉农公益诉讼案件办理力度,督促相关行政机关依法履行职责。结合民族地区实际需求,进一步加强双语法官、检察官、律师及法律服务工作者等队伍建设,保障各族群众的诉讼权利。

(四)加强乡村法治宣传教育

法治宣传是乡村法治建设的重要一环。首先,在宣传内容上要以习近平总书记关于全面依法治国重要论述和贴近群众生产生活的法律法规为重点。在宣传主体方面落实"谁执法谁普法"普法责任制,紧紧围绕防范化解重大风险、精准脱贫、污染防治三大攻坚任务,加大以案普法、以案释法和案例指导力度。

其次,在宣传途径上,要积极利用乡村已有公共文化设施,推进法治广场、长廊、院坝等农村法治文化阵地建设。统筹运用基层法治宣传阵地、乡镇成人文化技术学校(社区教育机构)、农村文化礼堂、农家书屋,为群众搭建有效学法平台。充分利用"12·4"国家宪法日、宪法宣传周、中国农民丰收节等时间节点和农贸会、庙会、各类集市等,组织开展法治宣传教育活动和群众性法治文化活动。

最后,在宣传侧重点上,要加强对村"两委"班子成员、村务监督委员会委员法治培训,提高基层干部运用法治思维和法治方式深化改革、推动发展、化解矛盾、维护稳定、应对风险的能力。实施农村"法律明白人"培养工程,重点培育一批以村"两委"班子成员、人民调解员、网格员、村民小组长等为重点的"法治带头人"。

（五）完善乡村公共法律服务

普惠优质高效的公共法律服务是人民群众看得见、摸得着的法治实践。因此，首先要健全乡村公共法律服务体系，将 12348 公共法律服务热线、中国法律服务网、公共法律服务工作站（室）三大平台打造综合性、一站式服务型窗口。落实"一村一法律顾问"制度，规范服务内容，创新服务方式，强化工作保障，充分发挥基层法律服务工作者在提供公共法律服务、促进乡村治理方面的作用。

其次，要加强涉农法律援助工作，逐步将与农民生产生活紧密相关的事项纳入法律援助补充事项范围。鼓励公证、司法鉴定、仲裁等法律服务主动向农村延伸。推动村（社区）公共法律服务工作室与村（居）法律顾问工作有效衔接，形成"镇有工作站、村居有联络点"的农村援助网络，实现法律援助的服务标准化、规范化。

（六）健全乡村矛盾纠纷化解和平安建设机制

坚持和发展新时代"枫桥经验"，加强诉源治理，畅通和规范群众诉求表达、利益协调、权益保障通道，完善社会矛盾多元预防调处化解综合机制，努力将矛盾化解在基层，做到"小事不出村、大事不出乡"。加强基层人民法院和人民法庭对人民调解工作的指导，完善基层人民调解组织网络，积极发展乡村专职人民调解员队伍，加强对人民调解员法律政策、专业知识和调解技能等方面的培训，充分发挥人民调解在化解基层矛盾纠纷中的主渠道作用。整合矛盾纠纷化解资源力量，促进调解、仲裁、行政裁决、行政复议、诉讼等有机衔接。深化平安乡村建设，建立健全农村社会治安防控体系、公共安全体系，推进乡村"雪亮工程"，探索建立"互联网＋网格管理"服务管理模式，提升乡村治理智能化、精细化水平。深化城乡社区警务战略，加强社区和农村警务建设，大力推行"一村一辅警"机制，扎实开展智慧农村警务建设。开展农村突出治安问题专项整治，净化社会环境。加强对社区矫正对象、严重精神障碍患者、刑满释放人员、社区戒毒人员、社区康复人员等特殊人群的教育监督和服务管理。加强乡村社会心理服务体系建设，健全完善村级心理咨询室，建立经常性社会心理服务机制。推进"青少年零犯罪零受害社区（村）"创建，夯实预防青少年犯罪工作的基层基础。

（七）推进乡村依法治理

坚持用法治思维引领乡村治理。首先要做到完善群众参与基层社会治理的制度化渠道。引导村民在村党组织的领导下依法制定和完善村民自治章程、村规民约等自治制度。落实和完善村规民约草案审核和备案制度，健全合法有效的村规民约落实执行机制。全面推行村级重大事项决策"四议两公开"制度。开展形式多样的村级议事协商，探索村民小组协商和管理的有效方式，组织村民就村级公共事务、重大民生问题开展民主协商。

其次，要加强权力监督。依法公开党务、村务、财务。编制村级小微权力清单、公开权力清单内容、运行程序、运行结果。建立健全小微权力监督制度，形成群众监督、村务监督委员会监督、上级党组织和有关部门监督与会计核算监督、审计监督等全程实时、多方联网的监督体系。

最后，充分调动各个主体参与乡村法治建设，发挥工青妇、法学会等群团组织、社会组织联系动员群众的作用。及时了解群众的需求，反馈群众的意见和建议，增强与群众的互动和信任，促进群众的广泛参与，加快形成共建共治共享的社会治理格局。

（八）加快"数字法治·智慧司法"建设

"智慧法治"是现代科学技术与中国特色社会主义法治建设的融合产物，也是国家治理进入数字化时代的必然结果。首先，要充分运用大数据、云计算等现代信息技术，开拓科技赋能的法治路径，围绕群众需求，提供精准化、精细化的公共法律服务，为法治乡村建设提供信息化、智能化支撑。

其次，加强移动端的推广使用，拓展利用移动端开展服务的新形式，实现法治宣传、法律服务、法律事务办理"掌上学""掌上问""掌上办"。加快乡镇网上政务便民服务体系建设，构建全流程一体化在线服务平台和便民服务网络，大力推行"最多跑一次""马上办、网上办、一次办"等便民举措，让农民群众足不出户就能办事、办成事。

（九）深化法治乡村示范建设

在推进法治乡村建设的进程中，以"民主法治示范村（社区）"制度发挥引领模范作用。通过完善"民主法治示范村（社区）"建设指导标准，推进"民主法治示范村（社区）"建设科学化、规范化，建立动态管理复核机制，探索建立"民主法治示范村（社区）"第三方评价机制，切实提高"民主法治示范村（社区）"村干部建设法治乡村的能力。

其次，以"民主法治示范村"建设为契机，树立一批遵纪守法、民主管理、依法治理的法治榜样，发挥其在推广法治文化、示范引领等多方面的带动作用，促进乡村法治建设的可持续发展。

第三节　平安乡村建设

一、平安乡村建设的内涵

乡村振兴是实现中华民族伟大复兴的一项重大任务，也是一项系统工程。平安乡村建设是新形势下加强社会治安工作和实现乡村振兴战略的重大举措。新时代平安乡村建设不仅要求乡村社会治安好，还要求乡村百姓能切实感受到安全感、获得感、幸福感。通过平安乡村建设进一步加强乡村法治宣传教育，增强群众的安全意识，提升乡村经济发展水平。

深入开展平安创建活动，是维护社会稳定、构建和谐社会的一项重要工作，是新形势下党中央、国务院为加强社会治安综合治理工作而做出的重大战略部署。2018年中央一号文件《关于实施乡村振兴战略的意见》明确指出，建设平安乡村，大力推进农村社会治安防控体系建设，完善县乡村三级综治中心功能和运行机制，健全农村公共安全体系，推进农村"雪亮工程"建设。①2019年《关于坚持农业农村优先发展做好"三农"工作的若干意见》提出要持续推进平安乡村建设，深化拓展网格化服务管理，整合配优基层一线平安建设力量，加快建设信息化、智能化农村社会治安防控体系，继续推进农村"雪亮工程"建设。②2020年《关于抓好"三农"领域重点工作确保如期实现全面小康的意见》提出要深入推进平安乡村建设，加强农村社会治安工作，推行网格化管理和服务。③要严厉打击各种违法犯罪行为，深入推进平安乡村建设。2021年指导"三农"工作的中央一号文件《中共中央国务院关于全面推进乡村振兴加快农业农村现代化的意见》强调要深入推进平安乡村建设，建立健全农村地区扫黑除恶常态化机制。加强县乡村应急管理和消防安全体系建设，做好对自然灾害、公共卫生、安全隐患等重大事件的风险评估、监测预警、应急处置。④2022年中央一号文件《中共中央国务院关于做好2022年全面推进乡村振兴重点工作的意见》对新农村整治重点工作提出了更高的要求，明确提出要突出实效改进乡村治理，切实维护农村社会平安稳定，推进更高水平的平安法治乡村建设。⑤

二、平安乡村建设的困境

由于每年大量的乡村青壮年外出务工，部分地区乡村日益空心化，部分区域聚众赌博、吸毒等社会治安案件频发。乡村地区人口较为分散，治安基础信息化建设水平不高，信息化监控覆盖率低，网格员配备数量不足，人员队伍不稳定，治安管理难度大。近年针对农村工商业个体户、留守人员的电信网络诈骗案明显增多，一些农村地区出现少数黑恶势力控制或渗透到村"两委"，危害农村治安环境。与群众生活息息相关的土地承包经营、婚姻家庭关系和财产关系案件日益增加，在处置中需结合案件具体情况深入分析导致争议发生的原因，妥善解决当事人的诉求，尽量避免事件造成严重影响。

部分地区乡村集体经济模式单一、基础相对薄弱、效益不高，难以为平安乡村建设提供有力的物质保障。部分乡村受地理位置、交通设施、自然资源等不利因素的影响，长期难以引进社会资本。村级集体经济的启动资金缺乏，严重制约了当地经济的发展和群众生活水平的提高。

乡村法治宣传教育相对滞后，法治宣传教育对象具有分散性、流动性的特点，乡村群众的文化水平整体不高，大部分人没有系统学习法律，群众法治观念不强，乡村法治教育在一些地区难以落到实处。加之一些地区乡村公益事业和文化建设存在投入较低、形式单一的问题，不能有效防范低俗文化对村民的消极影响，阻碍了平安乡村建设发挥其应有的效能。

---

① 中共中央 国务院印发《中共中央国务院关于实施乡村振兴战略的意见》[Z/OL]. (2018-02-04)[2023-12-22] http://www.gov.cn/xinwen/2018-02/04/content_5263807.htm.
②《关于坚持农业农村优先发展做好"三农"工作的若干意见》[Z/OL]. (2019-02-19)[2023-12-22]http://www.moa.gov.cn/hd/zbft_news/2019yhwj/xgxw/201902/t20190220_6172170.htm.
③ 中共中央 国务院《关于抓好"三农"领域重点工作确保如期实现全面小康的意见》[Z/OL]. (2020-01-02) [2023-12-22]. http://www.gov.cn/zhengce/2020-02/05/content_5474884.htm.
④ 中共中央 国务院《中共中央国务院关于全面推进乡村振兴加快农业农村现代化的意见》[Z/OL]. (2021-02-21) [2023-12-22]. http://www.gov.cn/zhengce/2021/02/21/content_5588098.htm.
⑤ 中共中央 国务院《中共中央国务院关于做好2022年全面推进乡村振兴重点工作的意见》[Z/OL]. (2022-02-22) [2023-12-22]. http://www.news.cn/2022/02/22/c_1128406721.htm.

三、推动平安乡村建设的方式路径

构建多主体参与的乡村多元治理体系。党的十九大报告提出，要健全自治、法治、德治相结合的乡村治理体系，促进乡村治理的科学化、规范化、现代化。①推进平安乡村建设，要加强党的领导，把党的领导和我国社会主义制度优势转化为社会治理效能。必须在坚持党的全面领导下，充分调动各地政府、社会、村民等多方力量共同参与平安乡村建设，从而实现多元主体在平安乡村建设中各司其职的基础上增强协作，共同助力实现乡村社会治理目标。必须把政治引领贯穿平安乡村建设全过程，按照政治素质高、科学发展能力强的选人用人标准，充分发挥广大党员干部在平安乡村建设中的模范带头作用，促进农村基层党建与平安乡村建设良性互动。

构建乡村安全维护网络体系。通过建立镇、村、组、户四级安全维护网络体系，筑牢平安乡村建设的根基。平安乡村建设首先要维护好农村地区社会治安，消除各类安全隐患。除了基层党组织和村民委员会在乡村安全维护工作中发挥重要的作用，还需要充分调动群众广泛参与乡村安全维护的积极性、主动性。通过参与治安巡逻、交通劝导、线索举报等安全协防工作进一步提升辖区群众风险防范意识，及时排查安全隐患，守护辖区群众财产安全，高效化解各种矛盾纠纷。

利用科技提升乡村治理效能。在平安乡村建设中，充分利用综治信息系统、网格化管理移动应用系统，健全基层管理体制，巩固平安乡村建设取得的实效，加快实现平安乡村建设目标。在农村基层治安管理工作中积极探索大数据、人工智能等新技术的应用，在关键路口、房前屋后、产业基地等区域安装监控设备，运用"安防设备+智能云平台+云存储等服务"的一体化乡村治安防控功能，通过设备远程操作、数据云存储的方式为村委、村民提供24小时安全监控服务，形成人防、物防、技防三合一治安防控体系，确保高效及时排查农村各类安全隐患。通过加强信息数字化手段预警监测，实现乡村管理网格化、社会服务精细化、乡村治理数字化，推动平安乡村建设。依靠科技加快农业生产方式转变带动农村产业转型升级，增加农民收入。为实现巩固拓展脱贫攻坚成果与乡村振兴有效衔接，需要持续运用信息化手段助力特色农业、乡村旅游发展。从农产品供应链数字化入手，实现生产、仓储、加工、销售全产业链上云，地块管理、投入品监管、生产过程规范全程上链，为农业生产效益、农产品质量安全追溯等提供数据分析，对农产品的产前、产中、产后进行数字化管理，让农民群众抓住数字经济机遇，共享数字经济发展红利，实现农业、农村可持续发展目标。

制定务实管用的村规民约。村规民约是村民集体智慧的结晶，凝聚着村民的共同价值观，是村民最关心、最现实的利益问题的直接反馈。作为村民自治的重要形式，村规民约通过广泛征求村民意见，在村党组织、村民委员会组织下由村民共同协商、表决通过，是农村治理提质增效不可或缺的重要抓手。村规民约要结合乡村管理的热点，涵盖安全稳定责任制、奖惩制度和监督制度等，找准切入点，强化约束，避免泛泛而谈、流于形式。村规民约的制定过程要严把法律关，语言要通俗易懂，易于被村民接受。要对那些遵规守约的村民进行表彰奖励，以道德模范引领村民共同遵守村规民约。

加强乡村文化治理。面对新时代全面推进乡村振兴的任务、要求，运用互联网技术将优

---

① 习近平. 中国共产党第十九次全国代表大会报告[R/OL]. (2017-10-27)[2023-12-22]. http: //www. gov. cn/zhuanti/2017-10/27/content_5234876. htm.

秀的文化作品资源输送到乡村，让乡村文化阵地唱响科学先进的"主旋律"，更好发挥文化善治的引领作用。首先，乡村文化治理建立在中华优秀传统文化与现代精神相结合而形成的社会主义先进文化基础上。坚持以基层党建引领乡村文化治理，发挥基层党组织和党员的先锋模范作用。其次，积极回应农村群众新时代日益增长的文化需求，提高乡村文化建设中的群众参与度，充分发挥文化活动凝聚人心，增强乡村归属感、认同感的作用。通过组织丰富多彩的文化活动，提高农民群众的获得感和幸福感。最后，巩固近年来一系列文化惠民工程在乡村文化治理工作中取得的良好社会治理成效。长期以来，我国城乡二元结构导致城乡发展存在差距，要着力解决好城乡发展不平衡不充分问题，深入扎实开展好家风、好家训活动，挖掘乡村乡风文明、乡村文化教育价值，推进乡村文化有效治理。

第四节 乡村矛盾纠纷调处化解

近年来，乡村矛盾出现很多新情况和新问题，错综复杂，要在尊重差异、包容多样的基础上，破解乡村场域下纠纷化解过程中的难题，推动建立包容性更强、凝聚力更大、解纷效果更突出、综合体系更完美的多元化纠纷解决机制。2020年2月5日，中共中央、国务院颁布《关于抓好"三农"领域重点工作确保如期实现全面小康意见》，指出要加强农村基层治理，充分发挥党组织领导作用，健全乡村治理工作体系，调处化解乡村矛盾纠纷，推进平安乡村建设。[1]就调解乡村矛盾纠纷，该文件要求要坚持和发展新时代"枫桥经验"，进一步完善人民调解工作，做到小事不出村、大事不出乡、矛盾不上交。畅通农民群众诉求表达渠道，及时妥善处理农民群众合理诉求。坚决打击侵害农民利益行为，妥善化解土地承包经营、土地拆迁、农民工工资、乡村环境污染等方面的矛盾。推行领导干部，特别是基层领导干部定期下基层接访制度，积极化解信访积案。[2]组织开展"一村一法律顾问"等形式多样的法律服务，对直接关系农民切身利益、容易引发社会稳定风险的重大决策事项，要先进行风险评估。

一、调 解

调解是基于中立的第三方在纠纷当事人之间协调、最后达成合意和解决纠纷的机制。调解在当事人自愿的前提下，通过第三方的参与，调和矛盾并提出纠纷处理的建议。与诉讼的主要区别在于调解重在通过第三方促使双方达成合意来解决纠纷，而非强制性裁决，采取情理法相结合的方式，更好地实现调解的社会效果。

目前的调解制度包括以下四种类型的调解：第一，人民调解，即民间调解，是人民调解委员会依据《人民调解法》对民间纠纷的调解；第二，行政调解，是基层人民政府和国家行政机关依法进行的调解；第三，仲裁调解，是仲裁机构对受理的仲裁案件进行的调解；第四，

---

[1] 中共中央 国务院《关于抓好"三农"领域重点工作确保如期实现全面小康的意见》[Z/OL]. (2020-02-05) [2023-12-22]. http://www.gov.cn/zhengce/2020-02/05/content_5474884.htm.
[2] 中共中央 国务院《关于抓好"三农"领域重点工作确保如期实现全面小康的意见》[Z/OL]. (2020-02-05) [2023-12-22]. http://www.gov.cn/zhengce/2020-02/05/content_5474884.htm.

法院调解，是人民法院对其受理的民事案件、经济纠纷案件以及轻微刑事案件的调解。2020年2月5日中共中央、国务院颁布的《关于抓好"三农"领域重点工作确保如期实现全面小康意见》指出，要加强农村基层治理，充分发挥党组织领导作用，健全乡村治理工作体系，调处化解乡村矛盾纠纷，推进平安乡村建设。就调处化解乡村矛盾纠纷，文件要求要坚持和发展新时代"枫桥经验"，进一步加强人民调解工作，做到小事不出村、大事不出乡、矛盾不上交。

人民调解是社会治理的重要环节，乡村人民调解坚持发展新时代"枫桥经验"，充分发挥人民调解"第一道防线"的重要作用，维护社会和谐稳定，为服务保障经济社会发展作出新贡献。乡村人民调解依托调解委员会运行，让大量矛盾纠纷预防在源头、化解在萌芽、解决在诉前。人民调解相比较其他的解决方式具有明显的优势：首先，人民调解程序简便，形式灵活。纠纷发生后，人民调解可以第一时间介入，既可以通过书面调解的形式，也可以通过口头调解的形式，及时化解乡村纠纷。在调解的过程中，人民调解员可以根据纠纷双方当事人的意愿选择时间、地点等，充分利用乡村的各种力量参与解决纠纷，能够充分整合社会各种资源，体现群众的自治精神。其次，人民调解能够充分尊重当事人的意愿。人民调解以自愿为前提，从启动调解到结束调解全过程充分尊重当事人的意思。一旦调解成功，当事人在很大程度上能够履行调解协议。最后，人民调解成本低，效率高。人民调解具有公益的性质，不收取当事人纠纷解决费用，大大节约了当事人的纠纷解决成本。当事人在不违反法律和社会公共利益的前提下，真正自愿同意达成和解协议，纠纷解决效率大大提升。

二、诉 讼

诉讼是指国家审判机关即人民法院，依照法律规定，在当事人和其他诉讼参与人的参与下，依法解决讼争的活动。司法审判服务乡村治理一个重要的内容就是建立完善的矛盾协调化解机制，在事前、事中、事后三个环节通过多方主体参与和多元手段化解纠纷。人民法院需要加强与互联网、智慧法院的融合建设，为乡村治理提供坚强有力的支持。

人民法庭处于服务人民群众、维护公平正义的第一线，要通过发挥职能作用、运用优势特点，在第一线、最前沿化解矛盾纠纷。《乡村振兴促进法》实施以来，最高人民法院把强化人民法庭建设、服务全面推进乡村振兴和基层社会治理作为工作重点，加强人民法庭建设，系统集成智慧法院建设、一站式多元解纷和诉讼服务体系建设成果，为全面推进乡村振兴营造良好的法治环境。[①]

人民法庭是服务乡村振兴、乡村法治建设的桥头堡，通过延伸服务触角、汇聚治理合力，充分发挥法治保障和桥梁纽带作用，打通司法服务的"最后一公里"。通过司法引领能够将自上而下的法律"硬治理"与由内而外的道德"软治理"进行有机结合，助力乡村振兴。

人民法院根据实际需要在偏远乡镇或人口众多的村庄与乡村行政或司法机构合力建设诉讼便民联系点，在乡村内部聘请联络员，形成派驻法官、司法行政人员联和联络员为支撑的便民诉讼网络系统，拓宽民意表达渠道，推进司法为民、服务于民的长效机制建设。

---

① 最高人民法院. 打造"枫桥式人民法庭"积极服务全面推进乡村振兴，最高人民法院发布第三批新时代人民法庭建设案例[OL]. (2022-06-01)[2023-12-22].

三、完善矛盾纠纷调处机制的对策

健全农村法治教育培训机制,引导农民群众依法维权、依法自治。一方面加强基层干部法治素养培训,强化涉农法律法规学习,全面推进依法行政。另一方面,通过以案说法、发放宣传资料、提供法律咨询服务等多种形式加强农村法治教育,提升农民法治素养,不断满足广大农民日益增长的法律需求,推进法治乡村建设。

强化乡村矛盾纠纷排查防控机制。矛盾纠纷隐患排查是处理解决乡村矛盾纠纷的前沿阵地。夯实从源头上预防和化解矛盾纠纷的工作基础,提高基层排查化解突出矛盾纠纷的能力,对于乡村矛盾纠纷处置具有重要作用。乡村矛盾纠纷排查工作要求及时了解群众关注的农村土地权属、教育医疗等热点、难点问题,对可能引发群体性事件的及时开展应急处置。乡村矛盾纠纷排查防控需要多部门合作,健全定期不定期排查报告制度。通过建立督查指导机制,坚决杜绝各部门之间推诿责任的情况,对排查化解矛盾纠纷工作不力,导致矛盾纠纷激化升级引发群体性事件的,坚决严格查处,依法对相关责任人追究责任。

第五节 基层小微权力腐败惩治

一、基层小微权力腐败惩治的意义

基层小微权力腐败治理主要是通过规范约束村级干部所拥有的小微权力,打击乡村社会腐败,提高新时代村级组织的治理能力。党的十八大以来,以习近平同志为核心的党中央坚定不移推动党风廉政建设和反腐败斗争向基层延伸,大力整治群众身边的腐败和作风问题。习近平总书记强调,"微腐败"也可能成为"大祸害",损害的是老百姓的切身利益,啃食的是群众的获得感,挥霍的是基层群众对党的信任。[1]

2018年中央一号文件发布,文件确定推行村级小微权力清单制度,加大基层小微权力腐败惩处力度。严厉整治惠农补贴、集体资产管理、土地征收等领域侵害农民利益的不正之风和腐败问题。[2]2019年中共中央办公厅、国务院办公厅印发的《关于加强和改进乡村治理的指导意见》,明确提出要加大基层小微权力腐败惩治力度。[3]

一些农村基层干部凭借微权力,贪污公款、挪用资金、索贿受贿、优亲厚友、违规收费、为自己或他人谋取私利,造成恶劣的社会影响。治理村级干部微权力腐败问题不能一蹴而就,需要科学、全面、系统地构建长效治理机制,"坚持不敢腐、不能腐、不想腐一体推进,同时发力、同向发力、综合发力"[4],以"零容忍"的态度根治村级微权力腐败问题,从而促进基层社会政治生态不断改善。

---

[1] 吴高庆,周嘉禾.莫让"微腐败"酿成大祸害[N/OL].(2016-12-06)[2023-12-29].http://fanfu.people.com.cn/n1/2016/1206/c64371-28928522.html.
[2] 中共中央 国务院《中共中央国务院关于实施乡村振兴战略的意见》[Z/OL].(2018-02-04)[2023-12-22].http://www.gov.cn/xinwen/2018-02/04/content_5263807.htm.
[3] 中共中央办公厅 国务院办公厅印发《关于加强和改进乡村治理的指导意见》[Z/OL].(2019-06-23)[2023-12-22].http://www.gov.cn/zhengce/2019-06/23/content_5402625.htm.
[4] 习近平.高举中国特色社会主义伟大旗帜为全面建设社会主义现代化国家而团结奋斗[N].人民日报,2022-10-26(1).

基层小微权力腐败惩治是巩固共产党执政根基的必然要求。村级干部代表国家行使授权性治理职能时，其履职能力和水平直接影响党和国家的形象。一些地方不断曝光的"小村官，大腐败"案件，侵蚀了这些地方村民对党的信任，引起村民的强烈不满，甚至可能由小事件发酵为大事件。只有及时有效治理村级微权力腐败，提高基层组织的公信力、向心力，才能更好地团结凝聚村民，使之成为全面推进乡村振兴的强大动力。[①]

基层小微权力腐败惩治是贯彻落实以人民为中心理念的必然要求。坚持以人民为中心，必须将共同富裕作为经济社会发展的出发点和落脚点，在乡村治理中加强基层小微权力腐败惩治，有利于全面推进乡村振兴，有利于促进基层治理，从而保障农村社会稳定和谐。

二、基层小微权力腐败的成因分析

农村法治建设不健全，基层小微权力腐败惩治力度有限。在实际生活中，农民群体整体文化素质不高，法律理解和运用能力不强，加上农村执法力量较为薄弱，执法人员素质参差不齐，难以在基层小微权力腐败惩治工作中形成合力。

基层监管机制不完善。农村基层小微权力的监督机制不完善是直接导致"村官"权力异化、农村腐败频发的关键因素。[②]村委会只是农村基层的自治组织，而乡镇政府也不是相对意义上的"上级"角色，在实际工作中很难对村级事务进行统筹监督和约束。再加上村务信息公开要么形式化，要么公开不足、透明度不高，村民民主参与意识不强和自身素质不足等，对基层小微权力难以形成有效的监督。农村基层小微权力集中于村支书或村委会主任手中，权力过大而又缺少相互制约的监督机制，仅仅依靠群众监督难以发挥作用，这给农村基层小微权力腐败不断创造寻租空间。[③]

基层干部缺乏廉洁自律。一些基层干部在工作中罔顾党纪国法，以权谋私，将各类救济金、补助款等专项资金据为己有，利用职务之便为他人牟利收取感谢费、好处费。农村受经济发展水平、文化水平、法治意识等因素的制约，尤其在一些相对保守的乡村地区基于血缘、亲缘关系，基层干部违规发放救灾补助、虚报冒领扶贫资金，在农村低保户资格确定中弄虚作假的情况时有发生。部分基层干部经不起利益诱惑，未能坚守道德与理性底线，损害了群众的切身利益。

三、基层小微权力腐败惩治的路径

充分发挥党组织的战斗堡垒作用，努力提升基层干部素质。充分发挥党组织的领导作用，进一步加强党组织领导的农村基层组织建设。为人民服务是中国共产党的根本宗旨，服务群众是共产党员干部应具备的基本素养。基层党组织作为领导力量，在乡村治理工作中应主动落实责任，在基层小微权力腐败惩治工作中出成效。目前一些地区基层干部纪律意识淡薄，缺乏党性修养，利用职权恃强凌弱、吃拿卡要，贪污腐败案件频发。要解决这个难题，需要从源头抓起，首先，在村干部的选拔任用环节，始终坚持德才兼备、以德为先的原则，保持

---

① 薛楠山. 全面推进乡村振兴中村级微权力腐败治理探析[J]. 安徽乡村振兴研究，2022(3): 88-95.
② 丁永华. 农村党风廉政建设及预防腐败体系的完善[J]. 人民论坛，2015(7): 31-33.
③ 陈建平，胡卫卫，郑逸芳. 农村基层小微权力腐败的发生机理及治理路径研究[J]. 河南社会科学，2016(5): 25-31.

基层干部队伍的纯洁性。其次，在任职期间，开展线上线下、专题培训与自学相结合的模式，提升基层干部党性修养，加强纪律教育，督促基层干部提高抗腐能力。

强化基层作风建设。必须把不敢腐、不能腐、不想腐一体推进的理念贯穿到基层小微权力腐败惩治工作的全过程。要巩固各级责任，切实转移责任压力，加强工作监督，注重优化责任清单，明确各项职责，严格问责，促进基层党组织全面发挥作用。要继续加强纪律整顿，密切关注"四风"问题的新动向，坚持不懈地纠正"四风"问题。一方面要严查违规违纪违法行为，一查到底、绝不姑息，对典型案件深入剖析，总结基层贪污腐败惩治工作中存在的疏漏；另一方面更要注重基层贪污腐败的预防，从根源上净化和改善农村基层政治生态。加强基层廉政建设，农村"小微权力"量大面广，必须加强对基层权力运行流程的全程监督、精准监督。

夯实基层纪律监督工作。纪检监察机关始终坚定政治方向，保持政治定力，长期坚持加大对基层小微权力腐败的惩治力度。在基层纪律监督工作中，努力克服工作任务重、人手少的困难，确保小微权力依法规范运行。通过梳理基层小微权力清单，明确基层干部的岗位职责，厘清权力边界，坚决杜绝走过场、敷衍应付现象，切实提升基层小微权力腐败整治成效。建立基层纪律监督长效机制，持续保持追责问责的高压态势，充分发挥考核指挥棒作用，确保小微权力腐败整治工作全面落实，夯实基层小微权力腐败整治的防线。

健全基层干部激励机制，切实增强基层干部动力。把人文关怀作为激励干部的出发点，提高基层干部的归属感、获得感，努力营造愿为、敢为、能为、善为的基层工作氛围。当前，许多村干部工作强度大，工资标准低，部分基层干部工作动力不足、心态失衡。因此，需要进一步通过优化基层干部收入结构，让担当者放下思想包袱。及时关心了解基层干部工作和生活中的实际困难，在法律政策范围内为基层干部排忧解难。通过落实休假、心理咨询服务等多途径，缓解基层干部工作压力，切实增强基层干部工作动力，达到有效预防基层小微权力腐败的效果。

第六节　农村法律服务

一、农村法律服务的概念

所谓农村法律服务，是指司法组织针对农村地区和涉农主体，为预防和解决纠纷、维护一定主体的合法权益及满足其他一定法律事务需求所进行的法律工作和活动。[①]

农村法律服务体系是指为满足农民生产生活中的法律需要，预防和解决涉农纠纷，有关法律服务主体为涉农主体提供各类法律服务的有机组织系统。党的十八届四中全会通过的《决定》提出的"推进覆盖城乡居民的公共法律服务体系建设，加强民生领域法律服务"，为我国建设完备的公共法律服务体系明确了目标，也为构建农村法律服务体系指明了方向。全面推进乡村振兴，离不开强有力的法治保障，农村法律服务在提高基层法治水平、规范基层治理、化解矛盾纠纷中具有积极作用。

---

① 张立平. 我国农村法律服务及其体系建构[J]. 湘潭大学学报（哲学社会科学版），2007(2): 107-111.

二、加强农村法律服务体系建设的意义

加强农村法律服务体系建设，是实施乡村振兴战略、推进全面依法治国的基础性工作，关乎我国全面推进法治社会建设目标的实现，关乎农民群众新时代日益增长的法律服务的需求，具有重要的意义。

加强农村法律服务体系建设是推进中国法治建设的重要保障。在我国法律服务体系建设进程中，农村法律服务体系与城市法律服务体系相比，存在明显的短板。中国法治建设要始终坚持以人民为中心的价值取向，实现科学立法、严格执法、公正司法、全民守法。推进农村法律服务体系建设在我国国家治理体系中具有不可替代的作用，是新时代中国特色社会主义法治建设的重要保障。

加强农村法律服务体系建设是助力乡村振兴战略的重要动力。乡村振兴的关键在于农民，加强农村法律服务体系建设，能有效增强农民法治观念和法治信念，切实保护农民切身，利益维护社会稳定。乡村振兴战略的实施离不开法治的保障，农村法律服务的作用不可或缺。通过高质量的农村法律服务能够为乡村振兴提供强有力的法律支持。

加强农村法律服务体系建设是满足农民群众日益增长的法律服务的迫切需要的必然要求。随着社会经济的发展，农民群众在解决土地征用、安置补偿等争议方面产生的法律服务的需求日益迫切。因此，必须加快农村法律服务体系的建设和完善，为农民提供更加全面、更加精准的法律服务，切实维护农民生产生活中的合法权益。

三、农村法律服务的基本内容

（一）人民调解

《司法部关于充分发挥调解职能作用切实做好矛盾纠纷排查化解工作的通知》对扎实开展矛盾纠纷排查化解工作作出部署，指出通过开展基层人民调解组织规范化建设，切实做到村、乡镇人民调解委员会依法普遍设立、人员充实、制度健全、工作规范、保障有力。[①]对基层常见多发的婚姻家庭、邻里、房屋宅基地、山林土地等矛盾纠纷，村、乡镇人民调解委员会要抓早抓小、应调尽调，采取法理与情感结合等方法，及时解决基层矛盾纠纷。

目前，全国共有人民调解委员会69.3万个，其中村调委会49.2万个，乡镇调委会3.1万个，实现了全覆盖。[②]各地积极发挥人民调解委员会的作用，应调尽调，有效化解基层矛盾纠纷，努力做到"小事不出村，大事不出乡"，最大限度维护乡村社会的和谐稳定。

（二）法律援助

法律援助制度是现代国家贯彻"公民在法律面前一律平等"原则的一项法律保障制度，

---

① 最高人民法院 司法部关于印发《〈关于充分发挥人民调解基础性作用推进诉源治理的意见〉的通知》[Z/OL]. (2023-09-27)[2023-12-22]. http://www.gov.cn/govweb/zhengce/zhengceku/202310/content_6908700.htm.
② 司法部. 四个业务局共话"法治乡村"[EB/OL]. (2023-07-19)[2023-12-22]. http://www.moj.gov.cn/pub/sfbgw/zwgkztzl/2023zt/20230719fzxcjcx/yw20230719/202307/t20230721_483191.html.

是社会保障体系中不可缺少的程序制度。法律援助是人权的有力保障手段和基本内容之一，反映了国家民主与法治的进程，是社会文明和进步的重要标志。《法律援助条例》第2条规定："符合本条例规定的公民，可以依照本条例获得法律咨询、代理、刑事辩护等无偿法律服务。"农村基层地区往往是经济困难群众比较集中的地方，也往往是法律援助需求量更大的地方。合法权益受到侵害，且因经济困难、无力支付法律服务费用的群众，可以通过向法律援助机构申请法律援助，维护自身的合法权益。近年来，随着"乡村振兴法治同行"活动的开展，乡村困难群众获得法律援助更加便捷。2022年，全国法律援助机构共组织办理法律援助案件137万余件，值班律师提供法律帮助95万余件，受援人241万余人，提供法律咨询1980万余人次。全国法律援助机构共组织办理农民和农民工法律援助案件83万余件，惠及农民和农民工近96万人次，为农民和农民工提供法律咨询355万余人次。[1]

（三）公　证

公证是公证机构根据自然人、法人或者其他组织的申请，依照法定程序对民事法律行为、有法律意义的事实和文书的真实性、合法性予以证明的活动。公证是一种非诉讼的法律活动，在农村提供公证法律服务能有效助力乡村振兴战略的实施，引导群众运用公证法律手段维护自己的合法权益。公证机构和公证从业人员紧紧围绕党在农村的中心工作，为乡镇企业改革及建立农村社会化服务体系提供优质高效的公证法律服务，有利于保障党在农村各项政策的正确执行、促进农村经济的健康发展、推动农村的民主法制建设、维护农民的合法权益和农村社会稳定。根据司法部2023年通报的数据，截至目前，全国公证机构在乡村公共法律服务工作站（室）设立公证咨询联络点12万余个；通过视频公证、巡回办证、定期办证等为农村群众提供"就近办"公证服务46万余件；依法为受援人减免公证费用13.47亿元。[2]

（四）法律顾问

村民法律顾问为基层治理提供专业意见，为群众在拆迁补偿、土地权属、子女上学、婚姻家庭继承等方面提供专业法律咨询服务，为符合法律援助条件的群众提供法律援助。通过积极开展法治宣传、参与人民调解，为健全乡村矛盾纠纷调处化解机制、维护农村和谐稳定提供有力支持。截至目前，全国有60多万个村（社区）配备了法律顾问，18万名律师、基层法律服务工作者等法律专业人员参与此项工作。除中西部地区少数边远乡村外，基本实现全覆盖。[3]在实践中，有的地方将村（居）法律顾问工作与人民调解、法律援助、"法律明白人"培养、社区矫正和安置帮教等工作相互结合、统筹推进，有效满足群众的多样化法律服务需求。有的地方建立村（居）法律顾问信息化工作平台，运用互联网技术为群众远程提供视频、语音等服务，提高了服务便捷性。

---

[1] 2022年全国法律援助机构共组织办理法律援助案件137万余件[EB/OL]. (2023-08-23)[2023-12-22]. http://www.gov.cn/govweb/lianbo/bumen/202308/content_6899775.htm.
[2] 我国已建成村级公共法律服务实体平台54.9万余[EB/OL]. (2023-06-15)[2023-12-22]http://www.gov.cn/lianbo/bumen/202306/content_6886658.html.
[3] 司法部. 四个业务局共话"法治乡村"[EB/OL]. (2023-07-19)[2023-12-22]http://www.moj.gov.cn/pub/sfbgw/zwgkztzl/2023zt/20230719fzxcjcx/yw20230719/202307/t20230721_483191.html.

四、加强农村法律服务体系建设的措施

树立正确的法治理念，建立常态化的普法教育、法律服务公益讲座等机制。通过新闻媒体、网络平台等，多渠道进行法治宣传和普法教育，在普及法律常识的同时帮助农民树立法治理念。组织开展"宪法进农村"活动，推动习近平法治思想和宪法精神深入基层农村，走进农民群众，着力提升基层干部和农民群众法治意识和法治素养。围绕促进乡村振兴，广泛开展社会覆盖面广、农民群众参与度高的特色普法活动，弘扬法治精神，培育法治文化，积极开展国家各项法律制度宣传教育活动。

加大资源倾斜力度。为了更好地满足农民法律服务需求的迫切需要，各地政府应考虑经济发展水平与当地实际情况，将法律顾问工作列为政府购买法律服务的范畴，并将其所需经费列入专项经费预算，确保政府财政保障到位。建立健全政府购买法律服务机制，提高法律服务的供给能力和服务质量，满足人民群众日益增长的法律服务需求。

建立健全法律服务评估机制。将农村法律服务体系建设直接纳入政府年度考核，结合当地实际情况制定优化法律服务考核标准，细化考核内容，注重法律服务取得的实际效果和服务对象满意程度评估。全面评估法律从业人员数量、法律服务质量，并依据本年度考核结果，对优秀的法律服务提供者给予一定的物质或精神奖励，肯定其在农村法律服务推进基层法治建设中的贡献。

优化农村法律人才配置。建立政府、法律服务业、公众多元参与的农村法律服务体系，实现农村法律人才优化配置，充分调动农村法律人才的积极性，巩固农村法律服务取得的成效。首先，优先选拔农村法律工作者担任公职，优先选择法律专业背景的大学生担任村干部，同时鼓励政府工作人员运用法律专业知识积极投身农村法律服务工作。其次，通过律师事务所帮扶机制，通过线上线下相结合的方式为帮扶对象提供更多的法律咨询服务。最后，继续加大农村普法宣传力度，向农民发放普法宣传资料、为农民讲授法律知识，带动农民学习法律知识，提高农民知法、守法的意识，引导农民转变观念，通过法律途径解决争议。

【思考题】

1. 如何理解我国法治乡村建设的基本原则？
2. 如何理解我国法治乡村建设的主要任务？

【案例分析】

案情：2021年6月12日，原告魏某、谢某与被告刘某、范某、李某签订农村土地流转合同一份，约定被告（甲方）将其承包经营的土地流转给原告（乙方）经营，土地流转费为24万元。签订合同时，原告已将合同款24万元全部给付被告。后由于被告未能将土地交付原告经营，原告要求被告退还全部土地流转费，经多次催要被告拒不退款，故诉至包头市九原区法院。九原区法院经审理认定，被告未实际取得土地承包经营权，致使原、被告双方签订的农村土地流转合同无法实现。该合同无效，判令三被告返还二原告土地流转费24万元，并支付相应利息。被告刘某、范某、李某不服一审判决，向包头市中院提起上诉，经二审审理，驳回上诉，维持原判。

因刘某、范某、李某未在法定期限内履行义务，2022年9月15日，魏某、谢某申请强制执行。九原区法院执行法官多次电话传唤被执行人刘某、范某、李某，但三人一直未到庭，遂执行法官前往三人住所地多次寻找，最终三名被执行人到庭。在执行法官的主持下，申请人魏某、谢某与被执行人刘某、范某、李某经过协商达成执行和解协议，三名被执行人分三期履行相应给付义务，履行完毕第一批款项后，申请人同意解除被执行人账户冻结和"限高"等信用惩戒措施。三名被执行人于2023年3月15日前向申请人支付了18万元及执行费；剩余6万元应于2023年5月1日前还清，但三名被执行人内部出现纠纷，均不愿履行剩余还款义务。随后申请人魏某向执行法官反映此事，执行法官于2023年6月20日上午组织执行干警前往被执行人之一刘某的住所地，苦苦等待但并没有找到被执行人刘某。经与申请人沟通，申请人同意留守，等待被执行人出现。6月27日，执行法官接到执行线索，被执行人刘某正在住所地活动，执行法官闻线索而动，快速出击，前往刘某住所地，成功将躲在屋内的被执行人刘某拘传至法院。被拘传的刘某表示，根据还款协议其还应承担2万元还款义务，剩余未履行款项应由另两名被执行人承担，并当即将2万元给付申请人魏某。执行法官随即通过电话和另两名被执行人取得联系，责令其限期将剩余未履行款项给付申请人，否则将对其采取拘留措施。另两名被执行人迫于法院执行压力，在得知被执行人刘某还款后不久，便将剩余未履行款项转账给申请人。至此，本案顺利执行完毕。

问题：
1. 本案中申请人魏某、谢某与被执行人刘某、范某、李某达成的执行和解协议是否有效？
2. 本案达成的上述执行和解协议是否有法律效力？
3. 如当事人对上述达成的执行和解协议反悔，应如何处理？

分析：
1. 魏某、谢某与刘某、范某、李某达成的执行和解协议有效。本案中当事人魏某、谢某与刘某、范某、李某达成的执行和解协议在主观上是完全自愿的，不存在受他方威胁、欺诈、利诱或者对自己存在重大误解的情况。根据案情，该和解的内容合法，时间符合执行程序开始后、结束前的要求。和解协议应采用书面形式或由执行人员记入笔录。

2. 本案中执行和解协议的法律效力：根据《最高人民法院关于适用〈中华人民共和国民事诉讼法〉的解释》的规定，魏某、谢某与刘某、范某、李某达成和解协议后请求中止执行或者撤回执行申请的，人民法院可以裁定中止执行或者终结执行。执行和解协议不得作为执行依据。一方当事人对该协议反悔的，另一方当事人不得将该和解协议作为执行依据向人民法院申请强制执行。

3. 对执行和解协议反悔的处理：根据《中华人民共和国民事诉讼法》二百四十一条的规定，申请执行人因受欺诈、胁迫与被执行人达成和解协议，或者当事人不履行和解协议的，人民法院可以根据当事人的申请恢复对原生效法律文书的执行。根据《最高人民法院关于适用〈中华人民共和国民事诉讼法〉的解释》的规定，和解协议达成后，当事人请求中止执行或者撤回执行申请的，人民法院可以裁定中止执行或者终结执行。一方当事人不履行或者不完全履行在执行中双方自愿达成的和解协议，对方当事人申请执行原生效法律文书的，人民法院应当恢复执行，但和解协议已履行的部分应当扣除；和解协议已经履行完毕的，人民法院不予恢复执行。

第九章

乡村治理保障体系

内容提要： 乡村治理既要实现资源下沉，又要善于让各种治理机制发挥作用，而这种作用的发挥效果如何，则取决于乡村治理的组织保障、政策保障、人才保障和监督保障。组织保障要求充分发挥党对农村工作的领导作用，政策保障为各项具体治理措施提供路径遵循与执行要求，人才保障为乡村治理提供智力支持与不竭动力，监督保障则要求乡村治理的一切活动、一切主体与方针政策必须在法律法规的框架范围内发挥作用。本章围绕上述四个方面对乡村治理的保障体系，从内涵、现状等方面予以梳理和介绍，并对相应完善路径作出进一步阐释。

学习目标与要求： 对乡村治理保障体系有更为系统、准确的认知，了解它在实践过程中的基本原则、现状与问题，重点掌握乡村治理保障体系的优化路径。

第一节 乡村治理的组织保障

一、乡村治理组织概述

随着人类社会的发展和交往活动的日益密切，我们几乎无不处于各类组织之中，换言之，现代社会几乎已经不存在离群索居且游离于任何组织以外的个人了。作为现代社会的基本单位，组织是维持社会正常运转与发展、人类交往与交流的重要保障，也会随着时代变迁而不断推陈出新。简言之，现代社会的"组织化"程度相较于人类历史上的任一时期都空前强化。

组织几乎涵盖了现代社会的各个领域，从家庭、村落、城市、学校到政府、政党等，无不是组织的具体表现形式。有鉴于此，对这样一个内涵丰富、类型多样的载体作出明确界定无疑十分必要。"广义的组织是指人们从事共同活动的所有群体形式，包括家族、家庭、秘密团体、政府、军队、学校等。狭义的组织是指为了实现特定的目标而有意识地组合起来的社会群体，如政府、企业、学校、医院、银行、社会团体等。"[①]

乡村治理的各类组织，从语境上而言，已经对组织的范围予以明确限定，即"实现特定的目标"——乡村治理。所以，本书对于相关组织的介绍与分析，参考了社会学的狭义解释，着重考察相关组织与乡村治理活动的结合度与相关性。

我国农村社会中的组织主要包括以下四类：一是党群组织，主要包括农村基层党组织与共青团、妇联、民兵连等群团组织；二是村民自治组织，主要包括村委会、村民小组、村民议事会、监事会等；三是经济组织，主要包括村集体经济组织、农业专业合作社等从事农业

[①]《社会学概论》编写组.社会学概论(第二版)[M].北京：人民出版社，2020: 147.

生产经营方面的自愿联合、互助性组织；四是社会组织，主要包括民办非企业组织以及可采取政府购买服务的公益类、服务类、救助类、维权类等功能性社会组织。[①]

2019年印发的《关于加强和改进乡村治理的指导意见》明确指出，要"建立以基层党组织为领导、村民自治组织和村务监督组织为基础、集体经济组织和农民合作组织为纽带、其他经济社会组织为补充的村级组织体系"[②]。由此可见，乡村治理的组织体系是一套类型多样、各司其职、功能互补的架构体系。其中，村一级的各类组织及其功能定位可简要概括如表9-1所示：

表9-1 村级组织体系及其功能定位

组织类型	核心功能
村党组织	全面领导村民委员会及村务监督委员会、村集体经济组织、农民合作组织和其他经济社会组织
村民委员会	履行基层群众性自治组织功能，增强村民自我管理、自我教育、自我服务能力
村务监督委员会	在村务决策和公开、财产管理、工程项目建设、惠农政策措施落实等事项上发挥监督作用
村集体经济组织	管理集体资产、合理开发集体资源、服务集体成员等
农民合作组织和其他经济社会组织	依照国家法律和各自章程充分行使职权

注：表中内容根据《关于加强和改进乡村治理的指导意见》归纳所得。

乡村治理着眼于构建共建共治共享的乡村善治格局，以此实现充满活力、和谐有序的乡村社会建设目标。而上述目标的达成，在很大程度上取决于农村基层党组织、乡镇政府、村级各类组织以及其他社会组织共同参与、各司其职、各尽其能，如此方能将党和国家的意志、农村群众的意愿与社会各界对于乡村建设与发展的期盼充分整合，激发建设活力，形成建设合力。

二、乡村治理各类组织发展现状

治理"是一种包括政府、市场和社会公众等多元主体通过协商、对话和互动，达成管理日常事务、调控资源、履行权利的行动共识以缓解冲突或整合利益、实现公共目标、满足人民生活需要的结构、过程、关系、程序和规则的体系性活动"[③]。乡村治理要求农村基层党组织发挥领导作用与模范带头作用，乡镇政府负责各项涉农政策、法规等行政工作的贯彻落实，村民自治组织和村级监督组织充分调动农村群众民主选举、民主决策、民主管理、民主监督的积极性，村集体经济组织和其他各类经济组织切实带动农村群众发展产业、持续增收，增强农村集体所有制经济发展活力，促进集体资产保值增值。

[①] 李建伟，等. 我国乡村治理创新发展研究[M]. 北京：人民出版社，2020: 154-155.
[②] 新华社. 中共中央办公厅 国务院办公厅印发《关于加强和改进乡村治理的指导意见》[EB/OL]. (2019-06-23) [2023-12-29]. http://www.gov.cn/zhengce/2019-06/23/content_5402625.htm.
[③] 陈进华. 治理体系现代化的国家逻辑[J]. 中国社会科学，2019(5): 27.

当前我国的乡村建设取得了巨大成就。具体表现为：农业经济稳定向好，基础地位更加稳固；粮食安全保障水平提高，中国饭碗端得更稳；主要农产品供给更加充裕，居民餐桌更加丰富；农业基础条件不断改善，稳产高产基础更加坚实；农业经营方式进一步转变，现代农业活力更强；乡村建设持续推进，农村面貌和人居环境显著改善。①这些成就的取得，既得益于党和国家的顶层设计与战略谋划、各级党委和地方政府的推动落实，也离不开农村各类自治组织、社会组织的积极有为。

在充分肯定当前乡村治理过程中各类组织的积极作用与努力的同时，当前农村各类组织在实践中存在的问题与面临的考验也不容忽视，这也是继续推动中国特色社会主义农业农村现代化、推动乡村治理体系与治理能力现代化、持续推进乡村振兴战略，都必须着力克服和化解的难题。具体而言，当前农村各类组织在乡村治理实践中所面临的挑战主要有以下几个方面。

（一）农村基层党组织自身建设有待加强

随着全面从严治党工作的持续深入推进，农村基层党组织的领导能力进一步提升，在乡村治理中发挥的模范带头、战斗堡垒作用更加明显。但是，农村基层党组织在农村治理结构中也因定位不清而存在错位、越位、缺位的问题，致使其功能发挥不尽如人意。②此外，随着城镇化步伐的加快，部分欠发达地区农村青壮年大量流入城市，出现了大面积的"空心村"，不少"空心村"的党组织发展面临青黄不接的困局，新发展的青年党员少，党组织班子成员老龄化现象严重，组织力战斗力弱化现象突出。③具体如表9-2所示。

表9-2 农村基层党组织存在的突出问题④

软弱涣散：有的农村党组织软弱涣散，有组织没力量	"两委"关系不协调：有的农村党支部和村委会关系不协调，民主管理制度没有得到有效落实
管理不力：有的农村党组织连正常的活动都难以开展	干部作风不正：有的农村干部作风不正，漠视群众，甚至违纪违法，出现"小官巨贪"
带头人素质低，威信不高：有的农村党组织带头人素质低、能力不强、说话没人听、办事没人跟	党性意识不强：有的农村党员长期游离于组织之外，党员没有党员的样子

"基层处于承上启下的节点、各种矛盾的焦点和工作落实的重点。"⑤上述问题的存在，不仅有损党在基层群众心目中的形象，而且不利于发挥农村基层党组织在乡村治理工作中的模范带头与战斗堡垒作用。村级党组织弱化、虚化、边缘化还会影响党群关系、干群关系。

---

① 国家统计局.农业发展成就显著 乡村美丽宜业宜居——党的十八大以来经济社会发展成就系列报告之二[EB/OL].(2022-09-14)[2023-12-29]. http://www.stats.gov.cn/zt/zt_18555/ztfx/sbdesd/fzcj/202302/t20230222_1918212.html.
② 雷田珍.21世纪以来中国农村治理结构改革研究[M].北京：人民出版社，2020：186.
③ 曹健华，吴厚庆.农业大省的乡村振兴之路研究[M].北京：人民出版社，2021：119.
④ 《党支部工作八讲》编写组.党支部工作八讲（图解版）[M].北京：人民出版社，2019：84.
⑤ 习近平.之江新语[M].杭州：浙江人民出版社，2007：110.

（二）村民自治组织供给能力相对不足

以村民委员会为组织形式的村民自治组织的设立和发展，填补了人民公社解体后乡村治理的真空，成为乡村治理体系的重要组成部分。[1]党的十八大以来，以村党组织为核心的村级组织配套建设受到高度重视并得到大力推进。全国128万个农村基层党组织、3500万名农村党员，广泛分布在乡村大地，成为乡村各项事业发展的主心骨。[2]但在具体实践过程中，不少村民自治组织还较为松散，组织供给能力发挥不尽如人意。有学者将相关问题概括为三个方面。一是组织动员能力有限。一些村党组织只是在完成上级政府交办的事项，而少有心思主动带领群众谋划村庄的建设发展。二是决策水平有待提高。当前部分农村基层党组织力量分散，党员干部自身还存在知识有限、思维不够开阔等问题，在村庄公共事务决策过程中，或墨守成规，或出现决策失误。三是资金筹集能力不足。农业农村现代化，单靠财政资金投入显然难以完全满足需要，但一些村干部长期以来对上级拨款形成了强烈的依赖，在主动拓展筹资渠道方面的意愿和能力十分有限，这使得村庄面临供给资金短缺的困境。[3]总体而言，村级自治组织存在的主要问题表现为既有行政化的压力，又要面对日益复杂的村务决策，从外部环境、能力本身到队伍建设方面，都面临考验。

（三）农村集体经济组织的发展面临多重挑战

农村集体经济组织，是建立在农民集体土地所有权基础上的经济组织，是农民行使其集体土地所有权的委托代理人。[4]农村集体经济组织一方面承担着盘活用好集体资产、带动农民增收致富的功能；另一方面，农村集体经济组织也是农民之间的纽带，对于增强集体的凝聚力、向心力、组织力，推进乡村治理体系和治理能力现代化至关重要。村级集体经济发展直接关系到乡村振兴战略的成效与质量。但通过调研、村级换届审计、扶贫专项资金审计等方式，发现部分地方村集体经济不断下滑，收不抵支现象越来越普遍，负债越来越重。[5]概而言之，当前农村集体经济组织在发展过程中主要面临经济实力不足、缺乏明确的发展规划指导等问题。从农村集体经济组织的成员来看，教育程度偏低、专业化程度不高、适应性不强、青壮年劳动力人口占比较少；在农村集体经济组织中，由于限制性因素较多，资产和收入状况并不理想；由于农村集体产权制度尚有待健全，没有建立起适合现代经济组织运行的内部组织制度，致使我国农村集体经济组织呈现出封闭性、复杂性和非经济性的特点。[6]从2015年到2020年，全国村集体经济组织总收入中的补助收入由866.7亿元增至1731.3亿元，占比由21.1%提高至27.4%。一旦财政投入减少或撤出，一大批集体经济组织的收入可能大减或返回无经营收益状态，而前期投入则会沉淀或浪费。[7]

---

[1] 杨一介. 我们需要什么样的村民自治组织[J]. 首都师范大学学报（社会科学版），2017(1): 65.
[2] 北京师范大学中国乡村振兴与发展研究中心，北京师范大学中国扶贫研究院. 全面推进乡村振兴：理论与实践[M]. 北京：人民出版社，2021: 275.
[3] 汪旭. 中国农户参与农村公共产品供给动力研究[M]. 北京：人民出版社，2020: 141-142.
[4] 陈锡文，罗丹，张征. 中国农村改革40年[M]. 北京：人民出版社，2018: 81-82.
[5] 宜春市审计局. 浅谈村级集体经济发展存在的问题及对策[EB/OL]. (2022-06-27)[2023-12-29]. http://www.yichun.gov.cn/ycsrmzf/bmxx/202206/afb7aedc3f964f5eb611bdf65d5c57f6.shtml.
[6] 崔超. 农村集体经济组织发展的内部困境及其治理[J]. 山东社会科学，2019(4): 150-153.
[7] 张清勇. 新型农村集体经济发展的现状、问题与对策[EB/OL]. (2023-05-21)[2023-12-29]. http://m.thepaper.cn/baijiahao_22836771.

（四）社会组织参与乡村治理有待加强

目前乡村治理更多依赖于政府和村"两委"，社会组织在此领域发挥的作用相对有限。一方面，我国村庄内部社会组织发展缓慢，一些农村虽有各种文体组织、老年协会、经济组织，但它们参与乡村治理的作用相对有限。农村社会治理更侧重发挥政府与村"两委"的作用，对社会组织的参与作用重视不足；在村庄建设和公共服务供给中，也排除了社会组织以及其他供给主体的竞争压力，习惯采取自上而下的单向性决策和行动。另一方面，相较于城市而言，农村社会相对封闭，在接受新事物、新思想和新观念方面，顾虑更多，社会组织若对此缺乏足够的认知，也难以对村庄治理与发展施加有效的影响。我国社会组织虽有迅速发展，但其主要活动领域依然是城市空间，其主要活动精力也集中于城市社区治理，对农村的关注还不够。[1]农村社会现有社会组织的总体发展规模与可支配资源十分有限，不同组织之间发展欠缺均衡，组织自身治理结构较为松散。此外，受历史传统、观念认知等因素的综合影响，这些社会组织在农村群众中的认可与接受程度相对偏低。这些问题的存在，致使其难以完全满足乡村治理现代化的要求。

总体而言，当前乡村治理的组织类型更为多元，其作用与影响也愈发明显。但是这些组织在自身建设、作用发挥等方面依然有较大的提升空间，如领导作用发挥不足、服务群众能力有限、乡村治理参与度偏低等。这不仅影响乡村治理的成效，更与乡村振兴乃至中国特色社会主义农业农村现代化建设目标还存在不小的差距。

三、各类组织的建设目标与路径

乡村社会的有效治理，既是国家治理现代化的内在要求，也是乡村振兴的重要目标导向。实现乡村有效治理，就要充分发挥农村基层党组织的领导作用和模范作用，建立健全农业农村工作干部队伍，构建简约高效的基层管理体制，指导和支持农村基层群众性自治组织规范化、制度化建设，加强农村集体经济组织和新型农业经营主体培育，加强基层群团组织、社会组织建设。

（一）坚持党对农村工作的全面领导作用

党政军民学，东西南北中，党是领导一切的。"党的基层组织是确保党的路线方针政策和决策部署贯彻落实的基础。"[2]党的基层组织担负着宣传群众、组织群众、团结群众的任务，面对的是最具体、最实际的问题。党的基层组织工作的好坏，直接关系党的形象，关系人心向背，关系党的生命。[3]在农村发展面貌、群众价值观念、利益价值取向不断调整变迁的进程中，必须毫不动摇地坚持党对农村工作的绝对领导，坚持发挥其战斗堡垒作用，把党的领导贯彻到乡村治理实践的各环节、各领域，"确保党在乡村治理工作中始终总揽全局、协调各方，确保中国特色社会主义农业农村现代化建设正确方向，把广大农民群众紧紧团结在基层党组

---

[1] 王兴国. 惠农富农强农之策——改革开放以来涉农中央一号文件政策梳理与理论分析[M]. 北京：人民出版社，2018：364.
[2]《党的十九大报告读本》编写组. 党的十九大报告辅导读本[M]. 北京：人民出版社，2017：74.
[3] 沈云锁，潘强恩. 共产党通史（第三卷·下册）[M]. 北京：人民出版社，2011：445.

织周围，齐心协力全面推动乡村振兴，是走中国特色社会主义乡村振兴道路的内在要求"①。

按照党的十九大报告要求，要将提升农村基层党组织的组织力作为重点工作，突出其政治功能，从而将党的主张、国家意志、群众意愿统一到乡村治理实践中，使之在农业农村现代化进程中充分发挥战斗堡垒作用。要加强基层党组织带头人队伍建设，扩大基层党组织覆盖面，着力解决一些基层党组织弱化、虚化、边缘化问题。②

具体到乡村治理实践过程中，坚持和加强党对农村工作的全面领导，发挥其领导示范、战斗堡垒作用，需要重点围绕提升农村基层党组织的组织力展开。组织力是指组织为实现目标和任务而将相关资源有效整合、配置的能力。③李小新将组织力分解为六个方面的能力，分别是政治领导力、组织覆盖力、群众凝聚力、社会号召力、发展推动力和自我革新力。④

从提升政治领导力而言，就要求在乡村治理中坚持和健全农村重大事项、重要问题、重要工作由党组织讨论决定的机制，完善党组织实施有效领导、其他各类组织按照法律和各自章程开展工作的运行机制，坚决防止村级党组织弱化、虚化、边缘化现象。⑤

从提升组织覆盖力而言，农村基层党组织在农村实现全覆盖是加强农村基层党的建设、提升农村基层党组织组织力的基础性工作，要根据实施乡村振兴战略的要求，围绕群众利益来及时调整和改变党组织的组织结构设置，扩展农村基层党组织的组织范围和覆盖力。⑥

从提升群众凝聚力而言，要注重发扬和推行党内民主，党员干部办事公平公正，赢得群众的信赖和支持。要通过不断完善村务公开和民主议事制度，激发村民参与村级事务的积极性和主动性，发挥人民群众首创精神，依靠群众推动乡村治理改革与乡村振兴。要具备群众亲和力，切实为群众排忧解难，以工作实绩取信于民。

从提升社会号召力而言，要最大限度地把群众动员起来，按照党的要求行动，保持党同人民群众的血肉联系，为村民自治释放更多空间，以党的基层组织建设带动其他各类基层组织建设。需要积极构建和完善社会参与机制，把更多的群众动员和组织起来，与党和政府一起解决农村改革与发展中出现的问题。

从提升发展推动力而言，就是要将组织建设与改革发展协同推进，坚持效能导向，将农村基层党组织的组织优势、资源优势、组织活力转换为带领广大农民群众推进农业农村发展的治理优势与治理活力。

从提升自我革新力而言，就是要有直面问题的勇气与自觉，认真查找农村基层党组织在思想建设、组织建设、作风建设等方面存在的问题和不足，以自我革命的勇气和魄力推动基层党组织和党员干部自我净化、自我完善、自我革新、自我提高。同时，认真落实基层党建工作责任制，深入开展基层党建述职评议考核工作，确保基层党建各项任务落到基层、实到支部。⑦

---

① 郑有贵. 扎实推动乡村组织振兴[N]. 光明日报, 2023-02-15(6).
② 习近平. 决胜全面建成小康社会 夺取新时代中国特色社会主义伟大胜利——在中国共产党第十九次全国代表大会上的报告[M]. 北京: 人民出版社, 2017: 65-66.
③ 中共中央党校（国家行政学院）党建部. 基层党组织如何提升组织力[M]. 北京: 人民出版社, 2019: 3.
④《党的十九大报告辅导读本》编写组. 党的十九大报告辅导读本[M]. 北京: 人民出版社, 2017: 457-461.
⑤《党的十九大报告辅导读本》编写组. 党的十九大报告辅导读本[M]. 北京: 人民出版社, 2017: 457.
⑥ 赵洁, 陶忆连. 乡村振兴中提升农村基层党组织组织力研究[J]. 北京航空航天大学学报（社会科学版）, 2021(1): 20.
⑦《党的十九大报告辅导读本》编写组. 党的十九大报告辅导读本[M]. 北京: 人民出版社, 2017: 461.

（二）着力提升农村基层自治组织的自治能力

"民主的单位越小，公民参与的可能性也就越大，公民把政府决策权力移交给代表的必要性就越小；而单位越大，处理各种事务的能力就越强，公民把决策权力交给代表的必要性也就越大。"①进言之，我国人民当家作主的社会主义国家性质，以及村庄本身较小的组织规模、成员之间的紧密联系，村庄事务与广大村民利益息息相关这一系列特点，决定了采取直接民主的治理形式显然更加切合实际和更为有效，这也是我国基层群众自治的初衷所在。

提升农村基层自治组织的治理能力，关键之一在于"群众自治组织一定要设立在最能够便于群众自治的层面"②。这就意味着在实践过程中，除了遵循《中华人民共和国村民委员会组织法》的一般要求，还可围绕便民和利民原则，在村庄内部对治理空间、治理主体进行继续优化，让基层自治的效能进一步显现。此外，应将基层群众性自治组织的职能、职责进一步明确，加强基层群众性自治组织规范建设，完善基层群众性自治组织违法失信行为惩戒机制，强化权力制约和监督。③

随着经济社会的发展，城乡间人口流动、信息更新更加活跃，人们的思想观念、价值取向乃至生活方式也愈发多元。上述变化迫切需要发挥制度优势，创新方式方法，让基层自治更有成效，乡村治理能力与治理水平不断提升。

首先，尊重群众主体意愿，提升自治积极性。要通过制度性安排和规范化形式，逐步引导、激发基层群众参与协商的积极性，不断拓展协商的规模与领域，使协商成为基层群众生活的一部分，逐渐成为一种生活习惯、思维方式、价值追求。特别是基层党员干部，要努力成为加强协商民主建设的积极组织者、有力促进者、自觉实践者。④要增强村规民约执行力，重视对执行情况进行监督，让村规民约发挥规范自治作用。

其次，加强村委会队伍建设。依法选优配齐村委会干部队伍，优化村委会干部队伍结构。强化"人才池"储备，健全村级后备力量短期、中期、长期分类选拔机制，采取"个人自荐+群众推荐+组织推荐"方式，把优秀返乡农民工、农村致富带头人、返乡大学生、退役军人等纳入村干部后备人选。加大村干部教育培训力度，开展示范性培训，如以到乡跟岗学习、参与重要项目建设等方式领任务、教方法，缩短干部成长周期，逐步提高村委会干部依法办事、执行政策和服务村民的能力。开展扫黑除恶斗争，坚决将"村霸"和宗族恶势力等排除在外，确保干部队伍的纯洁性。

（三）发展壮大农村集体经济

农村集体经济组织作为管理村级集体资产的主体，在管理集体资产、开发集体资源、发展集体经济、服务集体成员等方面发挥着重要作用。⑤相比其他各类经济组织，农村集体经济组织具有鲜明的政治属性，是巩固社会主义公有制、促进共同富裕、提升农村基层党组织凝聚力、实现乡村善治的重要外部保障。

---

① 罗伯特·达尔. 论民主[M]. 北京：商务印书馆，1999: 111.
② 郝亚光，徐勇. 让自治落地：厘清农村基层组织单元的划分标准[J]. 探索与争鸣，2015(9): 56.
③ 全国干部培训教材编审指导委员会. 改善民生和创新社会治理[M]. 北京：人民出版社，党建读物出版社，2019: 163.
④ 张峰，等. 推进协商民主广泛多层制度化发展研究[M]. 北京：人民出版社，2021: 372.
⑤ 中共中央 国务院关于稳步推进农村集体产权制度改革的意见[M]. 北京：人民出版社，2017: 11.

为了促进农村集体经济的发展壮大，国家已就农村集体产权制度改革作出政策安排，并从法律上将该组织明确为"特别法人"。当前《中华人民共和国农村集体经济组织法》的立法工作也正在稳步推进。从实践层面而言，农村经济组织的发展壮大需要重点关注以下问题。

一是明晰农村集体经济组织与村民委员会的职能关系。逐步解决二者在农村集体经济经营管理等方面的职能交叉问题。有需要且条件许可的地方，可以实行村民委员会事务和集体经济事务分离。[1]要进一步"明确村民委员会和农村集体经济组织的权能和职责，在村党组织的统一领导下，相互配合、相互支持，各司其职，共同做好农业农村经济发展和社会治理工作"[2]。

二是要维护农村集体经济组织的合法权利。"坚持确保粮食安全、严格保护耕地、切实改善生态环境和保障集体成员公平分享集体收益。"[3]在承包土地经营权流转、土地征收等环节，必须严格把关，防止集体资产所有权被虚置。对于经营性资产，要体现集体的维护、管理、运营权利；对于非经营性资产，不宜折股量化到户，要根据其不同投资来源和有关规定统一运行管护。[4]

三是积极探索发展农村集体经济的有效形式。围绕"赋予农民更多财产权益"这一要求，探索资源发包、物业出租、居间服务、资产参股等多样化途径发展新型农村集体经济。[5]要充分盘活农村集体资源与资产，积极链接外部资源，及时转变发展理念，主动推进村级集体经济同文化、旅游、健康等现代产业的融合发展。创新组织管理架构，稳妥推进独立核算，赋予集体经济组织独立法人地位，构建内外监督体系，科学实施农村集体经济组织的经常审计和专项审计。[6]

（四）稳步推进其他各类组织规范化、制度化建设

当前乡村社会面貌的变化，农村群众的利益诉求更为复杂多元，乡村振兴也对村级公共事务、村庄建设提出更多、更高要求。在此情形下，仅仅依靠农村基层党组织、村民委员会、农村集体经济组织显然难以完全满足新时代乡村治理的要求。因此，如何充分调动人民群众、社会力量参与其中，无疑十分必要。

一是重视农村基层群团组织的作用。基层群团组织由于其贴合群众的特征，在凝聚人心、团结村民、带动发展等方面具有较强的组织优势，能够为乡村治理和农业农村现代化发展提供重要的外部保障。因此，需要通过制度建设为基层群团组织赋能、赋权、赋责，保障其参与乡村建设必需的编制、经费，使其更通畅地融入乡村建设实践中。[7]

二是积极引导社会组织参与乡村治理。建立健全社会组织"红黑"名单，加大社会组织

---

[1] 中共中央 国务院关于稳步推进农村集体产权制度改革的意见[M]. 北京：人民出版社，2017: 11-12.
[2] 陈锡文. 当前农业农村的若干问题[J]. 中国农村经济，2023(8): 17.
[3] 任大鹏. 乡村建设的保障制度构建[J]. 人民论坛·学术前沿，2022(15): 70.
[4] 陈锡文. 当前农业农村的若干问题[J]. 中国农村经济，2023(8): 12.
[5] 中共中央 国务院关于做好2023年全面推进乡村振兴重点工作的意见[M]. 北京：人民出版社，2023: 13.
[6] 韩保江. "十四五"《纲要》新概念——读懂"十四五"的100个关键词[M]. 北京：人民出版社，2021: 120.
[7] 任大鹏. 乡村建设的保障制度构建[J]. 人民论坛·学术前沿，2022(15): 71-72.

培育力度，坚持优秀社会组织扶持并举，引导社会组织规范有序参与社会治理。①在村民需求较为迫切的便民服务、农技服务、文化产品供给服务等领域，可考虑在做好备案登记的前提下，加快审核办理程序，简化登记程序，适当降低相关社会组织的准入门槛。逐步扩大政府向社会组织购买服务的范围和规模，对民生保障、社会治理、行业管理等公共服务项目，同等条件下优先向社会组织购买。②通过不断优化农村公共服务供给结构，提升农村公共服务的供给质量与供给能力。

三是鼓励开展志愿服务。通过政策引导与激励，支持具备专业知识技能的志愿者投身于农村服务。鼓励农村地区的政府机关、企事业单位结合自身工作性质与工作特点，采取部门联合的形式成立志愿服务队伍，通过"服务下乡"等形式主动为农村群众纾难解困、答疑解惑。把志愿服务纳入学校教育，研究制定学生志愿服务管理办法，鼓励在校学生参加志愿服务。支持和发展各类志愿服务组织进社区服务，引导公益慈善类、城乡社区服务类社会组织到社区开展志愿服务。③

第二节 乡村治理政策保障

一、乡村治理政策概述

（一）政策的内涵

政策有人口政策、财政政策、产业政策、金融政策等。作为一个耳熟能详的概念，其外延十分宽泛，因此对它的理解难以达成共识，以至于在对其进行界定时，由于学科差异、视角偏差等而存在诸多争议。

陈振明认为，政策就是国家机关、政党及其他政治团体在特定时期为实现或服务于一定社会政治、经济、文化目标所采取的政治行为或规定的行为准则，是一系列谋略、法令、措施、办法、方法、条例等的总称。据此可知，表达、实现政策主体的利益，化解利益矛盾促进社会进步与发展，是政策最为重要的目标和取向。④

科学、正确的政策有两个根本标准：一是以人民的利益为出发点，二是从中国的客观实际出发。⑤因为"我们的责任，是向人民负责。每句话，每个行动，每项政策，都要适合人民的利益"⑥。习近平总书记强调："谋事要实，就是要从实际出发谋划事业和工作，使点子、政策、方案符合实际情况、符合实际规律、符合科学精神，不好高骛远，不脱离实际。"⑦

---

① 李建伟，等. 我国乡村治理创新发展研究[M]. 北京：人民出版社，2020：163.
② 北京师范大学中国乡村振兴与发展研究中心，北京师范大学中国扶贫研究院. 全面推进乡村振兴：理论与实践[M]. 北京：人民出版社，2021：294.
③ 北京师范大学中国乡村振兴与发展研究中心，北京师范大学中国扶贫研究院. 全面推进乡村振兴：理论与实践[M]. 北京：人民出版社，2021：294.
④ 陈振明. 政策科学——公共政策分析导论(第二版)[M]. 北京：中国人民大学出版社，2003：50-52.
⑤ 吴苗. 当代中国政治发展研究[M]. 北京：人民出版社，2012：56.
⑥ 毛泽东. 毛泽东选集（第4卷）[M]. 北京：人民出版社，1991：1128.
⑦ 习近平. 各级领导干部都要树立和发扬好的作风[N]. 人民日报，2014-03-10(1).

（二）党的十八大以来乡村治理的政策体系概述

作为现代概念的"治理"，是在古今揖别之后才出现的现代理念与现代事件。民主、法治的现代国家机制，是现代国家的治理体系；国家、社会与市场的多元共治，是现代国家强大治理能力的保障。[1]由于学界对"治理"一词的理解存在争议，部分学者认为，乡村治理是一个历史悠久的实践过程，自从乡村社会产生和国家政权建立以来，这一实践都未曾中止。若从现代视角分析，乡村治理则主要是指中国共产党领导人民进行乡村建设与发展的实践探索。本书所讨论的乡村治理政策体系，也侧重从后者予以分析。从强化实践指导意义角度而言，选择以党的十八大以来的乡村治理政策体系作为具体研究对象，更具针对性与指向性。

党的十八大以来，我国的乡村治理政策体系紧紧围绕国家治理现代化这一基本前提展开，并结合农业农村现代化的发展目标从多个维度共同发力。一是将建章立制置于更加重要的位置。先是修改《中华人民共和国村民委员会组织法》，紧接着又印发了《中国共产党农村工作条例》，制定了《乡村振兴促进法》，并同其他相关制度文件共同构成了新时代乡村治理的制度体系，为乡村治理工作提供了基本遵循与工作指引。二是强化财政支持政策。无论是脱贫攻坚还是乡村振兴，国家对于农业农村发展的投入规模与投入力度都呈现出显著增长态势，这为乡村社会发展提供了极为重要的财政支持。三是不断完善乡村社会多元化治理机制。通过构建自治、法治、德治相结合的乡村治理体系，积极吸纳各类组织、人才、资源进入农村，使之积极发挥建设作用，并通过监督机制不断完善，多举措提升治理效能。

这一时期的乡村治理政策，从规模、力度以及实施成效等方面而言，相比以往任何时期都更为突出。也正是在这一系列政策的支持和推动下，当前我国农村社会"表现出'治理主体多元、治理手段多样及治理效能显著'等新时代乡村治理特征，乡村治理政策在快速发展过程中走向更加均衡"[2]。这种均衡主要表现为三个方面。第一，更加重视政策制定过程的互动性。在相关涉农政策的制定过程中，越来越多的声音得到关注，越来越多的主体能够在乡村治理政策方面发挥积极作用，逐渐改变了传统的"单向度"决策模式，政策主客体之间的互动性更强。第二，政策的覆盖面更为宽广。当前我国农村社会的各个治理领域，基本都被纳入政策范围内，有效避免了治理实践因政策的"冷热不均"导致的发展不均衡情形。第三，政策的新旧交替平稳顺畅。乡村治理的具体任务在不同阶段自然存在差异，以脱贫攻坚与乡村振兴为例，在二者之间建立起有效衔接机制，不仅有利于政策的平稳过渡，而且使得乡村治理作为一项整体性工作能够保持连贯，这种积极稳健的政策风格对于基础相对薄弱的农村地区保持发展的持续性、连贯性，其重要性不言而喻。

二、乡村治理的政策取向

《关于加强和改进乡村治理的指导意见》对于乡村治理目标的设定采取了分阶段、分步骤的设计思路。第一阶段截至 2020 年，其目标重在"强基"，重点围绕制度框架、政策体系、组织建设等方面展开。第二阶段则以 2035 年作为时间点，目标着眼于"增效"，工作重心在于推动各类制度体系的贯彻执行，突出实施成效。上述思路表明我国在乡村治理实践进程中，

---

[1] 任剑涛. 奢侈的话语："治理"的中国适用性问题[J]. 行政论坛，2021(2): 5.
[2] 汤蕴蓉. 中国共产党乡村治理政策的演进逻辑与内在机理[J]. 重庆社会科学，2022(9): 42.

有着长远的战略构想与明确的具体目标，同时也表明乡村治理现代化的实现是一项长期性、系统性的工作，必须保持战略定力、久久为功，不可毕其功于一役。而且，这一文件的出台，也可以理解为国家在乡村治理过程中从政策设计、政策执行、政策评估已经有了清晰的思路，同时也为乡村治理的其他各类具体政策制定和执行提供了指南与规范。

有学者认为，针对我国乡村治理过程中面临的主要挑战与存在的主要问题，应结合实践，总结现有的成功经验，注重在必要的顶层设计框架与政策范围内鼓励地方自主探索创新；在统筹城乡发展、新型城镇化与乡村振兴的大局中，以城乡联动治理推进乡村治理现代化。

（一）注重顶层设计与地方实践相结合

顶层设计应重点着眼于方向指引、宏观政策引导与资源整合、组织保障等方面。通过上述方面的努力，确保乡村治理在国家层面形成科学统一的规划体系。在地方实践探索方面，也应根据地方政府层级明确工作重点；省一级政府应围绕地区实际确定乡村治理的重点工作领域、工作目标、主要任务与资金安排等，设计出切合地方实际的指标体系；市县层面则应强调政策的可操作性，对照上级要求，细化实施目标、分解工作任务，坚持以实绩、效率为导向，并对资金使用、干部管理与考核作出合理安排，对各地在乡村治理实践过程中形成的有益探索与创新及时总结梳理，通过不断提高政策的匹配度与适应性来提升治理效能。

（二）在城乡融合发展中推进乡村治理

乡村治理，除了着眼于乡村社会本身，更为关键的是需要从统筹城乡发展的视角来推进。要逐步破除限制城乡要素合理流动的体制机制。一方面，要通过农村集体产权制度改革，管好用好集体资产，建立符合市场经济要求的集体经济运行机制，促进集体资产保值增值[①]，让广大农村地区群众从中受益。另一方面，积极探索城乡人才资源合理有序流动机制，为城市各类治理人才、企事业单位、社会组织在乡村治理实践进程中发挥作用创造有利条件，让城市中的治理资源、现代治理技术、治理方式与治理理念能够为乡村治理提供有效的外部供给与补充。

（三）不断完善乡村公共服务体系规划建设

坚持在统筹城乡发展的要求下，持续加大城乡公共服务均等化推进力度。一方面要重视公共服务资源对农村地区发展的支持力度，另一方面也要加快提高公共服务领域的服务质量、完善制度规范以及服务标准的一体化进程。在公共服务供给中，既要坚持城乡统筹推进，又要以农村地区与农民群众需求最为迫切的领域作为工作重点优先推进，大力推进乡村厕所革命与垃圾分类，改善乡村人居环境，完善农村社会保障体系，不断提高农村地区医疗水平，切实提升农村群众的生活舒适度与幸福感。[②]

[①] 陕西省农业农村厅. 什么是农村集体产权制度改革？[EB/OL]. (2022-11-28)[2023-12-28]. http://nynct. shaanxi. gov. cn/www/zcfgyggc1128/20221128/9810449. html.
[②] 李建伟，等. 我国乡村治理创新发展研究[M]. 北京：人民出版社，2020: 240-241.

(四)坚持统筹推进与地方特色相结合

在产业支持、财政金融、人才支撑、生态保护、公共服务、基础设施建设与完善等方面,就国家层面而言,需要根据前期农业农村工作开展的实际情况及时对相关政策从目标导向、政策法规、制度设计等方面予以调整、优化与完善,确保全国乡村治理形成"一盘棋"格局;结合当前我国农村在发展基础、区域环境与特色等方面的具体差异,还需更加注重各类政策在本地区具体实施进程中的优先级与精准度。通过统筹推进与地方特色相结合,最终实现乡村治理的相关政策既能充分贯彻落实中央和国家要求,又能立足地方特色与实际,努力实现政策执行效果最优与政策效益最大化的治理目标。

三、乡村治理的重点政策领域

随着我国的乡村治理进入历史新方位,加强和改进乡村治理工作,要实行问题导向,在政策目标上提高认识、精准聚焦并逐步拓展。关于乡村治理的政策领域,本书结合当前乡村振兴战略这一背景和脱贫攻坚与乡村振兴有效衔接的工作要求,重点围绕"五个振兴"展开,即产业振兴、人才振兴、文化振兴、生态振兴、组织振兴五个维度,分别从产业发展、财政金融、人才支持、公共服务、生态保护与修复、组织保障方面对当前乡村治理政策的重点任务分别予以阐述。

(一)产业发展政策

产业发展是乡村振兴的重点工作,也是乡村治理的关键之一。在产业发展政策方面,重点围绕特色产业发展、产业链支持措施、利益联结机制等维度展开。要通过政策制定与设施配套,为农村特色产业发展营造良好的制度环境;要打通产业发展在种养、产销等环节的障碍,以政策支持与政策保障提高产业的抗风险能力与市场竞争能力;要为各类市场主体参与农村产业发展创造有利条件,强化农村群众与市场主体之间的利益联结机制,使农村产业发展能够为农业农村现代化奠定坚实的物质基础。

(二)财政金融政策

稳健有力的财政金融政策,对于自身财源有限的乡村社会而言,其重要性不言而喻。一方面,积极的财政金融支持政策,可以为广大农村地区在基础设施建设、产业发展、公共服务供给等多个方面提供强有力的资金保障,有利于农村地区在这些领域补齐短板,筑牢发展基础;另一方面通过税收优惠、财政补贴、绿色金融等政策,转变农业发展方式,吸引各类市场主体参与农村产业发展、设施建设、设备制造等。

(三)人才支持政策

乡村振兴与乡村治理,人才支撑是关键。在人才支持政策方面,应将内培外引、引育结合作为政策出发点与基本思路。一是要注重对本乡本土人才的发掘与培养,通过新型职业农民培育、乡村治理本土人才培养等途径,不断壮大农民作为乡村治理与农村发展的"主力军"队伍。二是通过政策引导与支持,广泛吸纳市场经营主体、教师、医生、律师等各类人才充分发挥自身经营能力、专业技术优势,为乡村振兴与农村社会治理提供智力支持。

(四)公共服务政策

继续把国家社会事业发展的重点放在农村,促进公共教育、医疗卫生、社会保障等资源向农村倾斜,逐步建立健全全民覆盖、普惠共享、城乡一体的基本公共服务体系,推进城乡基本公共服务均等化。①公共服务政策实施进程中应考虑农村发展实际,采取分步骤、分阶段推进策略,将"补短板"置于优先考虑,把农业农村发展与农民急难愁盼问题作为前期政策的重点目标,在此基础上通过政策的跟进、升级、调整与优化逐步提升乡村公共服务的整体水平与质量,最终实现城乡公共服务一体化、均等化发展。

(五)生态保护与修复政策

农村地区是我国生态资源的重要分布地区,也是生态环境保护与修复工作的重点领域。乡村治理必须将农村生态保护置于更加突出的位置,通过法律制度、政策规范的不断完善,进一步强化农村生态保护的能力。既要对广泛分布于农村地区的各类自然保护区、生物资源、自然资源实施更加有力和更为有效的保护措施,也要积极探索农村生态产品价值实现机制,完善重点领域生态保护补偿机制,将政策工具、市场手段有机结合,构建农村生态保护修复共商共建共享新格局,逐步破解农业面源污染、人居环境整治等方面的具体问题,实现农业农村生产生活的绿色转型。

(六)组织保障政策

坚强有力的组织保障政策是实现乡村善治的基础与前提,也是其他各类政策措施得以顺利实施的先决条件。从乡村治理的组织保障政策体系而言,其核心目标在于"建立健全党委领导、政府负责、社会协同、公众参与、法治保障的现代乡村社会治理体制,坚持自治、法治、德治相结合"②。具体而言,首先应将党的领导与党对农业农村工作的要求不折不扣地贯穿于乡村治理的全过程。从政府层面而言,要保证国家各项涉农政策的具体落实与贯彻执行,以工作实绩与群众口碑作为干部考核依据,注重农村群众在乡村治理中的主人翁作用,鼓励和引导各类社会主体在乡村治理中发挥重要补充作用。而上述各类主体的治理活动,都应置于法治框架之下,既要积极有为,又要规范作为,坚决防范各类违法违规行为与歪风邪气侵蚀、危害群众利益。

---

① 乡村振兴战略规划(2018—2022年)[M]. 北京:人民出版社,2018:82.
② 新华社,中共中央、国务院关于实施乡村振兴战略的意见[EB/OL]. (2018-02-04). http://www.gov.cn/zhengce/2018-02/04/content_5263807.htm.?eqid=e476063c0002c52600000004645c9322.

第三节　乡村治理人才保障

一、乡村人才概述

（一）人才的内涵

人才是指具有一定的专业知识或专门技能，进行创造性劳动并对社会作出贡献的人，是人力资源中能力和素质较高的劳动者。[1]功以才成，业由才广。全面建设社会主义现代化国家，充沛的人才资源是其不可或缺的先决条件之一。习近平总书记指出："综合国力竞争归根到底是人才竞争。哪个国家拥有人才上的优势，哪个国家最后就会拥有实力上的优势。"[2]

（二）乡村人才的特征

根据前文对人才的界定，理解乡村人才的特征，可以从如下视角切入：第一，乡村人才是熟悉"三农"工作，并在农村工作、农业发展、农村社会管理方面具备相当的专业知识能力与情怀，属于"有见识""懂政策""接地气"的农村能人。第二，乡村人才能够从不同领域对农业农村现代化产生积极作用，诸如农村基层党组织建设、村民自治、矛盾风险化解、农技推广、农村经济发展与农民致富增收、移风易俗、生态文明建设、科教文卫事业发展等方面，都能发挥示范引领和模范带头作用。第三，城乡发展存在差距的客观现实迫切需要各类治理人才，但同城市相比，农村地区在人才选用方面缺乏比较优势，因此对人才队伍的稳定性要求更为迫切。第四，同其他地区和行业的人才相比较，乡村人才在可支配资源、发展环境、自我提升等方面存在诸多局限，这也会在一定程度上限制农村人才队伍建设、能力提升与结构优化。

（三）乡村人才的类型

乡村治理，就是性质不同的各种组织，包括乡镇的党委政府、工青妇等社会团体，村里的党支部、村委员会、团支部、妇女会、各种协会等村级组织，民间的红白喜事会、慈善救济会、宗亲会等民间群体及组织，通过一定的制度机制共同把乡下的公共事务管理好。[3]从这一概念可知，乡村治理的组织体系、目标取向丰富多元，而这些组织中所包含的人才范围也十分广泛。乡村人才的类型可根据其职能作用分为五类群体，即农业生产经营人才、农村第二三产业发展人才、乡村公共服务人才、乡村治理人才以及农业农村科技人才。[4]其中，乡村

---

[1] 国家中长期人才发展规划纲要（2010—2020年）[M]. 北京：人民出版社，2010: 1.
[2] 中共中央宣传部. 习近平新时代中国特色社会主义思想学习纲要[M]. 北京：人民出版社，学习出版社，2023: 130-131.
[3] 郭正亮. 乡村治理及其制度绩效评估：学理性案例分析[J]. 华中师范大学学报（人文社会科学版），2004(4): 25.
[4] 北京师范大学中国乡村振兴与发展研究中心，北京师范大学中国扶贫研究院. 全面推进乡村振兴：理论与实践[M]. 北京：人民出版社，2021: 147.

治理人才则是指乡镇和村庄干部、大学生"村官"、驻村干部、帮扶干部、新乡贤等。[1]《关于加强和改进乡村治理的指导意见》指出，各级党委和政府要加强乡村治理人才队伍建设，充实基层治理力量，指导驻村第一书记、驻村干部等围绕乡村治理主要任务开展工作，聚合各类人才资源，引导农村致富能手、外出务工经商人员、高校毕业生、退役军人等在乡村治理中发挥积极作用。[2]

结合乡村治理的概念与相关表述来看，乡村治理中的人才应当涵盖农村经营、管理、服务、农业科技工作等多个领域。探讨乡村治理的人才保障，不能局限于某一类人才，因为乡村治理目标的多元性、系统性与复杂性需要各类人才从不同领域共同发力。

二、人才队伍建设面临的挑战

（一）乡村人才外流现象较为明显

国家统计局数据显示，2018—2022年，除2020年以外，全国农民工总量、本地农民工数量与外出农民工数量总体处于增长趋势。2022年全国农民工总量达到29 562万人，比2021年增加了311万人，增长1.1%。其中，本地农民工12 372万人，比上年增加293万人，增长2.4%；外出农民工17 190万人，比上年增加18万人，增长0.1%。[3]具体如表9-3所示。

表9-3　2018—2022年农民工总量与增速　　　　　　　　　单位：万人

年份	农民工总量	增速	本地农民工数量	增速	外出农民工数量	增速
2018	28 836	0.6%	11 570	0.9%	17 266	0.5%
2019	29 077	0.8%	11 652	0.7%	17 425	0.9%
2020	28 560	-1.8%	11 601	-0.4%	16 959	-2.7%
2021	29 251	2.4%	12 079	4.1%	17 172	1.3%
2022	29 562	1.1%	12 372	2.4%	17 190	0.1%

注：1. 根据国家统计局的解释，农民工指户籍仍在农村，年内在本地从事非农产业或外出从业6个月及以上的劳动者；

2. 上表数据是根据国家统计局所公布的2018—2022年农民工监测调查报告整理所得，可在国家统计局官网或中国政府网查询。

农民工群体总量维持在农村人口的一半左右，而且这一群体又以农村的青壮年劳动力为主。他们长期脱离农业生产活动与村庄治理，不仅进一步放大了乡村治理人才匮乏的"短板"，而且会使乡村人口老龄化、农村"空心化"等问题显得更为突出，乡村产业发展、养老问题、子女教育等一系列农村社会问题愈发明显。结合当前的乡村振兴战略来看，若无法通过有效举措扭转农村青壮年劳动力人口持续外流的趋势，让他们真正扎根农村，则乡村治理人才在数量与质量上的双重不足这一难题就难以得到有效化解。

---

[1] 中国扶贫发展中心，全国扶贫宣传教育中心. 脱贫攻坚与乡村振兴衔接：人才[M]. 北京：人民出版社，2020: 11.

[2] 新华社. 中共中央办公厅、国务院办公厅印发《关于加强和改进乡村治理的指导意见》[EB/OL]. (2019-06-23). http://www.gov.cn/zhengce/2019-06/23/content_5402625.htm.

[3] 2022年，农民工监测调查报告[EB/OL]. (2023-04-28). http://www.gov.cn/lianbo/2023-04/28/content_5753682.htm.

（二）农村发展环境对人才吸引力不足

通常而言，人才的培养依赖两种途径：一是内部培养，二是外部引进。从内部来看，同城市发展相比，农村地区在基础设施、公共服务、生活便捷程度等方面还有较大差距。对于农村干部与村庄"能人"而言，农村现有的工作待遇、生活条件、发展空间对其难以产生足够的吸引力，这也从一定程度上解释了为什么外出农民工一旦能够在城市立足，就倾向于在城镇购房，举家搬迁。他们的离开，也会进一步削弱本就十分有限的农村资源。有学者就指出："农村青壮年劳动力和精英人才过度外流，不仅减少了乡村建设发展的可用劳动力，还弱化了乡村治理的人才支持和智力供给。"[①]从外部引进来看，虽然各地政府采取了多种措施吸引人才助推乡村发展，但随着人才能力和市场竞争力的提升，在发展平台、薪酬待遇等方面，农村相对城市而言，几乎不存在任何竞争优势。在现实中，一些引进人才选择到村工作也只是其进入公务员、获得事业编制的跳板。当工作待遇与职业前景都无法对乡村治理人才产生吸引力时，无论是出于个人发展意愿还是现实生活压力的考虑，他们最终都选择了离开农村，另谋出路。此外，琐碎繁杂的事务性工作和青年人才的职业期望之间存在较大差异，难以让他们产生长期留在乡村发展的动力，乡村也就成了人才的中转站。[②]

（三）农村干部综合素质有待进一步提升

随着乡村青壮年劳动力的持续外流，村民自治的实效性也面临着较为严峻的考验。对于广大中西部农村地区来讲，青年干部比例偏低，现有村干部队伍年龄结构偏大的问题较为明显。虽然这些村干部在村庄公共事务方面投入了大量心思、耗费了不少精力，但受限于文化素质、眼界阅历，他们在政策把握、治理方式上，越来越难以跟上时代发展的步伐，在面对农村群众诉求和村级事务时，也越来越力不从心。受此影响，一些村庄的公共事务被少数人所把持，这也使得在惠农资金使用、集体资产管理、土地征收等领域存在"微腐败"现象。此外，少数干部的不作为、乱作为，也在一定程度上导致干群关系紧张与对立。上述情形的存在，客观上还使得一些品行端正、群众口碑好的人未必能当选村委会主任或村党支部书记，进而直接影响能人贤士回乡发展和实现个人价值的热情。[③]

（四）各类治理人才培养管理机制不健全

第十三届全国人大农业与农村委员会副主任委员李春生认为，一些高等院校和职业院校，在院校的学科、专业、课程设置上与农业农村产业发展，特别是新兴的产业发展不匹配。如果从教育优先经济发展的角度来看，培养能够站在农业科技发展前沿、引领农业产业发展新趋势的引领型人才，这方面存在的差距更大。

此外，实用人才与职业农民的培养不适应。截至2019年，全国农业实用人才超过2 000万人，其中新型职业农民1 500万人。[④]但将这一数据平均下来，实际上每个村不到6人，这

---

① 王文彬. 自觉、规则与文化：构建"三治融合"的乡村治理体系[J]. 社会主义研究，2019(01): 122.
② 唐丽霞，等. 招聘到村工作大学生"引育管用留"精准发力青年人才工作的阳泉实践[J]. 国家治理，2023(7): 57.
③ 蒲实，孙文营. 实施乡村振兴战略背景下乡村人才建设政策研究[J]. 中国行政管理，2018(11): 90-91.
④ 高云才. 全国新型职业农民超过1500万[N]. 人民日报，2019-03-05(4).

显然与农村发展的实际需求还存在较大缺口。新型职业农民总量相对不足,文化程度相对较低,农村既缺少与市场经济发展相适应的经营管理、营销、电商、金融等人才,也缺少与乡村产业发展相契合的本土人才。外部人才引不来、本土人才难培养、优秀人才留不住的状况还不同程度地存在。①

最后,在人才使用和管理方面,缺乏有效的激励考核措施。农村工作千头万绪,农村干部也是层层考核压力的传导终端,这使得他们必然面临着工作强度大、工作压力大等一系列问题。但与此相对应的是,广大农村干部在工作待遇、社会地位、晋升发展等方面又很少具备比较优势,其"职业荣誉感、成就感、获得感、尊严感普遍不强,年轻的村干部难以安心从事基层工作,人才流失现象较为普遍"②。由于前期农业发展的人才支持政策尚不完善,尤其是考核机制还存在一定的导向偏误,一些农业科技工作者热衷于做课题、发文章,在成果转化、运用、推广方面做得不够。部分地区基层机构编制数量缩减,尤其是农业技术推广人员编制削减,农技推广人员数量不足③,对现代农业发展支撑有限。对于一些新型职业群体,如农业经理人、乡村职业经理人、乡村 CEO,尚未形成科学规范的管理体制与管理措施。以"乡村CEO"为例,有学者研究指出,无论是外部引入还是内部培养,一些现实层面的难题短期内似乎还没有更好的解决思路与具体措施。尤其是当"乡村 CEO"以现代管理思路统筹村庄资源时,极易受到传统社会结构的阻碍。④更多时候,规则意识、契约精神面对农村社会由来已久的"人情关系"时也不得不作出妥协和让步。因此,乡村 CEO 的企业在满怀信心准备进行市场化运作时,往往发现自己要么被乡土社会的共同体逻辑所主导,要么很难摆脱行政社会准科层逻辑的影响。⑤

三、乡村治理的人才保障措施

乡村有效治理,人才是关键。做好巩固拓展脱贫攻坚成果与乡村振兴有效衔接各项工作,是当前农村工作的重点。要实现乡村有效治理,"加快农业农村现代化步伐,促进农业高质高效、乡村宜居宜业、农民富裕富足"⑥这一系列目标,除了需要在政策保障、资金投入、项目实施、产业发展等方面持续发力,还需进一步强化乡村治理的人才内部支撑,打造一支熟悉"三农"工作,知农、兴农、爱农的人才队伍,并能心无旁骛、集中精力带领广大农村群众投身于乡村振兴和乡村治理各项工作之中,从而为乡村振兴和农业农村现代化提供坚实的人才支撑。因此,有必要建立健全乡村治理人才培育、引进、使用和保障机制,提升现有乡村治理人才队伍工作热情与工作能力,让那些有意愿服务乡村的各类人才在农村留得住、能干事,从而建立起结构稳定、能力出众、富有活力的乡村治理人才队伍。

《乡村振兴战略规划(2018—2022年)》在第十篇第三十二章"强化乡村振兴人才支撑"

---

① 中国小康建设研究会. 中国小康之路——乡村振兴与农业农村热点问题研究[M]. 北京:人民出版社,2020: 289.
② 郑会霞. 如何突破乡村治理面临的四重困境[J]. 人民论坛,2020(18): 78.
③ 蒲实,孙文营. 实施乡村振兴战略背景下乡村人才建设政策研究[J]. 中国行政管理,2018(11): 91.
④ 徐进,李小云. "人才回乡":乡村人才问题的历史叙事与现实遭遇[J]. 中央民族大学学报(哲学社会科学版),2022(6): 162.
⑤ 吴一凡,徐进,李小云. 城乡人才要素流动:对接现代性的浪漫想象——"乡村 CEO"的理论分析与现实困境[J]. 贵州社会科学,2023(1): 150.
⑥ 习近平. 习近平著作选读(第二卷)[M]. 北京:人民出版社,2023: 444.

中，从培育新型职业农民、加强农村专业人才队伍、鼓励社会人才投身乡村建设三个方面进行谋篇布局。《关于加快推进乡村人才振兴的意见》(以下简称《意见》)，专门就乡村振兴战略中的人才支撑作了更为详尽的指导与安排。《意见》第五部分结合乡村治理人才的具体类型，分别从乡镇党政人才队伍、村党组织带头人队伍、"一村一名大学生"培育计划、农村社会工作人才队伍、农村经营管理人才队伍、农村法律人才队伍6个方面对乡村治理人才培养提出了明确要求。当前农村工作的重点在于实施乡村振兴战略，本书所讨论的乡村治理人才保障，究其实质，就是讨论如何在乡村振兴战略实施背景下构建乡村治理人才保障体系与保障措施。综上所述，基于现实要求，分类标准的科学性、权威性等多维度考虑，本书认为，乡村治理的人才保障，应同《意见》中的相关规定保持基本一致。具体而言，应当包含这样几个方面。

（一）加强乡镇党政人才队伍建设

乡镇干部是最接近农村群众的国家干部，他们的能力素质、言行举止直接关乎党和政府在群众心目中的形象。加强乡镇党政人才队伍建设，首先要选优配强领导班子成员，让政治素质过硬、业务能力娴熟、群众基础良好的干部能够脱颖而出，逐渐形成从优秀村党组织书记、驻村工作队员等队伍中选拔乡镇领导干部成为常态化工作机制。其次是要对现有干部队伍规范管理，从编制使用、服务年限、人员借调、薪资待遇等方面为乡镇干部开展工作营造良好的工作氛围。最后通过适当的政策倾斜，广泛吸纳高校毕业生、退役军人或其他各类人才通过公务员考录进入乡镇干部队伍，以此充实农村干部队伍、优化干部结构。

（二）推动村党组织带头人队伍整体优化提升

村党组织带头人的选拔与任用，必须将政治标准放在首位，同时也要注重考察相关人选，尤其是村党支部书记的道德品质、廉洁自律、服务群众能力等方面的综合素质。充分挖掘农村各类优秀本土人才，注重"从农村致富能人、返乡创业人员、退役军人、本地大学毕业生的党员中选拔、培育村党组织书记"[①]。对于个别村庄暂时没有合适的村党支部书记人选的，可以考虑通过选派、跨村任职等形式予以解决。全面落实村党组织书记县级党委组织部门备案管理制度和村"两委"成员资格联审机制，实行村"两委"成员近亲属回避，净化、优化村干部队伍。[②]要不断提升农村现有村党组织带头人队伍综合素质，应不断加大相关人员的集中培训、参加学历教育的支持力度。

（三）实施"一村一名大学生"培育计划

一是政府牵头与高校建立合作，充分发挥高校的专业优势与人才培养条件，为农村各类经营、管理人才提供职业教育或学历教育，培养一批在乡大学生和乡村治理人才，从农村内部开发人力资源。二是依托国家"三支一扶"计划、大学生"村官"政策等，积极吸

---

① 《中国共产党农村基层组织工作条例》第26条.
② 新华社. 中共中央办公厅、国务院办公厅印发《关于加快推进乡村人才振兴的意见》[EB/OL]. (2021-02-23). http://www.gov.cn/zhengce/2021-02/23/content_5588496.htm.

纳高校毕业生到村工作，并通过配套政策、激励措施的不断完善，确保到村大学生有担当、能作为、见实效，此举在于通过合理的政策设计建立起人才从城市到乡村的合理流动机制，让各类青年专业人才能够为农业农村现代化发展贡献智慧与力量，弥补农村在人才资源方面的短板。

（四）加强农村社会工作人才队伍建设

基于自身的专业优势，社会工作人才在农村公共服务领域拥有广阔的作为空间。一方面，应加快乡镇社会工作服务站建设进程，加大政府购买服务力度，为社会工作人才在农村开展专业服务提供平台与空间。另一方面，也要针对当前农村地区存在的留守老人、留守妇女与留守儿童，进一步提升社会服务工作的针对性与倾向性，确保农村社会工作服务见实效。最后，各类社会工作组织与人才在农村开展工作的同时，也应将服务工作本身同帮助培养本地社会工作人才结合起来，通过外引带动内培，不断壮大农村社会工作人才的队伍，在此基础上进一步提升农村群众自我服务能力。

（五）加强农村经营管理人才队伍建设

对于各类农村经营人才，既要为他们在农村的经营活动创造有利条件，还要加强对这类人才的规范管理。要通过政策保障、权责划分等形式，保护他们的合法经营行为不受干预和影响，坚持以实际贡献为导向。对于积极干事创业、带动群众增收致富的经营者，可以通过税收优惠、财政支持、业务培训等一系列激励和保障措施确保他们心无旁骛地开展工作。对于极少数借机侵蚀群众利益的经营者，也应及时予以坚决处理。各地还应积极探索将农村合作组织管理专业纳入农业技术人员职称评审范围的具体操作方式，完善评价标准。

（六）加强农村法律人才队伍建设

农村法律人才队伍的建设，旨在解决农村地区在执法和普法教育领域所面临的实际问题。首先是通过开展业务培训、待遇改善等形式，不断优化现有执法队伍综合素质，逐步提升农业综合行政执法工作的专业性、规范性。其次是要加快培育"法律明白人"和落实"一村一法律顾问"制度，帮助群众逐步养成遇事找法、解决问题靠法的法治思维，让法治教育逐步深入人心。最后，推动公共法律服务力量下沉，通过招录、聘用、政府购买服务、发展志愿者队伍等方式，充实乡镇司法所公共法律服务人才队伍，加强乡村法律服务人才培训。①

总之，在乡村治理的人才保障方面，应通过制度激励、财政倾斜、政策牵引、氛围营造等多种手段和措施，为人才提供良好的发展平台与工作环境，解决各类人才的待遇、身份等改善基本公共服务条件，增强人才流动的便捷性，缩减城乡地域生活、消费、娱乐、学习等内涵和质量差别，真正实现城乡利益融合发展。②

---

① 新华社. 中共中央办公厅 国务院办公厅印发《关于加快推进乡村人才振兴的意见》[EB/OL]. (2021-02-23) http://www.gov.cn/zhengce/2021/02/23/content_5588496.htm.
② 杨超. 目标、基层与策略：中国城乡利益格局调适的内在逻辑[M]. 人民出版社, 2019: 190-191.

第四节 乡村治理的监督保障

一、监督在乡村治理中的意义

基层治理是国家治理的基石，统筹推进乡镇（街道）和城乡社区治理，是实现国家治理体系和治理能力现代化的基础工程。[①]基层是国家与社会的结合部位。从国家结构看，基层距离中央最远；从社会结构看，基层距离民众最近。[②]具体到乡村社会治理，一方面，相比于传统，当前国家在农村发展与农村工作中的作用和影响得到了空前强化，可以说，我国农业农村发展所取得的一切成就都与此密不可分。另一方面，相比于城市而言，农村社会依然保留了浓厚的"熟人社会"特质，人情世故、亲缘血缘还会继续对人们的生产生活、社会交往产生实质性影响。概括而言，乡村治理中，除了正式规则制度以外，非正式规则的作用同样不可小觑。要确保各类治理主体，尤其是公共权力主体，以及制度规则在乡村治理过程中发挥最大效用，增强治理合力，规避失范行为，就有必要高度重视、充分发挥监督的保障作用。

法国政治思想家孟德斯鸠认为："一切有权力的人都容易滥用权力，这是万古不易的一条经验：有权力的人们使用权力一直到遇有界限的地方才休止。"[③]阿克顿更是作出"权力导致腐败，绝对的权力导致绝对的腐败"[④]的经典论断。结合前文对当前乡村社会特点的分析，在乡村治理实践中，可能遇到如下问题：一是部分基层干部心怀侥幸，认为"天高皇帝远"，上级单位无暇顾及本地区工作开展的具体情况，因此会出现懒政、惰政，甚至滥用权力、违纪违法，侵蚀群众利益。二是群众基于"不惹事""民不与官斗"或息事宁人的传统思维与消极心态，对于身边干部存在的违规、违纪和违法行为采取姑息态度。三是在农村人口外流的背景下，农村留守人口更多以老人、妇女、儿童为主，囿于自身能力，他们也难以对一些基层干部腐败行为和不正之风进行制止。鉴于以上现实原因，强化乡村治理中的监督检查机制，把权力关进制度的笼子里，让基层监督落实见效十分必要。

针对基层腐败问题，习近平总书记一针见血地指出："相对于'远在天边'的'老虎'，群众对'近在眼前'嗡嗡乱飞的'蝇贪'感受更为真切。'微腐败'也可能成为'大祸害'，它损害的是老百姓切身利益，啃食的是群众获得感，挥霍的是基层群众对党的信任。"[⑤]国家行政学院教授竹立家在接受《法制日报》（编者注：现已更名为《法治日报》）记者采访时表示：在基层干部的日常工作中，贪污或不作为，都会被群众看到、听到。那么，群众对党和政府的不信任也就会被放大。因此，提供社会治理和公共服务的基层政府一旦滋生腐败，其产生的社会危害，也就是对党和政府威信的负面影响会更大。[⑥]从维护群众利益、回应群众关切、夯实基层政权基础的角度而言，对农村基层存在的腐败问题和不正之风及时发现、及时

---

① 中共中央、国务院关于加强基层治理体系和治理能力现代化建设的意见[M]. 北京：人民出版社，2021:1.
② 徐勇. 中国式基层治理现代化的方位与路向[J]. 政治学研究，2023(1): 5.
③ [法]孟德斯鸠. 论法的精神[M]. 北京：商务印书馆，1993: 150.
④ [英]阿克顿. 权力与自由[M]. 北京：商务印书馆，2001: 342.
⑤ 习近平. 在第十八届中央纪律检查委员会第六次全体会议上的讲话[N]. 人民日报，2016-05-03(1).
⑥ 转引自央广网. 惩治基层腐败须铲除哪些毒瘤？[EB/OL]. (2018-01-24). http://baijiahao.baidu.com/s?id=1590451248188198522&wfr=spider&for=pc.

制止，其重要性同样不言而喻。

近年来，监督实践在治理场域中得到广泛运用，对基层小微权力的约束凸显了权力运作的社会性和公共性，构成了乡村治理体系的重要制度基础。①党的二十大报告明确指出，要"健全党统一领导、全面覆盖、权威高效的监督体系，完善权力监督制约机制，以党内监督为主导，促进各类监督贯通协调，让权力在阳光下运行"②。由此可见，对基层小微权力进行监督是规范权力运行的常态化要求，也是乡村治理现代化进程中的一项长期性工作。

二、乡村治理的监督对象与监督现状

（一）监督的对象

对于乡村治理中的监督对象，可以理解为既有针对"人"的监督，也有针对事的监督，这里所说的"人"主要指基层干部队伍，以及与之相关的地方党委、政府部门、事业单位等基层组织。"事"则是指涉农资金、项目、政策等具体涉农工作。结合 2023 年中央纪委印发的《关于开展乡村振兴领域不正之风和腐败问题专项整治的意见》来看，又可将具体监督对象与监督任务分为三类：一是政策落实和工作推进中的形式主义、官僚主义问题；二是加强对重点项目、重大资金、重要环节的监督检查；三是加强对村干部尤其是"一肩挑"人员的监督管理，督促深化整治"村霸"。③

（二）监督的现状

1. 工作成效

2023 年上半年，全国纪检监察机关共立案乡科级干部 4.2 万人；立案现任或原任村党支部书记、村委会主任 3.1 万人；处分乡科级干部 3.3 万人，一般干部 3.6 万人，农村、企业等其他人员 17.8 万人。④

中央纪委国家监委网站信息显示，各地在强化基层监督促进乡村治理工作中也取得了一定成效。一是注重对村党总支部书记、村委会主任等主要村干部的监督管理。通过建立廉政档案、小微权力清单，对干部的廉洁自律、村级管理规范与村务公开落实情况进行更加有效、更贴合基层实际的管理。二是严厉整治"村霸"及其背后保护势力。通过实施专项整治、建立"打伞破网"常态机制，并结合扫黑除恶专项斗争，对危害群众安全和利益、侵蚀基层政权的"村霸"予以坚决整治和严厉打击，提升群众安全感，改善农村社会风气，规范基层权力运行。三是以监督执纪问责提升乡风文明建设水平。针对农村地区存在的"厚葬薄养""天价彩礼""请客送礼"等现象，各地纪委监委强化监督执纪问责，督促当地党员干部做好模范带头作用，自觉抵制不良风气与陈规陋习，以身体力行带动群众逐步养成健康文明、厉行节

---

① 罗昊. 完善乡村监督体系 推动乡村治理现代化[N]. 中国社会科学报，2023-03-15(A08).
②《党的二十大报告辅导读本》编写组. 党的二十大报告辅导读本[M]. 北京：人民出版社，2022: 59.
③ 新华社. 中央纪委印发意见 坚决整治乡村振兴领域不正之风和腐败问题[EB/OL]. (2023-02-16). http://www.gov.cn/xinwen/2023-02/16/content_5741812.htm.
④ 兰琳宗. 本网评论：坚决整治损害群众利益的突出问题[EB/OL]. (2023-08-02). http://www.ccdi.gov.cn/toutiaon/202308/t20230802_279796.html.

约的社会风尚与社会氛围。此外，一些地方纪委监委积极指导基层挖掘本地廉洁文化资源，建立清廉建设基层联系点，开展"送戏下乡"、纪法教育"大篷车"巡演、廉洁主题文艺作品网络展播等活动，推动廉洁理念融入基层治理，在潜移默化中培育文明新风。[①]

各级纪检监察机关因地制宜，精准施治，促使群众身边的不正之风和腐败问题得到了较好解决，以实际成效赢得群众支持和信赖，人民群众获得感、幸福感、安全感也在此基础上得到提升。

2. 面临的挑战

党的十九届四中全会提出："必须健全党统一领导、全面覆盖、权威高效的监督体系，增强监督严肃性、协同性、有效性，形成决策科学、执行坚决、监督有力的权力运行机制。"[②]这进一步明确了党和国家监督体系在国家治理体系中的重要定位。但从乡村治理过程中的监督实践来看，目前的监督工作依然面临一些较为复杂的考验与挑战。

一是党内监督还存在不严不实不细的问题。"长期以来，党内存在的一个突出问题，就是不愿监督、不敢监督、抵制监督等现象不同程度存在，监督下级怕丢'选票'，监督同级怕伤'和气'，监督上级怕穿'小鞋'。"[③]习近平总书记提到的这些党内监督中瞻前顾后、畏首畏尾情形在农村基层党员干部队伍中同样存在，这不仅不利于全面从严治党工作在基层的推进，而且不利于农村党员干部队伍建设。

二是行政监督可能出现"选择性失灵"。村干部本身不属于行政官员，是以准官员身份协助乡镇（街道）从事公共事务管理活动[④]，具有"双重身份"，即村、居民的当家人和乡镇、街道的代理人。[⑤]在这种情境下，周少来认为，查处村干部，实际上必须得到乡镇领导的"首肯"和支持，而一些乡镇干部与相关村干部的"利益关联"和"人情熟络"，使得乡镇领导有强烈的"保护动机"，往往导致"大事化小、小事化了"；县级纪委和监察局如果直接"插手"乡村腐败，可能"牵扯"出县级相关部门的干部腐败问题，出于"稳定大局"的考虑，以及"顾忌"县域自身的"廉洁形象"，存在"反腐动力"不足的问题。[⑥]

三是社会监督与村民监督作用发挥不明显。缪尔达尔（Myrdal）认为："任何一个掌握权力的人都可能为了自己的利益、家庭的利益或自认为应当效忠的社会集团的利益来利用权力"，公众对腐败的愤恨也会"基本上变成对于有机会通过不光彩手段营私之徒的羡慕。"[⑦]该观点也在一定程度上解释了当前乡村治理过程中社会监督与村民监督的困境所在。群众普遍对腐败问题和不正之风深恶痛绝，但一旦自己能从这些不当行为中获利，一些人又选择姑息纵容或视而不见，农村基层"贿选"现象的发生，在某种程度上也可视为参选对象与村民之间的一种"共谋"行为的后果。从村民自身视角分析，是否会对村干部的不法行为进行监督，也有多重顾虑：一是监督是否有效，若所反映的问题与线索未能得到上级机关的重视，不仅于事无补，而且可能受到举报对象的打击报复。二是监督是否划算。若单个

---

① 赵震. 纪检监察机关聚焦基层小微权力强化监督 促进乡村治理提质增效[EB/OL]. (2023-07-13). http://www.ccdi.gov.cn/yaowenn/202307/t20230713_274923.html.
② 中国共产党第十九届中央委员会第四次全体会议文件汇编[M]. 北京：人民出版社，2019：63.
③ 习近平. 习近平谈治国理政（第二卷）[M]. 北京：外文出版社，2017：185.
④ 余雅洁，陈文权. 治理"微腐败"的理论逻辑、现实困境与有效路径[J]. 探索与争鸣，2018(9)：107.
⑤ 贺雪峰. 新乡土中国[M]. 北京：北京大学出版社，2017：155.
⑥ 周少来. 中国乡村治理结构转型研究——以基层腐败为切入点[J]. 理论学刊，2018(2)：116.
⑦ [瑞典]冈纳·缪尔达尔. 亚洲的戏剧——南亚国家贫困问题研究[M]. 北京：商务印书馆，2015：144.

村民想同村干部的违纪违法行为抗争，需要付出相当的时间、精力甚至金钱成本，即使相关干部最后得到严肃处理，作为村民个人而言，其受益相对有限，如此一来就形成了一种成本与风险由个人承担，最后全体村民或多人共同受益的局面。这一情形对于多数人而言显然并不符合自身预期。三是难以摆脱"人情关系"的影响。监督对象与农村群众彼此之间较为熟悉，甚至存在亲缘血缘关系。对普通村民而言，在面对腐败问题和不正之风时，也很难做到不徇私情、不顾情面。

四是监督检查方式单一和监审衔接不畅的问题。当前一些纪检监察机关在监督过程中，主动有效发现问题线索方面的能力依然有所欠缺，更多地还是依靠分类处置问题线索、谈话提醒、约谈、开展突出问题专项检查等常规方式，这也使得监督往往具有一定的滞后性，监督本身的"治未病"效果体现得相对不够明显。此外，监督检查与审查调查衔接不畅的问题亟待解决，主要表现在：对问题线索研判处置缺乏精准性，造成重复性工作；各负其责，内部各部门之间缺乏沟通协作；分管领导不同，日常沟通不顺；信息缺乏共享，审查调查室查办案件后，未能对政治生态进行研判，为日常监督提供参考等。[1]如果监督方式缺乏针对性，监督过程沟通衔接不畅，那么不仅浪费大量时间精力，监督效果还难以得到有效保障。

三、健全乡村治理监督体制机制的路径

（一）健全监督体系

在乡村治理监督体系中，党内监督居于主导地位，其他监督形式各有侧重。从完善监督体系而言，一是要进一步强化党内监督在乡村治理工作中的作用，增强对领导干部等"关键少数"在思想动态、工作作风、廉洁纪律等方面的监督执纪作用。二是要通过机构改革、制度建设，推动行政监督、司法监督不断走深走实。三是积极探索民主监督的有效形式，让村民监督委员会等组织在保障村事村民管、村级民主监督方面发挥效用。通过发挥各类监督形式的作用，将乡村治理的各类主体、各项活动置于严密的监督体系之下，确保监督领域不出现"真空"地带。

（二）强化监督实效

各类监督主体要促进惠民富民政策落实落地。督促职能部门和地方责任主体，以问题为导向，不断完善民生领域损害群众利益问题治理机制[2]，促使农村群众从改革发展与乡村振兴成果中广泛受益。

针对农村群众身边存在的"微腐败"问题，以及在民生领域出现的侵蚀、漠视群众利益问题，应通过专项整治、常态化监督检查等形式及时予以规范和纠正，对反映集中、影响恶劣的问题进行挂牌督办。要不断扩大监督领域，逐步将与群众生活联系最紧密的民生事务、公共服务与公共资源纳入监督考核范围，并在此基础上推动相关领域的主体责任、管理责任

---

[1] 中央纪委国家监委新闻传播中心. 全面从严治党职责与实践探索(调研卷)[M]. 北京：人民出版社，2020: 87.
[2] 新华社. 十九届中央纪律检查委员会向中国共产党第二十次全国代表大会的工作报告[EB/OL]. (2022-101-27). http://www.gov.cn/xinwen/2022-10/27/content_5722233.htm.

细化落实，确保各项工作事有人管、责有人负，避免监督检查与整改落实出现分离与脱节，以责任到位、责任到人提升监督实效。对于监督结果，应与基层干部考核管理挂钩，对于监督检查中发现的涉嫌违规违法问题和线索，应及时做好移交处理工作。

（三）创新监督形式

有学者建议，未来的改革，应在大力减少村务治理行政化、加强村民自治体对其"自治成员"监督的基础上，适当地加强来自县乡两级政府的"审计监督"，形成加强对村"两委"成员"上、下监督"的制度合力。①此外，还可借鉴滨州市沾化区的做法，即建立"一村一码""一季一晒""一事一议"乡村治理监督体系，以公开促公正、以民议促满意，靶向提升群众知晓度、参与度、满意度，促进村级治理提质增效。②还有学者建议，应在县级及以上政府部门统筹制定督考办法、督考方案以及督考内容清单，形成建档立项、交办落实、督办考核、反馈调研、结果运用的监督闭环，提升监督质量，切实降低基层负担。③要深化基层纪检监察机构协作机制，整合乡镇纪委、村级纪检组织、村务监督委员会等监督力量，采取"片区协作""交叉互查""提级监督"等方式，变"单兵作战"为"协同作战"，着力解决基层熟人监督不愿、同级监督不敢、协同监督不力等难题。④

【思考题】

1. 乡村社会的组织有哪些类型？
2. 为什么说农村基层党组织在乡村治理中发挥着战斗堡垒作用？
3. 发展壮大农村集体经济的意义何在？
4. 乡村治理中的政策体系应当包含哪些方面？
5. 农村基层人才队伍建设有哪些思路和方法？
6. 如何强化对村级小微权力的监督？
7. 可以通过哪些方式对乡村治理的主体与内容实施监督？

【案例分析】

案情："……巡察发现，何某某利用职务之便在将房岭村 2019 年度退耕还林面积分解到农户时，以其本人和 5 名家庭成员的名义冒领 2019 年度退耕还林工程补助资金两批次共计 28 640 元，给予何某某记大过处分……"红光镇房岭村的党员大会上，正在宣读对违纪人员何某某的处分决定。

问题的发现源于县委第五巡察组在红光镇开展村（社区）巡察时，查出何某某利用自己 5 名家庭成员的名义冒领退耕还林工程补助资金，在证据确凿的事实面前，何某某承认了自己

---

① 周少来. 中国乡村治理结构转型研究——以基层腐败为切入点[J]. 理论学刊, 2018(2): 120.
② 滨州市委政研室（市委改革办），滨州市沾化区委农办. 山东省滨州市沾化区构建乡村治理监督体系[EB/OL]. (2022-12-30). http://www.hzjjs.moa.gov.cn/xczl/202212/t20221230_6418083.htm.
③ 罗昊. 完善乡村监督体系 推动乡村治理现代化[N]. 中国社会科学报, 2023-03-15(A08 版).
④ 李鹏. 推动基层监督从有形覆盖到有效覆盖[N]. 中国纪检监察报, 2022-07-13(2).

的错误。

"你们是怎么发现的？花名册少说有上百人，我家人你们又不认识，你们难道一个一个看？一个一个问？"何某某问道。

"我们通过将你的家庭成员信息与退耕还林资金发放花名册的信息进行数据比对之后，发现你违规将自己的亲属划拨亩数，冒领资金。老何，现在是大数据时代了，不能心存侥幸。"县委第五巡察组的巡察专员说。

"有了大数据手段加持，能够让巡察监督的靶向更加精准，工作效率更加高效，震慑效果更加明显。自今年开展村（社区）巡察以来，通过大数据比对的方式已帮助我们精确锁定疑点数据 100 余条，接下来，我们将收集来自人社、民政、财政等多个部门的电子数据，建立容量大、类型多、应用价值高的数据库，切实提高巡察质效。"县委巡察办主任表示。

——案例来源：巴中市南江县委巡察办，http://www.scfzw.net/bazhong/63/81351.html

问题：
1. 该案例对于规范村级小微权力运行有何启示？

分析：在乡村治理实践中，监督村级小微权力规范运行，关乎党对农村工作的领导实效与群众切身利益，需要充分发挥党内监督、民主监督、社会舆论监督的作用，充分利用信息化技术与大数据手段。

第十章
乡村治理的创新与发展

内容提要：当前我国乡村社会的人口结构、发展基础、利益格局以及治理情境同过去相比均已发生深刻变化，这也使得农村社会在治理理念、治理基础与治理方式方面面临诸多约束与挑战。乡村治理的创新与发展，既要确保党和国家的意志通过正式的制度规则、政策主张、法律法规有效作用于乡村社会，又要充分考虑到乡村的社会的特性与治理传统，要对其中的本土资源和优秀传统加以创造性转换和创新性运用，通过内外联动，健全自治、德治、法治相结合的乡村治理体系。本章从治理现代化这一大前提入手，分析了当前乡村治理现状与目标，再结合数字治理、生态治理、贫困治理等具体工作领域，对乡村治理的创新与发展做了进一步阐释。

学习目标与要求：对治理现代化的内涵与要求有所了解，进一步理解乡村治理现代化的背景、内涵与意义，重点掌握乡村数字治理、生态治理与贫困治理的基本要求与实施思路。

第一节 治理现代化

一、治理及国家治理现代化

（一）治理的内涵

"治理"自提出至今，已被广泛运用于诸多领域，如国家治理、社会治理、公司治理等。"治理这个词汇的随意搭配情形，表明其词义的广泛扩展，已经成为一个口袋式词汇，无所不指，无所不包。"[①]但对于"治理"这一概念的理解，又因文化背景、政治传统、制度基础、国情差异等方面的差异而难以达成共识。正因为如此，社会各界对于"治理"的理解存在诸多偏误。一是将"治理"视为"管理"的代名词，而忽略"治理"兴起于现代社会这一情境，这种简单化的理解显然缺乏说服力。二是参考《现代汉语词典》对"治理"的界定，将其理解为"处理"，这就导致治理一词的泛化和滥用，以至于言谈治理变成一种"文字游戏"。三是认为"治理"就意味着"主张政府放权和向社会授权，实现多主体、多中心治理等政治和治理多元化，强调弱化政治权力，甚至去除政治权威，企望实现政府与社会多元共治、社会的多元自我治理"[②]。持此观点的主要以西方学者为代表，这一观点曾被不少人奉为圭臬，但忽视了当代欧美国家在不同程度上有强化行政权的趋势，甚至动辄以"国家安全"名义而采

---
① 任剑涛. 奢侈的话语："治理"的中国适用性问题[J]. 行政论坛，2021(2): 6.
② 王浦劬. 全面准确深入把握全面深化改革的总目标[J]. 中国高校社会科学，2014(1): 9.

取行政干预市场的事实，盲目照搬这一概念则极易跌入"话语陷阱"。四是认为"治理"是指在一个既定的范围内运用权威维持秩序，满足公众的需要。治理的目的是在各种不同的制度关系中运用权力去引导、控制和规范公民的各种活动，以最大限度地增进公共利益。[①]与此观点相似的是将治理视为"政治主体运用公共权力及相应方式对国家和社会的有效管控和推进过程"[②]。

综合以上观点，我们发现，主体、视角与制度背景等差异导致人们对治理的理解存在诸多分歧。但从我国当前推进国家治理体系与治理能力现代化的实践进程来看，上文第四种对于理解"治理"这一概念具有较强的说服力。因此，本书也将在这一概念框架范围内继续对国家治理现代化与乡村治理现代化展开进一步分析与讨论。

（二）国家治理现代化

2013年，党的十八届三中全会提出"全面深化改革的总目标是完善和发展中国特色社会主义制度，推进国家治理体系和治理能力现代化"[③]。这是推进国家治理体系和治理能力现代化这一论断首次出现在党的文件中。[④]自此以后，有关"治理现代化"的相关表述不断见诸会议讲话、政策文件、学术研究之中，并迅速成为一个热点话题。2019年党的十九届四中全会所作的《中共中央关于坚持和完善中国特色社会主义制度 推进国家治理体系和治理能力现代化若干重大问题的决定》，也被称为"新时代制度建设和国家治理的宣言书"[⑤]。在如何准确理解国家治理体系和治理能力问题上，习近平总书记言简意赅地指出："国家治理体系和治理能力是一个国家制度和制度执行能力的集中体现。"[⑥]

国家治理就是国家公共权力机构治国理政的全部活动。[⑦]在中国的政治语境中，"'国家治理'概念是中国国家与社会积极互动的产物"，并"真实地反映了国家政治的方方面面，是中国人战略性务实主义的深刻洞见"。[⑧]其基本含义就是在中国特色社会主义道路的既定方向上，在中国特色社会主义理论的话语语境和话语系统中，在中国特色社会主义制度的完善和发展的改革意义上，中国共产党领导人民科学、民主、依法和有效地治国理政。[⑨]概而言之，国家治理就是中国共产党及其领导的所有国家权力机构的一切公共管理活动。

杨光斌认为国家治理体系和治理能力现代化是由"国家有能力""权力有边界""权力受约束"这样几个概念性变量构成的"模式"。[⑩]何增科提出将"国家治理的民主化""国家治理的法治化""国家治理的文明化"以及"国家治理的科学化"作为衡量国家治理体系和治理能

---

① 俞可平. 治理和善治引论[J]. 马克思主义与现实，1999(5): 38.
② 徐勇，吕楠. 热话题与冷思考——关于国家治理体系和治理能力现代化的对话[J]. 当代世界与社会主义，2014(1): 5.
③ 本书编写组.《中共中央关于全面深化改革若干重大问题的决定》辅导读本[M]. 北京：人民出版社，2013: 3.
④ 杨光斌."国家治理体系和治理能力现代化"笔谈[J]. 政治学研究，2014(2): 3.
⑤ 图解十九届四中全会精神编写组. 图解十九届四中全会精神[M]. 北京：人民出版社，2019: 1.
⑥ 习近平. 习近平著作选读[M]. 北京：北京人民出版社，2023: 179.
⑦ 俞可平. 国家治理的中国特色和普遍趋势[J]. 2019(3): 26.
⑧ 杨光斌."国家治理体系和治理能力现代化"笔谈[J]. 政治学研究，2014(2): 6.
⑨ 王浦劬. 国家治理、政府治理和社会治理的含义及其相互关系[J]. 国家行政学院学报，2014(3): 12.
⑩ 杨光斌."国家治理体系和治理能力现代化"笔谈[J]. 政治学研究，2014(2): 4.

力现代化的主要标准。①徐勇则主张从"治理制度化""治理民主化""治理法治化""治理高效化""治理协调化"五个方面构建国家治理现代化的标准。②国内最早从事"治理"理论研究的俞可平教授，则以"善治"为切入点，将"合法性""透明性""责任性""法治""回应""有效"视为"善治"的六个基本要素③，这一理解也与其他学者对国家治理现代化的解释存在高度共识。还有学者从"治理主体多元化""治理方式科学化""治理过程法治化"和"治理机制规范化"四个方面对治理现代化作出了解释。④

综合以上观点，对于国家治理现代化的理解，大致可以围绕这样几点展开：一是国家的制度体系不断趋于成熟、完备，并且已经深入人心，在人民群众中获得了广泛认可与支持。二是相关制度能够释放强大的效能，有利于国家政权基础稳定和社会繁荣和谐，有利于人民群众的"幸福感""获得感"不断提升，有利于各类公共权力主体行为更加规范。三是国家治理现代化是一个渐进的过程，其内涵也会随着时代条件和社会发展而不断变化，既需要参考借鉴其他国家的成功经验，也需要立足自身实际，保持战略定力。正如习近平总书记所说："我们从来不排斥任何有利于中国发展进步的他国国家治理经验，而是坚持以我为主、为我所用，去其糟粕、取其精华。"⑤

（三）我国国家治理现代化的思路

1. 前提条件

民主、法治的现代国家机制，是现代国家的治理体系；国家、社会与市场的多元共治，是现代国家强大治理能力的保障。⑥党的十九届四中全会指出："我国国家治理一切工作和活动都依照中国特色社会主义制度展开，我国国家治理体系和治理能力是中国特色社会主义制度及其执行能力的集中体现。"⑦结合这一科学论断不难发现，我国国家治理现代化的基本思路，最根本的前提条件是对中国特色社会主义制度的坚持与完善，这同样也是中国式现代化区别于西方国家现代化的关键所在。

2. 总体目标

《中共中央关于坚持和完善中国特色社会主义制度 推进国家治理体系和治理能力现代化若干重大问题的决定》（以下简称《决定》）明确指出：坚持和完善中国特色社会主义制度、推进国家治理体系和治理能力现代化的总体目标是，到我们党成立一百年时，在各方面制度更加成熟更加定型上取得明显成效；到2035年，各方面制度更加完善，基本实现国家治理体系和治理能力现代化；到新中国成立一百年时，全面实现国家治理体系和治理能力现代化，使中国特色社会主义制度更加巩固、优越性充分展现。⑧

---

① 何增科. 理解国家治理及其现代化[J]. 马克思主义与现实, 2014(1): 12-13.
② 徐勇, 吕楠. 热话题与冷思考——关于国家治理体系和治理能力现代化的对话[J]. 当代世界与社会主义, 2014(1): 8.
③ 俞可平. 治理和善治引论[J]. 马克思主义与现实, 1999(5): 39-40.
④ 杨宜勇, 等. 中国社会治理如何开启现代化[M]. 北京：人民出版社, 2021: 4.
⑤ 习近平. 坚持和完善中国特色社会主义制度 推进国家治理体系和治理能力现代化[J]. 求是, 2020(1): 8.
⑥ 任剑涛. 奢侈的话语："治理"的中国适用性问题[J]. 行政论坛, 2021(2): 5.
⑦ 中国共产党第十九届中央委员会第四次全体会议文件汇编[M]. 北京：人民出版社, 2019: 3.
⑧ 中国共产党第十九届中央委员会第四次全体会议文件汇编[M]. 北京：人民出版社, 2019: 22-23.

由此可见，我国在国家治理体系和治理能力现代化的推进目标设定上，采取了分步骤、分阶段实现的基本思路，坚持系统思维、着眼长远。这种目标设计思路，既体现出强大的战略定力、强烈的务实精神，也彰显出我们对实现国家治理现代化有着充分的道路自信与制度自信，中国有能力、有信心应对在未来相当长时期国家治理现代化进程中可能面临的风险挑战与不确定性。

3. 重点任务

国家治理现代化的重点任务即《决定》中明确要求坚持和完善的 13 个制度体系。①这些制度体系涵盖了党的领导、人民当家作主、依法治国、行政体制、经济文化、社会民生等多个领域，它们既是关乎国家前途命运和长治久安的根本性问题，也对国家治理现代化起到纲举目张的作用。重点任务的确定，首先为国家治理体系与治理能力现代化指明了工作方向，明确了工作要求与工作目标；其次，将重点任务明确为坚持和完善 13 个制度体系，也进一步明确了党和国家当前及今后相当长时期的治国理政重心，这对于我们凝聚共识、集中精力和资源开展工作，通过抓主要矛盾实现以重点带动全局，也具有很强的现实指导意义。最后，重点任务的明确，也充分体现出我们在推进国家治理现代化的策略问题上，既展现出全局视野，又能准确区分治理任务的轻重缓急，体现出成熟稳健的治理思维与战略定力。

总之，国家治理现代化，建立在科学谋划的基础上，需要持续努力，久久为功。我们提出的国家制度和国家治理体系建设的目标必须随着实践发展而与时俱进，既不能过于理想化、急于求成，也不能盲目自满、故步自封。②

二、乡村治理现代化概述

（一）乡村治理现代化的提出背景

作为国家治理的重要板块与组成部分，乡村社会的治理现代化不可能脱离国家治理现代化这一基本前提独立叙事。对于乡村治理现代化所提出的背景，基于乡村与国家关系视角，至少可以从以下三个方面予以理解和把握。第一，推进国家治理体系和治理能力现代化，必然包括乡村治理体系与治理能力的现代化，换言之，国家治理现代化，依靠中央谋划设计与地方实践创新的双向互动，推动乡村治理现代化，就是从基层实践的角度将国家治理现代化的战略要求贯彻落实。第二，乡村振兴、中国式现代化等目标的实现，也需要通过乡村治理

---

① 13 个制度体系，即坚持和完善党的领导制度体系，提高党科学执政、民主执政、依法执政水平；坚持和完善人民当家作主制度体系，发展社会主义民主政治；坚持和完善中国特色社会主义法治体系，提高党依法治国、依法执政能力；坚持和完善中国特色社会主义行政体制，构建职责明确、依法行政的政府治理体系；坚持和完善社会主义基本经济制度，推动经济高质量发展；坚持和完善繁荣发展社会主义先进文化的制度，巩固全体人民团结奋斗的共同思想基础；坚持和完善统筹城乡的民生保障制度，满足人民日益增长的美好生活需要；坚持和完善共建共治共享的社会治理制度，保持社会稳定、维护国家安全；坚持和完善生态文明制度体系，促进人与自然和谐共生；坚持和完善党对人民军队的绝对领导制度，确保人民军队忠实履行新时代使命任务；坚持和完善"一国两制"制度体系，推进祖国和平统一；坚持和完善独立自主的和平外交政策，推动构建人类命运共同体；坚持和完善党和国家监督体系，强化对权力运行的制约和监督。
② 习近平. 坚持和完善中国特色社会主义制度 推进国家治理体系和治理能力现代化[J]. 求是，2020(1): 12.

现代化来促成。第三，同城市相比，乡村在治理中面临的约束性、限制性条件更多，挑战更大，正如习近平总书记所言："基层既是产生利益冲突和社会矛盾的'源头'，也是协调利益关系和疏导社会矛盾的'茬口'。"①现有的治理理念、方式均还有较大提升空间，基于前面三点考虑，本书认为乡村治理现代化既是农业农村现代化的要求，也是乡村社会在发展中面对挑战和问题时的有效应对方略。

综上所述，党的十八届三中全会、十九届四中全会以及党十八大以来历次中央农村工作会议精神，是乡村治理现代化提出的战略背景；统筹城乡协调发展、推动乡村振兴战略实施和贯彻落实《关于加强和改进乡村治理的指导意见》是乡村治理现代化提出的时代背景；克服和解决乡村发展过程中面临的挑战与具体问题，完善乡村治理体系，提升乡村治理能力，则是乡村治理现代化提出的现实背景。

（二）乡村治理现代化的内涵

由于学科视角不同，理论侧重各异，学界对于乡村治理的理解可谓众说纷纭。本书在此不逐一引论，一是避免不必要的概念堆砌，二是党和国家已从理论与实践的高度对乡村治理现代化作出了明确阐述。本书认为，结合乡村振兴这一时代背景，乡村治理现代化就是根据农业农村现代化的发展要求与农村群众的发展需求，充分整合党委、政府、社会、群众在内的各类治理主体的力量，各司其职、各尽其责，构建起自治、法治、德治相结合的治理体系，以制度化、规范化的形式推动乡村社会形成共商共建共享的治理格局，最终实现乡村善治的伟大实践。首先，乡村治理现代化内含国家治理与社会治理诸多议题，正如有学者所言："乡村治理的现代化取向，既包含乡村治理的'国家性'内涵，更内生于乡村治理的'社会性'问题，带有中国式现代化最为典型和深刻的实践逻辑和创新特色。"②其次，乡村治理现代化紧扣乡村振兴"治理有效"这一主旨，更加关注治理结果有效可期。最后，乡村治理现代化在强调治理方式与时俱进以外，还特别重视乡村社会优秀传统文化与道德伦理规范在乡村社会治理中的补充作用。总之，乡村治理现代化，既要体现国家治理现代化的一般要求，又要对乡村社会自身特色、治理传统有准确的认知与把握。

（三）乡村治理现代化的目标

中共中央办公厅、国务院办公厅 2019 年印发的《关于加强和改进乡村治理的指导意见》（以下简称《意见》），将乡村治理现代化的目标概括为：到 2020 年，现代乡村治理的制度框架和政策体系基本形成，农村基层党组织更好发挥战斗堡垒作用，以党组织为领导的农村基层组织建设明显加强，村民自治实践进一步深化，村级议事协商制度进一步健全，乡村治理体系进一步完善。到 2035 年，乡村公共服务、公共管理、公共安全保障水平显著提高，党组织领导的自治、法治、德治相结合的乡村治理体系更加完善，乡村社会治理有效、充满活力、

---

① 习近平. 之江新语[M]. 杭州：浙江人民出版社，2007: 239.
② 王浦劬. 新时代乡村治理现代化的根本取向、核心议题和基本路径[J]. 华中师范大学学报（人文社会科学版），2022(1): 20.

和谐有序，乡村治理体系和治理能力基本实现现代化。①

在此基础上，我们将乡村治理现代化的目标进一步明确为六个方面：一是党对农村工作的领导更加坚实有力，农村基层党组织的战斗堡垒与模范带头作用更加突出；二是村民自治实践形式更为多样，效果更为显著，群众自治热情与自治活力明显提升；三是全面依法治国工作在农村稳步推进，依法执政、依法行政逐渐内化为农村基层党组织、基层政府、党员干部、国家公职人员的行动准则，农村群众学法、懂法、用法、守法的社会风尚逐渐形成；四是农村社会的优秀传统、德治资源，对自治与法治的补充作用更加明显、更为有效；五是治理主体更加多元，乡村治理的合力不断强化，共建共治共享治理格局逐渐形成；六是治理成效更为显著，农村社会稳定、人民安居乐业，获得感、幸福感、安全感不断提升。

三、乡村治理现代化的路径

《意见》在第二部分"主要任务"板块，从完善村党组织领导乡村治理的体制机制、发挥党员在乡村治理中的先锋模范作用、规范村级组织工作事务、增强村民自治组织能力、推进法治乡村建设、加大基层小微权力腐败惩治力度、提升乡镇和村为农服务能力等17个方面对乡村治理现代化作出了具体安排。乡村治理现代化"关键在健全党组织领导下的乡村治理体系，重点在推动农业农村现代化"②。

通过对这17个方面任务的梳理与分类，又可将乡村治理现代化的实现路径进一步概括为以下五个方面。

（一）加强和完善党在乡村治理中的领导作用

党的农村基层组织是党在农村全部工作和战斗力的基础，全面领导乡镇、村的各种组织和各项工作。③党的农村基层组织要努力成为宣传党的主张、贯彻党的决定、领导基层治理、团结动员群众、推动改革发展的坚强战斗堡垒。④结合《意见》来看，加强和完善党在乡村治理中的领导，应重点着眼于三个方面的工作。

第一，完善村党组织领导乡村治理的体制机制。要建立健全以基层党组织为领导的村级组织体系，发挥村党组织对农村各类经济社会组织的全面领导作用。健全村级重要事项、重大问题由村党组织研究讨论机制，全面落实"四议两公开"⑤。持续整顿软弱涣散村党组织。全面落实村"两委"换届候选人县级联审机制，严格把关，将各类违纪违法人员坚决排除在农村干部队伍之外。坚持抓乡促村，落实县乡党委抓农村基层党组织建设和乡村治理的主体责任等。

第二，发挥党员在乡村治理中的先锋模范作用。在思想上，党员同志不仅自身要有较高

---

① 新华社. 中共中央办公厅、国务院办公厅印发《关于加强和改进乡村治理的指导意见》[EB/OL]. (2019-06-23). http://www.gov.cn/zhengce/2019-06/23/content_5402625.htm.
② 陆益龙，李光达. 中国式乡村治理现代化的本质要求与路径选择[J]. 江苏社会科学，2023(2): 86.
③ 新华社. 中共中央印发《中国共产党农村基层组织工作条例》[EB/OL]. (2019-01-10): http://www.gov.cn/zhengce/2019-01/10/content_5356764.htm.
④ 中国共产党农村基层组织工作条例.
⑤ "四议两公开"：《中国共产党农村基层组织工作条例》第六章第19条中所提到的村级重大事项决策要求做到村党组织提议、村"两委"会议商议、党员大会审议、村民会议或者村民代表会议决议，决议公开、实施结果公开。

的政治理论素养、过硬的政治品质、坚定的政治立场,还应及时、准确地将党的农村工作方针政策传达给群众;在工作中,既要让优秀党员干部脱颖而出,带领群众干事创业谋发展,又要深入群众,倾听群众心声,帮助群众解决急难愁盼问题,以工作实绩团结群众;在生活中,党员干部应明大德、守公德、严私德,自觉抵制各种不良习气和不正之风,为广大群众树立榜样。

(二)提升农村公共服务能力和服务水平

公共服务关乎民生,与人民群众生活息息相关。当前我国社会的主要矛盾在公共服务领域表现得更为直观和明显。要破解这一难题,需要坚持和完善统筹城乡的民生保障制度。从实践角度来看,提升农村公共服务能力和服务水平,一方面要加大公共资源向农村地区投入的倾斜力度;另一方面需要完善城市反哺农村的长效机制,强化基层政府在农村公共服务中的主体责任[1],发挥政府的收入再分配功能,构建个人、集体和国家三位一体的社会保障体系,为实现社会公正和共同富裕提供制度保证。[2]此外,积极探索各类社会组织、公益组织参与农村公共服务供给的有效形式,让它们在农村群众养老、心理健康、技能培训等方面充分发挥自身专业特长。

(三)提升村民自治能力

"民主不是装饰品,不是用来做摆设的,而是要用来解决人民要解决的问题的。"[3]村民自治制度是中国特色社会主义民主政治的重要组成部分,乡村治理现代化,就是要在农村基层坚持和完善人民当家作主制度体系。提升村民自治能力,首先要着力推进村民自治规范化、程序化,坚决破除妨碍村民自治实践的各种体制机制障碍,加大对小微权力腐败、基层形式主义等突出问题的整治。其次,要不断丰富和创新自治形式,畅通民意表达渠道,"形成民事民议、民事民办、民事民管的多层次基层协商格局"[4]。再次,要整合乡村现有资源,畅通民意表达渠道,充分发挥村民会议、村民议事会、村民理事会等基层自治组织作用。最后,及时回应群众诉求,村干部在帮助群众解决困难和问题时有办法、有能力,让村民自治在服务群众的实践中见实效。

(四)提高乡村法治化水平

乡村治理现代化,法治是保障。在乡村治理过程中,一是要求基层政府规范行政执法程序,严格按照法定职责和权限执法,将政府涉农事项纳入法治化轨道。二是要建立健全执法监督机制。通过民主评议、绩效管理、村务公开等方式,实现乡村社会治理参与者的有效制

---

[1] 李建伟,等. 我国乡村治理创新发展研究[M]. 北京:人民出版社,2020: 245.
[2] 王浦劬. 新时代乡村治理现代化的根本取向、核心议题和基本路径[J]. 华中师范大学学报(人文社会科学版),2022(1): 23.
[3] 习近平. 在庆祝中国人民政治协商会议成立65周年大会上的讲话[M]. 北京:人民出版社,2014: 18.
[4] 新华社. 中共中央办公厅、国务院办公厅印发《关于加强和改进乡村治理的指导意见》[EB/OL]. (2019-06-23). http://www.gov.cn/zhengce/2019-06/23/content_5402625.htm.

衡。①三是大力开展"民主法治示范村"创建，深入开展"法律进乡村"活动，实施农村"法律明白人"培养工程，培育一批以村干部、人民调解员为重点的"法治带头人"。四是深入开展农村法治宣传教育，帮助村民培养法治精神和守法意识，积极引导村民依法维护自身合法权益、表达自身正当利益诉求，在农村社会逐步形成学法、守法、懂法、用法的法治氛围，夯实乡村治理的法治基础。五是要对基层小微权力腐败、涉黑、涉毒、非法宗教活动等违法犯罪行为坚决依法予以打击和惩治，提升人民群众的满意度、安全感，为构建和谐有序、安全稳定的乡村社会提供坚实的法治保障。

（五）重视治理形式与时俱进

社会的进步、全面深化改革的推进、互联网的发展、大数据的广泛应用等，都对人们的生活产生了实实在在的影响。推进乡村治理现代化，既要发挥现有治理机制作为"稳定剂"的作用，又要紧跟时代发展要求，充分发挥各类新型治理形式的"催化剂"作用。第一，要重视互联网、大数据在乡村治理中的作用，充分利用微信、抖音等互联网平台，整合村民自治合力、强化村务监督，利用"互联网+网格管理"，创新乡村服务管理模式，提升乡村治理智能化、精细化、专业化水平。强化乡村信息资源互联互通，完善信息收集、处置、反馈工作机制和联动机制。第二，积极对接群众诉求，满足人民群众日益增长的美好生活需要。加强农村警务工作，大力推行"一村一辅警"机制；广泛开展平安教育和社会心理健康服务、婚姻家庭指导服务；完善政府购买服务机制，健全乡村基本公共法律服务体系，加强乡村法律顾问工作；重视农村社会工作专业人才队伍建设，着力做好老年人、残疾人、青少年、特殊困难群体等重点对象服务工作；积极推进"放管服"改革和"最多跑一次"改革向基层延伸。

（六）注重乡风文明建设

乡村治理现代化，不仅需要好的制度体系与强有力的制度执行能力，还需要有积极健康的文化氛围和精神面貌，如此方能推动乡村治理从理念到行动不断趋向现代化。乡风文明建设，最大的功效就在于促进人的现代化。因此，需要从这样几方面予以重点关注：第一，积极培育和践行社会主义核心价值观。坚持教育引导、实践养成、制度保障三管齐下，推动社会主义核心价值观落细落小落实，融入文明公约、村规民约、家规家训。第二，实施乡风文明培育行动。通过家风建设、村民公约、移风易俗等形式，逐渐在农村形成崇德向善的社会风气，逐步破除铺张浪费、大操大办、天价彩礼、厚葬薄养等陈规陋习。第三，发挥道德模范引领作用。通过树立典型、文明评比等形式，引导群众逐渐养成健康文明生活习惯与社会风尚。第四，加强农村文化引领。加大对农村基层文化产品的供给力度，注重对农村优秀传统文化的传承，通过乡村特色文化产业的培育、文旅融合等形式，在村民的精神世界丰富与经济收入提升之间建立起有效的利益联结机制，增强文化供给对农村群众的影响力、向心力与感染力，最终实现广大群众精神境界、文化品位与经济收入的同步提升。

---

① 李建伟，等. 我国乡村治理创新发展研究[M]. 北京：人民出版社，2020: 248.

第二节　数字治理

一、数字治理概述

（一）数字治理的由来

数字治理（Digital Governance）发轫于 20 世纪 90 年代的西方公共管理领域。在 2004 年，中国学者徐晓林和周立新在《管理世界》发表了《数字治理在城市政府善治中的体系构建》一文，正式揭开了国内学界在此领域的研究序幕。不难发现，互联网、人工智能、大数据等信息技术的兴起和广泛应用是数字治理兴盛的时代背景。基于国内外对比分析，受益于信息技术起步早、发展时间长等客观因素，当前欧美等发达国家在数字治理领域的理论研究相对更为丰富，实践运用也相对更为成熟。

随着我国互联网的不断发展，信息化水平的不断提升，社会各界对于大数据、云计算、区块链、物联网等数据技术的认识、运用和管理都在不断深化。也正是在这一背景下，我们深刻地认识到"数字时代，数据不仅成为基础性生产要素，更成为一国重要的战略性资产，是构筑国家治理体系核心竞争优势的关键"[1]。

从实践层面看，数字治理在是党的十八大以后才逐步形成的治理方略。2015 年《政府工作报告》中首次正式提出"互联网+"的战略。当年 7 月，国务院印发《关于积极推进"互联网+"行动的指导意见》。2016 年印发的《国家信息化发展战略纲要》和发布的《"十三五"国家信息化规划》，专门对"建设数字中国"这一时代课题作了部署安排。2019 年，中央又提出"建立健全运用互联网、大数据、人工智能等技术手段进行行政管理的制度规则""推进数字政府建设"[2]。随后，"数字中国""数字经济""数字产业""教育数字化""国家文化数字化战略""乡村文化资源数字化"等一系列表述也相继提出。2023 年，中共中央、国务院印发《数字中国建设整体布局规划》，其中明确提出"建设公平规范的数字治理生态"[3]。如今，"数字"已被广泛应用于各治理领域，如"数字国家治理""数字社会治理""数字城市治理""数字经济治理""数字文化治理与舆情治理"等。[4]至此，"数字治理"作为一种治理范式与治理方略，逐渐进入大众视野，并迅速成为一个热门话题。

（二）数字治理的概念

对于数字治理的概念界定并非易事，一是"治理"本身尚未形成共识性概念。二是"数字治理"一词中的"数字"，究竟是作治理的工具、手段理解，还是作治理的对象来理解？这

---

[1] 中国行政体制改革研究会. 数字政府建设[M]. 北京：人民出版社，2021: 286.
[2] 中国共产党第十九届中央委员会第四次全体会议文件汇编[M]. 北京：人民出版社，2019: 36.
[3] 新华社. 中共中央 国务院印发《数字中国建设整体布局规划》[EB/OL]. (2023-02-27)[2023-12-29]. http://www.gov.cn/xinwen/2023-02/27/content_5743484.htm.
[4] 陈端. 数字治理推进国家治理现代化[J]. 前线，2019(9): 78-79.

些问题在目前尚未形成定论。

对于"治理"的理解,本书在此不再赘述,可参考第一节"治理及国家治理现代化"部分所作解释。对于第二个问题,首先是"数字"本身的指向,它"不是传统计数上的含义,而是智能机器运行过程中呈现的一种数字逻辑即二进制逻辑(1 和 0),并在这种逻辑支配下所演化成的一种数字化状态,这才应该是数字治理概念中'数字'的内在要义"[①]。再者,"数字"究竟是治理的手段还是对象?复旦大学蔡翠红教授认为:"数字治理既包括'基于数字化的治理',即数字化被作为工具或手段应用于现有治理体系,其目的是提升治理效能,如公共管理学所强调的借助数字技术和数字分析,精准研判、及早预警、紧急处置突发性重大公共事件;也包括'对数字化的治理',即针对数字世界各类复杂问题的创新治理,是政治经济学和国际关系学等领域更加关注的角度。"[②]

结合国内研究与实践结果,对数字治理的内涵可表述为:数字治理是信息化背景下,治理主体综合运用大数据、区块链、人工智能等数据信息技术,快速反应、精准决策、精准施策的现代治理理念与治理形式,被广泛应用于传统公共事务领域及数字安全、数字竞争等新型治理领域。数字治理既是治理手段与形式的创新发展,也是提升治理效能的有效途径之一。

(三)数字治理的特征

结合数字治理的概念及其提出的背景、运用情境等多方面要素,可以将数字治理的特征概括为五个方面。

第一,数字治理有助于决策科学化。作为治理的重要环节,决策水平与决策质量会直接影响治理的成效。科学决策的前提是掌握充分的信息,数字治理则可以借助海量的数据资源、发达的信息处理技术,能够尽可能全面掌握治理对象的基本情况,并且能够通过数据测试或政策推演,对政策的实施过程、结果有更为科学的研判。当数字处理技术被广泛运用于公共决策领域,就能在一定程度规避决策过程中因决策者主观意志、个人偏好而"拍脑袋""凭感觉"的随意决策行为。

第二,数字治理有助于施策精准化。政策的效果在于实施,而实施效果的好与坏,关键之一就在于政策本身与政策对象之间是否实现了有效对接。在数字治理实践中,通过对数据技术的运用,政策制定时已对所要面对的受众、政策边界、拟解决的问题有了充分的掌握与了解,政策本身的针对性、指向性更为聚焦,这样制定出来的政策,能最大限度地对接政策客体,即政策所需解决的问题本身或政策所面向的具体对象,既避免了公共资源的浪费,又能提升政策执行效果。

第三,数字治理有助于服务高效化。随着电子政务、"互联网+政务服务"的不断深化与拓展,利用数据将人、物、资本、信息等生产要素进行有效链接和跨时空协同,"让百姓少跑腿、信息多跑路,解决办事难、办事慢、办事繁的问题"[③]也已取得显著成效。数字治理,通

[①] 颜佳华,王张华. 数字治理、数据治理、智能治理与智慧治理概念及其关系辨析[J]. 湘潭大学学报(哲学社会科学版),2019(5): 27.
[②] 蔡翠红. 数字治理的概念辨析与善治逻辑[N]. 中国社会科学报,2022-10-13(A05).
[③] 习近平. 在网络安全和信息化工作座谈会上的讲话[M]. 北京:人民出版社,2016: 6.

过数据资源的整合与数据处理技术的运用，群众只需按照相关要求提供相应材料的电子版，这些材料就会通过数据信息平台按照流程在不同部门之间自动流转，而无须亲自前往各个部门现场办理，行政审批程序大为精简，事项在不同部门之间的流转速度更快，群众办事的便捷性不断提升，行政成本与群众办事成本也都大幅下降。

第四，数字治理有助于过程民主化。数字治理使得公共权力主体与民众之间的信息互动不断增强。随着互联网的发展，信息的分布也呈现出更为分散的态势，信息垄断的门槛也越来越高。在此情形下，网络问政、网上办事、网上议事、网络监督也逐渐成为社会常态，权力的"任性"也将不断被遏制。信息化时代的开放性、互动性特质，促使群众的民主意识、民主能力在实践中得以强化，公共权力主体的行为也不断趋于规范化，"权力在阳光下运行"也变得更具可行性。

第五，数字治理依然面临不确定性。在强调数字治理优势的同时，我们也需要对其限度予以清醒认知。一是数字治理领域的形式主义不容忽视。当前，一些职能部门为了迎合互联网时代，纷纷推出五花八门的小程序、微信公众号、APP 应用等，以至于"数字治理项目不是为了'便民'目的，而是出于功利需要，为了树立数字化的形象而开发，成为一种装饰"①。基层干部每天辗转于各类手机应用，忙于签到、打卡、积分排名，不仅浪费了宝贵的精力，关键还延误了实际工作的开展与推进。这种本末倒置的情形，不仅违背了数字治理的初衷，而且催生了新型形式主义。二是数据安全、信息壁垒问题。数字治理建立在海量数据资源的搜集、整理和分析基础上，但相关领域的法律保护与制度规范滞后于数据技术应用，如何确保数据安全、防范数据风险，保护公民及相关主体的切身利益，也是一个亟待解决的问题。此外，不同主体在数据技术领域中对数据的掌握、支配能力存在差异。如何有效防范和约束优势主体利用技术优势制造信息垄断和信息壁垒，侵害弱势方权益，是公共管理和国际关系领域都必须慎重对待的事情。

二、乡村数字治理

（一）乡村数字治理的目标

乡村治理是社会治理的重要方面，提高乡村善治水平是提升社会治理效能的必然要求。②乡村数字化治理水平偏低，不仅与城市相比差距仍然较大③，而且难以满足乡村社会日益增长的实际需求。2019 年，中共中央办公厅、国务院办公厅印发了《数字乡村发展战略纲要》（以下简称《纲要》），将乡村数字治理的目标确定为"建立灵敏高效的现代乡村社会治理体系"④，由此确立了乡村数字治理的基本思路。

乡村数字治理，是数字治理在乡村社会治理中的具体应用。但结合《纲要》中的相关表述来看，考虑到当前乡村数字治理所面临的主要问题主要表现为"硬件不足"，即相关基础设

---

① 郑磊. 数字治理不能成为"炫技治理"[N]. 中国社会科学报，2022-01-04(A08).
② 郑世林. 更好服务全面推进乡村振兴 提升乡村治理数字化水平[N]. 人民日报，2022-11-09(9).
③ 农业农村部 中央网络安全和信息化委员会办公室. 数字农业农村发展规划（2019 安全和信息年）[EB/OL]. (2020-01-20). http://www.ghs.moa.gov.cn/ghgl/202001/t20200120_6336316.htm.
④ 数字乡村发展战略纲要[M]. 北京：人民出版社，2019: 3.

施、平台建设、应用场景等方面短板更为突出，目前宜将乡村数字治理的目标暂时侧重治理体系而非治理能力。随着相关体系的建立健全，乡村数字治理的重点也将必然转向体系建设与能力提升同步推进。

（二）乡村数字治理的任务

《数字农业农村发展规划（2019—2025年）》中将乡村数字治理任务集中于"推动'互联网+'社区向农村延伸，提高村级综合服务信息化水平，逐步实现信息发布、民情收集、议事协商、公共服务等村级事务网上运行。加快乡村规划管理信息化，推动乡村规划上图入库、在线查询、实时跟踪。推进农村基础设施建设、农村公共服务供给等在线管理"①。《纲要》则将这一任务又作了进一步优化与细化。

一是推动"互联网+党建"。建设完善农村基层党建信息平台，优化升级全国党员干部现代远程教育，推广网络党课教育。推动党务、村务、财务网上公开，畅通社情民意。此举通过建强农村基层党组织，不断提升农村党员干部的综合素质与能力，进而不断提升新时代与信息化背景下党对农村工作的领导能力。

二是提升乡村治理能力。提高农村社会综合治理精细化、现代化水平。推进村委会规范化建设，开展在线组织帮扶，培养村民公共精神。推动"互联网+社区"向农村延伸，提高村级综合服务信息化水平，大力推动乡村建设和规划管理信息化。加快推进实施农村"雪亮工程"，深化平安乡村建设。加快推进"互联网+公共法律服务"，建设法治乡村。依托全国一体化在线政务服务平台，加快推广"最多跑一次""不见面审批"等改革模式，推动政务服务网上办、马上办、少跑快办，提高群众办事便捷程度。②

三、乡村数字治理的发展建议

（一）尊重客观规律

数字治理作为一种新型治理理念与治理实践，对互联网设施、数据技术运用能力均有较高要求。相比城市而言，当前农村地区在这两方面均还存在较为突出的短板。推动乡村数字治理，就不能简单地"一刀切"，既不能毕其功于一役，寄希望于在短期内就实现乡村数字治理水平与城市数字治理完全同步，也不能忽略农村地区尚有大量群众本身对互联网、大数据、信息化认知有限的事实，一味追求"数字化""线上办理"，而对线下办理重视不足。有鉴于此，建议在乡村治理实践中，采取数字化治理与传统治理相结合的形式，真正做到以人民为中心，以人民群众的实际需求和实际能力为导向。此外，东中西部农村地区，其内部差异也是显而易见的，因此乡村数字治理，同样不宜"齐头并进"，而应立足地方实际因地制宜、稳步推进。

---

① 农业农村部，中央网络安全和信息化委员会办公室. 数字农业农村发展规划（2019 安全和信息年）[EB/OL]. (2020-01-20). http://www.ghs.moa.gov.cn/ghgl/202001/t20200120_6336316.htm.
② 数字乡村发展战略纲要[M]. 北京：人民出版社，2019: 3.

（二）警惕数据滥用

数字治理，必然涉及数据信息的搜集、存储、分析研判等，其目的在于促使决策更科学、过程更民主、结果更有效。但当前已经出现的"指尖上的形式主义"，究其实质而言，既是形式主义的表现，也是数据滥用的体现。在乡村数字治理过程中，数据技术在很大程度上围绕具体工作展开，从这一层面讲，"数字"与"治理"是手段与目的的关系。基层干部的精力应集中于用好各类数据资源为群众办实事，而不是本末倒置，将宝贵的工作精力浪费在辗转于名目繁多的网络工作群和工作应用软件，这样看似每天都在与各种数据打交道，但工作本身推动有限。其次，我们在强调数字治理时，随着大量的数据被搜集并传输到互联网，如何确保个人信息不被过度搜集、盗用而给群众造成损失，这本身就是一个社会性难题。对于农村群众而言，这种风险还可能因他们对数据技术的认识不足而放大。所以，乡村数字治理一定要对以上情形有更为清醒的认知，尽可能做到数据安全前置考虑。

（三）重视能力建设

干部群众的数据运用能力，数据人才队伍建设是数字治理得以有效运行的重要保障。当前农村基层干部在数据运用能力方面，还存在较为明显的短板。一是基层单位更多时候扮演着政策的"执行者"角色，其主要精力必须放在繁杂的日常工作上，少有时间和精力专门对数据技术进行系统的了解和学习。二是数据治理，其本身也带有较强的技术性色彩，而且数字治理的技术，本身也呈现出城市领先农村、上级单位领先下级单位的特点，作为治理"神经末梢"的基层，尤其是农村基层，在这一领域就势必存在双重短板。三是当前各类数据技术人才，更多集中于城市和互联网企业，这也制约了乡村数字治理的发展速度与程度。因此，乡村数字治理的推进，既需要来自国家和上级单位在平台搭建、数据处理、农村基层信息技术人才培养方面提供支持，也需要有意识地对农村基层干部开展针对性培训、对农村群众进行信息技术基础知识与安全知识的普及，通过内外联动，提升干部群众的数据运用能力，充实农村基层数据人才队伍。

（四）坚持效能导向

当前乡村数字治理的重心应侧重这三个方面。一是统筹推进数字治理的基础设施、平台建设和技术开发工作，全面提升社区的信息化管理水平。二是推动农村社区服务中心与市、乡镇等服务中心的联网对接，健全区域性一体化网上服务机制。①三是数字治理的具体对象应贴合群众生产生活实际与民情实际需求，不可好高骛远。进言之，当前数字治理在乡村的推进，首先应当解决农村地区在互联网基础设施、平台搭建等"硬件"方面的短板，没有完善的基础设施与数据平台，数字治理就只能停留于口号与空想阶段。其次，也要照顾到农村群众对数据技术的接受和运用能力相对偏低的现实，数字治理的前期应用情境不应过多、过杂，应从诸多治理目标中确定优先级，从人民群众最关切、与群众生产生活联系最密切、操作难度低的事项优先推动，不要盲目贪大求全。此外，在乡村数字治理的过程中，要以减轻基层

---

① 袁红英. 新时代农业农村现代化理论·实践·展望[M]. 北京：人民出版社，2023：168.

工作负担为导向，注重数据的整合与跨部门流动，提高数据质量与使用效率，避免同一数据多头报送、反复填报等问题，注重对功能分散、名目繁多的应用软件进行优化整合，去繁就简。

第三节　生态治理

一、生态治理概述

（一）生态治理的提出背景

早在 19 世纪，恩格斯就一针见血地指出："我们不要过分陶醉于我们人类对自然界的胜利。对于每一次这样的胜利，自然界都对我们进行报复。每一次胜利，起初确实取得了我们预期的结果，但是往后和再往后却发生完全不同的、出乎预料的影响，常常把最初的结果又消除了。"[1]气候变暖、生物多样性减少、土地荒漠化、大气污染、水体污染、固体废弃物污染、核污染等全球性生态灾难与环境问题，对人类生存与发展构成了严重威胁。而这一系列问题的成因，在于先污染后治理的传统工业化道路。

全球性生态灾难的出现，是全人类难以承受之重，不仅严重威胁到包括人类在内的几乎所有生物的健康与生存，也极大制约了经济社会的健康发展。面对资源约束趋紧、环境污染严重、生态系统退化的严峻形势，维护人类共同的家园，保护生物多样性，实现可持续发展，无不要求我们把生态文明建设置于更加突出的位置，及时转变发展观念与发展模式，重视生态保护与修复，致力于实现人与自然和谐发展。这是我们提出和强调生态治理的现实背景。

党的十八大把生态文明建设纳入中国特色社会主义事业"五位一体"总体布局，十八届五中全会确立了"创新、协调、绿色、开放、共享"的新发展理念，党的十九大将"坚持人与自然和谐共生"作为新时代坚持和发展中国特色社会主义的十四条基本方略之一，并将建设美丽中国作为社会主义现代化强国目标之一。与此同时，"增强绿水青山就是金山银山的意识"正式写入党章，将新发展理念、生态文明和建设美丽中国等内容写入宪法。[2]党的二十大提出要将"中国式现代化是人与自然和谐共生的现代化"作为新时代新征程中国共产党的使命任务之一[3]，并就推动绿色发展、促进人与自然和谐共生提出具体要求。中国共产党对于生态文明建设的坚定决心、科学谋划，奠定了我国生态治理的工作基调。

（二）生态治理的内涵

生态治理是在生态文明建设的要求下，在党委领导、政府主导、社会公众的积极参与下，通过正式的制度规范与行动自觉，以整体性、系统性思维，解决生态环境领域的突出问题，

---

[1] 恩格斯. 马克思恩格斯文集（第九卷）[M]. 北京：人民出版社，2009: 559-560.
[2] 国家统计局. 生态文明建设深入推进 美丽中国引领绿色转型——党的十八大以来经济社会发展成就系列报告之十五[EB/OL]. (2022-10-08)[2023-12-23]. http://www.stats.gov.cn/sj/sjjd/202302/t20230202_1896691.html.
[3] 习近平. 高举中国特色社会主义伟大旗帜 为全面建设社会主义现代化国家而团结奋斗——在中国共产党第二十次全国代表大会上的报告[EB/OL]. (2022-10-25)[2023-12-29]. http://www.12371.cn/2022/10/25/ARTI166670 5047474465.shtml.

转变发展方式与发展理念，最终实现绿色发展、人与自然和谐共生的行动过程。

作为生态文明建设的重要抓手，生态治理坚持以问题为导向，即致力于通过解决生态环境突出问题来实现生态良性循环、人与自然和谐共生、绿色发展的目的。在治理主体上，强调党委领导、政府主导、社会和公众积极参与的多元共治格局；在治理手段上，主张广泛采用政治、经济、法律、宣传教育等多种形式共同发力；在治理思路上，坚持系统思维、整体推进与突出重点相结合。

（三）生态治理的任务

生态治理的任务既包括对已经产生的生态破坏与环境污染问题的事后治理，也包括生态治理领域的制度建设与政策完善。具体而言，生态治理的任务可以归纳为如下几个方面。

第一，持续推进污染防治。污染防治的工作重点是解决大气污染、水污染与土壤污染问题。通过能源基础设施提档升级和能源结构调整等措施，加大清洁能源开发力度，拓展其使用范围，降耗增效，节能减排；通过水源地保护、城市黑臭水体治理、农业农村污染治理、长江保护修复等系列措施，改善水质；通过土壤污染防治，农村人居环境整治等举措，提升固体废弃物处置利用能力，逐步解决农业面源污染问题，强化土壤污染源头管控成效。

知识链接

农村人居环境整治重点任务：推进农村生活垃圾治理；开展厕所粪污治理；梯次推进农村生活污水治理；提升村容村貌；加强村庄规划管理；完善建设和管护机制。

——摘自《农村人居环境整治三年行动方案》

农业面源污染：农业面源污染，是指农业生产过程中由于化肥、农药、地膜等化学投入品不合理使用，以及畜禽水产养殖废弃物、农作物秸秆等处理不及时或不当，所产生的氮、磷、有机质等营养物质，在降雨和地形的共同驱动下，以地表、地下径流和土壤侵蚀为载体，在土壤中过量累积或进入受纳水体，对生态环境造成的污染。[①]

第二，维护生态环境安全。维护生态环境安全工作，就是要通过加强生态保护与修复监管，维护生物多样性，消除或降低发展面临的环境约束；通过对核安全、核能设施等重点领域进行环境隐患排查与风险防控，持续推进环境应急能力建设；通过实施大气污染、水体污染等防治领域的联防联控，及时妥善处置各类环境灾害问题与突发事件。

第三，制度保障与政策支持。生态治理，除了需要面对已经产生的生态环境问题，还需要转变观念，将治理重心前移，重视"治未病"。通过制定相关的法律、法规，构建起科学严密、系统完善的生态环境保护法律制度体系，着力解决生态环境领域存在的违法成本过低、处罚力度不足等问题。[②]通过实施《领导干部自然资源资产离任审计规定（实行）》，强化生态环境治理"党政同责""一岗双责"工作机制。通过不断创新激励引导措施，赋能绿色发展。

[①] 生态环境部、农业农村部有关司局负责同志就《农业面源污染治理与监督指导实施方案（试行）》答记者问[EB/OL]. (2021-03-25)[2023-12-29]. http://www.mee.gov.cn/xxgk2018/xxgk/xxgk15/202103/t20210326_826213.html.
[②] 褚松燕. 构建从山顶到海洋的保护治理大格局 推进生态环境治理体系和治理能力现代化[N]. 人民日报, 2023-08-11(9).

建立健全生态产品价值评价和价格支持机制，增加生态产品的经济赋值，加大林业、草原、农田生态系统碳汇规模化开发、市场化利用的政策支持，在低碳产品开发经营、碳交易中引入减排基金和保险制度以降险减损。①

二、乡村生态治理实践

（一）乡村生态治理取得的成效

第一，农村人居环境改善成效明显。截至 2020 年年底，中央财政累计安排专项资金 258 亿元，支持 15 万个行政村完成环境整治，整治后的村庄人居环境明显改善，近 3 亿农村人口受益。全国 95%以上的村庄开展了清洁行动，农村从普遍脏乱差转变为基本干净整洁有序。完成县域农村生活污水治理专项规划编制，建设处理设施 52 万余套、污水管网 9.4 万千米，新增污水日处理能力 1 300 多万吨，污水治理率大幅提升。全国农村生活垃圾收运处置体系覆盖 90%的行政村，2.4 万个非正规垃圾堆放点基本完成整治。②各地区立足实际打造了 5 万多个不同类型的美丽宜居村庄。③截至 2022 年，全国农村卫生厕所普及率超过 73%，农村生活垃圾进行收运处理的自然村比例达 91%，农村生活污水治理率达 31%左右，14 万个村庄得到绿化美化，95%以上的村庄开展了清洁行动，村容村貌焕然一新。④

第二，农业产地环境治理成效明显。当前，不少农业产地围绕农药化肥减量使用、农膜回收、畜禽粪污资源化利用、秸秆综合利用等领域开展环境治理与保护行动。农膜回收利用等领域，持续开展农业产地环境保护与治理。通过实施化肥、农药减量增效行动，2021 年，全国农用化肥施用量（折纯量）5191 万吨，较 2020 年减少 1.1%，连续 6 年持续下降；农药使用量（折百量）为 24.83 万吨，其中微毒、低毒和中毒农药用量占比超过 99%。2022 年，全国三大粮食作物统防统治覆盖率达 43.6%，主要农作物绿色防控覆盖率 52%，农药包装废弃物回收率 70.4%。深入实施秸秆综合利用行动，2021 年全国农作物秸秆综合利用率达 88.1%，比 2020 年提高 0.5 个百分点，畜禽粪污综合利用率超过 76%，农膜回收率稳定在 80%以上，农田"白色污染"得到有效治理。⑤

第三，农村生态环境治理政策体系不断完善。"十三五"期间，国家先后制定并出台了《全国农村环境综合整治"十三五"规划》《农村人居环境整治三年行动方案》《农业农村污染治理攻坚战行动计划》《关于推进农村生活污水治理的指导意见》《农业农村部关于深入推进生态环境保护工作的意见》《关于做好非正规垃圾堆放点排查和整治工作的通知》等一系列重要政策，对农业农村生态环境治理提供了基本遵循与行动指导。2021 年，生态环境部、农业农村部联合印发《农业面源污染治理与监督指导实施方案（试行）》，随后又于当年年底印发《"十四五"

---

① 邓小云. 推进生态环境保护的制度建设[N]. 河南日报, 2023-08-16(6).
② 李松, 李云, 刘晨峰. "十四五"农业农村生态环境保护：突出短板与应对策略[J]. 中华环境, 2021(1): 37.
③ 董战峰. 建设美丽中国 推进农业农村现代生态环境治理[EB/OL]. (2022-02-28)[2023-12-29]. http://cn.chinagate.cn/news/2022-02/28/content_78075996.htm.
④ 中国农业绿色发展研究会, 中国农业科学院农业资源与农业区划研究所. 中国农业绿色发展报告 2022[M]. 北京：中国农业出版社, 2023: 9.
⑤ 中国农业绿色发展研究会, 中国农业科学院农业资源与农业区划研究所. 中国农业绿色发展报告 2022[M]. 北京：中国农业出版社, 2023: 5-6.

土壤、地下水和农村生态环境保护规划》。2022年出台的《生态环境损害赔偿管理规定》，进一步对"十四五"时期土壤、地下水和农业农村生态环境保护工作作出了系统部署和具体安排。

（二）乡村生态治理面临的主要挑战

我国在乡村生态治理方面从顶层设计到基层实践都已取得显著成效。但是，农村农业一体化绿色发展政策机制与模式等还不健全，农业面源污染治理尚未取得关键突破，农业农村污染治理能力亟需提升等问题依然不容忽视。

一是生态治理体制机制有待健全。其一，存在重投入、轻管理的倾向。一方面农村各类生态治理设施的硬件配置在不断完善；另一方面，对设施的维护及配套管理重视不足、投入有限，致使设备的使用效率与实际效果不尽如人意。其二，当前农村生态治理工作中"被动治理"色彩较重，主要表现为治理重心集中于被动执行上级单位政策要求，更多关注事后处置与补救，自主研判、科学预防有所不足。其三，规划引领不足。村庄在规划、整治安排等方面思路不够清晰明确，随意性较为明显。村内乱搭乱建、违规违法用地情形层出不穷，生产生活空间混杂。其四，法治机制还有待完善，主要表现在：（1）农村生态环境保护相关制度规范，尤其是法律规范方面有待继续完善，还存在诸多立法空白。（2）农业面源污染相关统计数据分散，调查、评估和监测等技术规范尚不健全，污染治理设施建设、验收、运维等规范管理工作有待加强。[①]（3）基层环境执法队伍还存在力量分散、专业素养偏低等问题，生态环境治理工作不能达到预期效果。其五，农村污染治理设施投资回报机制不健全，且污染治理运维成本高，无法吸引社会资本参与农村环境治理工作。[②]

二是农业面源污染不容忽视。农业源化学需氧量、氨氮、氮、磷排放，是构成农业面源污染的重要元素。时至今日，农药、化肥、农膜的大量使用在农业生产活动中依然较为常见，而利用效率偏低、回收利用不足等问题也同样存在。畜禽水产养殖废弃物的规范化集中处理在部分地区依然未能引起足够重视。而上述农业生产活动所产生的氮、磷、有机质等营养物质，对土壤、水体均会造成严重污染。数据显示，以工业源、农业源、生活源和集中式污染治理设施四类排放源为统计调查范围，2021年，在《排放源统计调查制度》确定的统计调查范围内，农业源化学需氧量排放量为1 676.0万吨，占全国化学需氧量排放量66.2%，在四类排放源中位居第一；农业源氨氮排放量为26.9万吨，占全国氨氮排放量31.0%，仅次于生活源氨氮排放量；农业源总氮排放量为168.5万吨，占全国总氮排放量53.2%，在四类排放源中位居第一；农业源总磷排放量为26.5万吨，占全国总磷排放量78.5%，在四类排放源中位居第一。[③]由此可见，当前我国农业面源污染综合整治工作依然任重道远。

三是人居环境制约因素依然较多。在充分肯定农村人居环境整治工作成效的同时，也必须意识到当前我国农村人居环境整治提升依然面临诸多约束与限制性因素。其一，农村人口分散、布局复杂，地区差异、民情风俗等多重因素的存在，客观上加大了整治工作难度。其二，庞大的资金需求与现阶段财政投入能力相对有限的矛盾较为突出。其三，一些农村居民

[①] 生态环境部、农业农村部就《农业面源污染治理与监督指导实施方案（试行）》答记者问[EB/OL]. (2021-03-26) [2023-12-29]. http://www.gov.cn/zhengce/2021/03/26/content_5595899.htm.
[②] 徐顺青, 逯元堂, 何军, 陈鹏. 农村人居环境现状分析及优化对策[J]. 环境保护, 2018(19): 45.
[③] 中华人民共和国生态环境部. 中国生态环境统计年报 2021[M]. 北京：中国环境出版集团, 2022: 8-14.

对环境保护和生态文明建设意识不强、积极性不高，存在一定程度上的环保盲区和认识误区，"屋内现代化，室外脏乱差"的现象并非个例。其四，农村人居环境整治涉及土地利益调整，可能引发农民之间或者农民与政府之间的矛盾和纠纷。其五，人居环境整治过程中，政策设计与城乡规划、村民需求存在脱节现象，主管部门之间职责交叉、统筹协调难度较大，现行治理技术与治理模式与农村匹配度有限。

三、提升乡村生态治理能力的建议

乡村生态治理是一项基础性、持久性的工作，不可毕其功于一役。因此在实践过程中，既要通过体系和能力来不断促进乡村生态治理现代化水平的提升，也要充分考虑到城乡发展存在的客观差距与农村社会的自身特性，量力而行，稳步推进，逐步将绿色发展融入农业农村现代化发展进程与乡村振兴战略目标之中。

（一）优化组织体系与治理体系

一是强化党委领导与政府主导作用，建立健全乡村生态治理的组织体系，明确责任分工和工作流程，充分发挥党委和政府在乡村生态治理中的领导和协调作用。二是建立健全乡村生态治理体系，加强顶层设计和政策法规制定，完善乡村生态保护与修复的政策措施，确保政策的执行力度。三是通过实践探索，不断明确责任分工和工作流程，形成多部门协同推进乡村生态治理的合力。

（二）加强乡村基础设施建设

加大对乡村水利、道路、垃圾处理、卫生等基础设施的投入，提高乡村基础设施的完善与普及程度，投入重心着眼于农村污水集中处理、垃圾转运处理、畜禽粪污综合利用、农膜回收利用等重点领域，为乡村生态治理提供良好的物质保障。增加对乡村基础设施建设和环境监测评估的投入，加强水源保护、土壤修复、生物多样性保护等方面的工作。

（三）加强乡村环境监测与评估

建立健全乡村环境监测体系，加强对水质、空气质量、土壤质量、生物多样性等方面的监测和评估，及时发现问题并采取措施进行治理。积极探索并推动地方与高校、科研院所等专业机构合作机制，通过政府购买服务、引入第三方评估等形式，促使乡村环境监测工作的科学化、严肃性、规范化程度不断提升。注重发挥监测评估结果在政策制定、财政倾斜、项目实施、干部考核等方面的导向、参考作用。

（四）加强乡村生态文明教育

通过开展宣传教育活动、开展农民环保知识培训、文明评比等形式，提高农民群众的环保意识和科学素养，推广节约资源、保护环境的绿色生活方式，促进乡村居民环境保护意识的提升与行为习惯的养成。充分发挥农民合作社和农业龙头企业的作用，引导农村集体经济组织在农业生产管理和生态资源保护方面积极作为，提高乡村生态治理的效率和合力。

（五）引导生产方式绿色转型

学习借鉴国内外乡村生态治理的成功经验，在实践探索基础上形成可行模式和方法，推动农村传统生产方式向绿色、可持续的方式转变。充分发挥政策的激励和引导作用，为有机农业、生态旅游等绿色产业的发展创造有利条件，减少农业生产活动对环境的负面影响，实现生态和经济的双赢。

总之，提升乡村生态治理能力需要党委、政府、农民以及社会各界共同参与，需要以科学的治理体系为保障，以绿色低碳发展为导向，围绕美丽乡村建设目标，从基础设施建设、移风易俗等多个层面展开乡村生态环境的保护和修复工作，推动农村可持续发展。

第四节　贫困治理

一、贫困治理概述

（一）贫困的界定

贫困是人类社会的顽疾，与之相伴的是饥饿、疾病、能力匮乏、社会排斥等问题，如果不能采取有效的应对措施，则不仅威胁到贫困对象自身的生存发展，还会加剧社会冲突与矛盾，造成社会动荡。消除贫困、改善民生，是人类共同的愿望，也是现代化的前提条件与社会基础。

反贫困几乎伴随着人类社会发展的全部历史。在谈及贫困治理时，首先必须准确把握绝对贫困与相对贫困两个基本概念以及二者之间的关系。所谓绝对贫困，可以通俗理解为"真正的贫困"或"极端贫困"，是指在一定时期内，个人或家庭所获物资不能维持最低生活水平，生存权难以得到保障的状态。2022年，世界银行将国际贫困线，即贫困标准调整为每人每天生活支出费用不低于2.15美元，低于这一标准即可视为绝对贫困。詹姆斯·斯科特将绝对贫困者形象地描述为："好比长久站立在齐脖深的河水中，只要涌来一阵细浪，就会使他们陷入灭顶之灾。"[1]

这里需要对贫困线作进一步的解释与说明。首先，贫困线描述的是对象是否属于绝对贫困。其次，国际贫困线只是确定贫困标准的一个参照指标，而并非唯一指标。各国发展基础、发展水平不同，对于贫困线的划定也会存在差异。简单来说，发达国家的贫困线标准会高于发展中国家，这是因为发达国家的人均收入水平更高。因此，不同国家会结合自身实际制定本国的贫困线。最后，贫困线本身也会动态调整，以国际贫困线为例，目前已从2005年的1.25

---

[1] [美]詹姆斯·C.斯科特.农民的道义经济学：东南亚的反叛与生存[M].南京：译林出版社，2013：1.

美元上调至 2022 年的 2.15 美元。

中国的第一个扶贫标准是 1986 年的 206 元（农民人均纯收入 206 元），第二个标准是 2001 年所确定的 865 元，第三个标准则是 2011 年所确定的 2 300 元（2010 年不变价），这个贫困线标准也是精准扶贫阶段所采用的。①由于物价水平处于波动状态，即使同一标准在不同年份也需要结合物价水平的波动作出对应的年度调整，以确保其代表的生活水平不变。同一条标准在不同年份虽然数值不同，但都代表了同一生活水平，因此年度间是可比的。②基于 2011 年所确定的标准与物价水平的变化，2010—2019 年，这一标准的具体数值及变化趋势如图 10-1 所示。

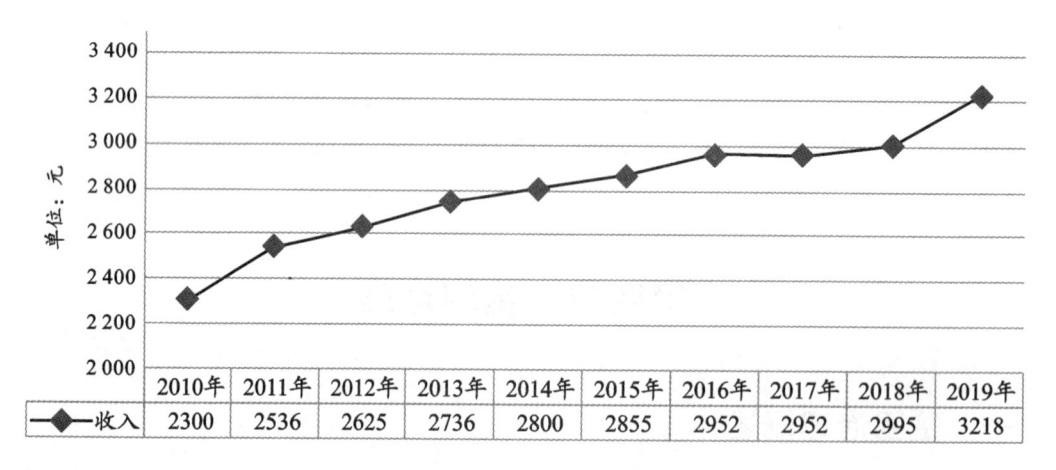

单位：元	2010年	2011年	2012年	2013年	2014年	2015年	2016年	2017年	2018年	2019年
收入	2300	2536	2625	2736	2800	2855	2952	2952	2995	3218

图 10-1　现行贫困标准所对应的 2010—2019 年各年度人均收入及变化情况

注：数据来源于国家统计局。

值得一提的是，在精准扶贫阶段，多数省份均以国家现行贫困标准作为贫困识别的依据，但也有部分省份会结合自身发展基础与经济水平，制定了高于国家标准的地方标准，这些地方标准将农村居民年人均纯收入低于 4 000 元或低于 6 000 元的人口认定为贫困人口。上述两种形式都是在政策允许操作范围内。

绝对贫困不是单一的经济困难，而是不同类型困难多维交织的结果。我国在精准扶贫与脱贫攻坚阶段，采取了既关注收入指标，又综合衡量"两不愁、三保障"多个指标，最终形成了一套直观有效的脱贫指标评价体系。只有贫困对象实现了人均纯收入超过当年的贫困线，并且吃穿不愁，且义务教育、基本医疗和住房安全均能够得到保障的前提下，方可视为成功脱贫，即摆脱了绝对贫困。

另一个概念是相对贫困。目前学界和官方机构对于相对贫困的概念与界定标准尚无定论。综合已有研究成果来看，相对贫困大致具有这样一些共识：其一，与绝对贫困一样，收入偏低也是相对贫困的重要特征，区别在于前者偏低的程度更深。其二，相对贫困的原因是多维的，收入水平、分配制度、社会机会、参照系选择、自我认知等，都会对其产生影响。其三，相对贫困是建立在对比基础之上的，缺乏必要的参照，这一概念则很难成立。其四，相对贫

---

① 中华人民共和国国务院新闻办公室. 人类减贫的中国实践[M]. 北京：人民出版社，2021：70.
② 国家统计局. 什么是贫困标准和贫困发生率[EB/OL]. (2023-01-01)[2023-12-29]. http://www.stats.gov.cn/zsk/snapshoot?reference=33e2b9cdb6391521c53328be6244e40b_4656BD41946B9728E71C4DA1DE5536FF&siteCode=tjzsk.

困会长久存在于人类社会，相较于消除绝对贫困，解决相对贫困的难度更大、挑战更多。正如有学者所总结的那样，相对贫困与财富、收入在不同阶层之间的分配有关，又与个人的自我认同以及社会公平观紧密相连。[1]概括而言，我们可以认为，相对贫困是在消除绝对贫困以后，个人或家庭在温饱无忧的前提下，在经济收入、生活水平、社会机会等方面低于同类指标社会平均水平的状态。当然，这一概念也只是一种概括性描述，其解释力与说服力依然有待完善。

（二）贫困的产生

中国贫困人口的致贫原因复杂多样，这些因素与贫困之间存在复杂的双向因果关系，受到区域发展程度的制约，是一个宏观与微观、内源与外生、时间与空间的复杂系统。[2]在扶贫工作实践中，我们将致贫原因概括为如下几类。

一是因病、因残致贫。因病致贫主要表现为家庭成员身患重病或长期慢性病以后，高额的医疗支出占用了家庭可支配收入中的绝大部分，致使其基本生活难以为继等情形。此外，病患所引发的劳动力下降甚至丧失，又会进一步加剧其贫困程度。因病致贫在所有致贫原因中，是最为常见且占比较高的。在实施脱贫攻坚以前，国家相关统计数据显示，我国贫困人口中因病致贫占比最高，达42%。因残致贫的情形则相对复杂，它既可以视为因病致贫的一种延伸，又会限制贫困对象的发展能力，进而引发贫困问题。

二是因学致贫。根据我国在扶贫工作中的实践来看，因学致贫是指家庭成员的教育支出超过家庭负担能力，从而导致家庭生活水平低于国家扶贫标准的情形，因学致贫主要发生在非义务教育阶段。因学致贫的起始原因是教育支出超过家庭承受能力、教育投资本身存在回报的长期性和不确定性，这些因素又可能进一步加剧贫困状况。

三是因灾致贫。顾名思义，这类贫困是灾害所致，即自然灾害或重大事故灾害，导致个人或家庭蒙受巨大的经济损失或人员伤亡，进而陷入贫困状态。由于我国是一个自然灾害较多的国家，灾害事故的多发性、偶然性以及农村地区在灾害预警及抗风险能力方面的短板依然较为明显，故因灾致贫、因灾返贫的风险不容忽视，这也是贫困治理需要长期关注的方面。

四是发展能力、条件、意愿不足导致的贫困问题。受限于劳动力不足、基础设施落后、交通条件不便、自然环境恶劣等多种客观因素，个人或家庭成员收入渠道与提升空间有限，难以维系基本生活，这就是发展能力与条件不足所导致的贫困。与上述所有因客观原因导致的贫困相比，发展意愿不足所导致的贫困可谓贫困治理中的"牛皮癣"，此类贫困的产生，主要源自个人的不思进取、安于现状和懒惰，"等靠要"思想严重，脱贫意愿不强，这是贫困治理中的难点与痛点。

除了上述致贫原因以外，婚丧嫁娶铺张浪费等陈规陋习，社会资源分配机制不合理等，也有可能引发贫困问题。贫困的本质是穷人处于弱势发展处境，但这种情况可能是内外交织、多方因素共同作用的结果。

---

[1] 高强，孔祥智. 论相对贫困的内涵、特点难点及应对之策[J]. 新疆师范大学学报(哲学社会科学版)，2020(3): 121.
[2] 黄承伟，燕连福. 新时代脱贫攻坚前沿问题研究[M]. 北京：人民出版社，2021: 149.

二、贫困治理的伟大实践

贫困的产生非朝夕之间,解决贫困问题也不可能一蹴而就。人类的历史与发展经验告诉我们,贫困容易加剧矛盾甚至引发悲剧,但社会资源与机会不会自发地向贫困对象倾斜,贫困问题也不会自行消除。贫困问题的有效解决,需要强有力的行动、科学的策略、持续性的努力和坚实的保障共同发挥作用,需要外部帮扶与贫困对象自主发展意愿同向同行。

(一)贫困治理的六个阶段

"消除贫困、改善民生、实现共同富裕,是社会主义的本质要求。"[①]作为最大的发展中国家,自1949年新中国成立以来,我国在贫困治理方面投入了大量的精力,并取得了非凡成就。经过不懈努力,2020年年底我国脱贫攻坚战取得了全面胜利,"现行标准下9899万农村贫困人口全部脱贫,832个贫困县全部摘帽,12.8万个贫困村全部出列,区域性整体贫困得到解决,完成了消除绝对贫困的艰巨任务"[②]。梳理发现,新中国成立70多年以来,我国在不同时期贫困治理的策略也各有侧重,其阶段性特征也较为明显。

1. 第一阶段:救济式扶贫阶段(1949—1977年)

新中国成立后通过土地改革,延续2 000多年的封建土地制度被废除,实行农民的土地所有制,使3亿多无地农民获得土地,消除"无地"这一造成发展中国家农民贫困的最主要制度因素。[③]为了解决人民群众的具体贫困问题,又通过农村"五保"供养制度、特困救济和救灾制度,向生活极端贫困的民众或遭受严重自然灾害的地区提供救济,保障人民的基本生活需求。[④]这一阶段的贫困治理,其重心在变革贫困产生的所有制基础,消除贫困问题产生的制度根源与制度约束。客观而言,"救济式扶贫在短期内满足了农村贫困人口的基本生活需要,但是难以从根本上解决贫困问题"[⑤]。即便如此,这一阶段作为当代中国贫困治理伟大实践的起点,意义也十分重大。

2. 第二阶段:体制改革推动扶贫阶段(1978—1985年)

根据我国政府1978年所制定的贫困标准(每人每年100元),当年农村贫困人口为2.5亿人,占农村总人口的30.7%。[⑥]这一时期整体贫困状况的根本原因在于当时的农村经营体制限制了农村生产力的发展。为了解决这一限制发展的体制性障碍,我国也从当年开始了农村经营制度改革,逐步放开了农产品价格,并为乡镇企业发展创造有利的政策保障环境。这一方面极大地激发了农村群众的生产积极性,另一方面也迅速提高了农业产出效益。此次改革,

---

[①] 习近平. 习近平著作选读(第一卷)[M]. 北京:人民出版社,2023:72.
[②] 习近平. 在全国脱贫攻坚总结表彰大会上的讲话[EB/OL]. (2021-02-25)[2023-12-29]. http://www.12371.cn/2021/02/25/ARTI1614258333991721.shtml.
[③] 国务院扶贫办综合司. 人类历史上最波澜壮阔的减贫篇章——新中国成立70年来扶贫成就与经验[N]. 光明日报,2019-09-18(9).
[④] 燕连福,李晓利. 从"饥寒交迫"到"全面小康"——中国共产党百年贫困治理的历程与经验[J]. 南京大学学报(哲学·人文科学·社会科学),2021(3):17.
[⑤] 燕连福,赵建斌,王亚丽. 我国扶贫工作的历程、经验与持续推进的着力点[N]. 经济日报,2019-10-16(12).
[⑥] 蔡昉. 中国减贫成效的世界意义[EB/OL]. (2020-09-01)[2023-12-29]. http://www.cirs.tsinghua.edu.cn/zjsdnew/20200901/3239.html.

也为我们有效解决农村贫困问题提供了极为重要的启示与工作思路。从1978年到1985年，农村人均粮食产量增长14%；农民人均纯收入增长了2.6倍；没有解决温饱的贫困人口从2.5亿人减少到1.25亿人，占农村人口的比例下降到14.8%。[1]

这时中国农村的贫困问题由制度约束转向区域约束和能力约束，贫困人口主要分布在革命老区、民族地区、边疆地区和贫困地区。1982年，国家启动"三西"（甘肃定西、河西，宁夏西海固）专项扶贫计划，拉开开发式扶贫的序幕。

3. 第三阶段：大规模开发式扶贫阶段（1986—1993年）

为了进一步缓解我国的贫困问题，缩小发展差距，我国从1986年开始，加大了扶贫力度。一方面，国家成立了专门的扶贫机构，并从政策、资金等方面做出专项安排，确保扶贫工作得以以制度化、规范化形式稳步推进。另一方面，我国也确立了以县为对象的扶贫开发工作方针，也就在这一年（1986年），国家正式提出"贫困县"这一概念。此后，我国政府有计划、有组织地在全国范围内展开开发扶贫工作。经过多年的不懈努力，到1993年年底，我国农村贫困人口由1985年的1.25亿人减少到8 000万人，占农村总人口的比重从14.8%下降到8.7%。[2]这时的贫困人口大部分集中分布于我国18个集中连片贫困地区，而这些连片贫困地区中的大多数，又主要分布于我国的中西部省份。

4. 第四阶段：八七扶贫攻坚阶段（1994—2000年）

以1994年《国家八七扶贫攻坚计划》的公布实施为标志，中国的扶贫开发进入了攻坚阶段。该计划明确提出，要集中人力、物力、财力，动员社会各界力量，力争用7年左右的时间，基本解决8000万农村贫困人口的温饱问题。这是新中国历史上第一个有明确目标、明确对象、明确措施和明确期限的扶贫开发行动纲领。经过多方努力，到2000年年底，国家"八七"扶贫攻坚目标基本实现，我国的扶贫开发取得了巨大成就。农村尚未解决温饱问题的贫困人口由1978年的2.5亿人减少到2000年的3 000万人，农村贫困发生率从1978年的30.7%下降到3%左右。[3]

5. 第五阶段：整村推进扶贫开发阶段（2001—2012年）

2001年政府开始实施村级瞄准机制，在全国确定了14.81万个贫困村作为扶贫工作重点，以产业化扶贫和劳动力转移培训为抓手的扶贫开发新模式。根据2010年1 274元的扶贫标准衡量，农村贫困人口从2000年年底的9 422万人减少到2010年的2 688万人，农村贫困人口占农村人口的比重从2000年的10.2%下降到2010年的2.8%。[4]2011年，中共中央召开扶贫开发工作会议，中共中央、国务院印发《中国农村扶贫开发纲要（2011—2020年）》。中国的扶贫开发，从以解决温饱为主要任务的阶段转入巩固温饱成果、加快脱贫致富、改善生态环境、

---

[1] 中国农村扶贫开发概要[EB/OL]. (2006-11-19)[2023-12-29]. http://www.gov.cn/zwhd/ft2/20061117/content_447141.htm.

[2] 中国农村扶贫开发概要[EB/OL]. (2006-11-19)[2023-12-29]. http://www.gov.cn/zwhd/ft2/20061117/content_447141.htm.

[3] 中国农村扶贫开发概要[EB/OL]. (2006-11-19)[2023-12-29]. http://www.gov.cn/zwhd/ft2/20061117/content_447141.htm.

[4] 张琦. 中国扶贫经历四个阶段[EB/OL]. (2015-11-20)[2023-12-29]. http://f.china.com.cn/2015-11-20/content_38413662.htm.

提高发展能力、缩小发展差距的新阶段。2011年，中国将扶贫标准提高到2 300元，在新的扶贫标准下，中国贫困人口为1.22亿。

6. 第六阶段：精准扶贫阶段（2013—2020年）

党的十八大以来，以习近平同志为核心的党中央把贫困人口脱贫作为全面建成小康社会的底线任务和标志性指标，作出一系列重大部署，扶贫开发进入脱贫攻坚新阶段。2013年，习近平总书记赴湖南省花垣县十八洞村考察时，首次提出"实事求是、因地制宜、分类指导、精准扶贫"的理念。2015年，习近平总书记出席中央扶贫开发工作会议时指出"要立下愚公移山志，咬定目标、苦干实干"，吹响了脱贫攻坚战的冲锋号。2017年，习近平总书记在中共十九大报告中指出，"让贫困人口和贫困地区同全国一道进入全面小康社会是我们党的庄严承诺""坚决打赢脱贫攻坚战"，动员全党全国全社会聚力攻克深度贫困堡垒、决战决胜脱贫攻坚。

这一阶段主要针对如何进一步瞄准扶贫对象，如何采取更为行之有效的帮扶措施等重要问题，由此提出了"六个精准""五个一批"的具体要求与实践路径。经过8年持续奋斗，到2020年年底，中国如期完成新时代脱贫攻坚目标任务，现行标准下9 899万农村贫困人口全部脱贫，832个贫困县全部摘帽，12.8万个贫困村全部出列，区域性整体贫困得到解决，完成消除绝对贫困的艰巨任务，新时代脱贫攻坚取得全面胜利。[①]

（二）贫困治理的主要经验

脱贫攻坚取得举世瞩目的成就，靠的是党的坚强领导，靠的是中华民族自力更生、艰苦奋斗的精神品质，靠的是新中国成立以来特别是改革开放以来积累的坚实物质基础，靠的是一任接着一任干的坚守执着，靠的是全党全国各族人民的团结奋斗。[②]我国在贫困治理实践中的一系列举措，始终坚持问题导向、精准施策，将解决贫困人口生存和温饱问题置于优先地位，将提升贫困人口自我发展能力、改善贫困地区发展面貌作为重要目标。

一是坚持将党的领导贯穿始终。历史和现实反复证明，办好中国的事情关键在党。我国取得举世瞩目的减贫成就，最根本的原因是发挥了党的领导政治优势和社会主义制度优势，探索了中国特色的扶贫开发道路。坚持中国共产党领导，强化组织保证，建立了"中央统筹、省负总责、市县抓落实"的扶贫体制机制，强化各级党委总揽全局、协调各方作用，省、市、县乡村五级书记抓扶贫，为贫困治理提供了坚强政治保障。

二是坚持不断提升扶贫精准度。精准扶贫方略已成为全球贫困治理的典范。我国在长期的反贫困斗争中，结合自身实际，围绕扶贫标准制定、贫困对象识别、政策工具选用、动态监测评估等方面不断予以优化完善。政府通过建立贫困人口信息库、大数据分析和入户调查摸排等形式，确保扶贫政策和资源真正瞄准贫困对象，注重扶持政策与不同类型贫困对象的匹配度。这种精准化的扶贫方式可以最大限度地提高扶贫效果与贫困对象的获得感，避免了扶贫资源被浪费或挪作他用。

三是统筹贫困治理与农村发展。坚持系统思维、整体视野，以农村发展促进农村减贫，是我国贫困治理的重要经验。新中国成立之初，即通过土地改革废除土地私有制，消灭了贫

---

① 中华人民共和国国务院新闻办公室. 人类减贫的中国实践[M]. 北京：人民出版社，2021: 10-11、13.
② 习近平. 习近平著作选读（第二卷）[M]. 北京：人民出版社，2023: 436-437.

困的制度根源。1978年以农村经营制度改革为先导，实行家庭经营为基础、统分结合的双层经营体制，极大解放了农村生产力，促进了农村经济社会发展与农民收入增长，从而减少了贫困人口的规模。1985年，我国在农产品流通领域采取了市场化导向的体制改革，通过大幅提高农产品收购价格，为农村群众在收入增长方面探索出行之有效的举措。在2006年，我国全面取消农业税，这直接减轻了农村贫困群众过去所承担的税收负担，其相应的生活负担也随之得以缓解。党的十八大以来，我国持续深化农村改革，推进土地制度改革、集体产权制度改革等，为确保农村贫困地区实现脱贫任务，进而更好实施乡村振兴战略提供了重要保障。[1]

四是保持战略定力，久久为功。反贫困之所以是一个世界性难题，是因为它的治理周期长、投入成本高。这就要求治理主体要保持政策、措施的连贯性，将消除贫困、改善民生、维护社会公平置于战略而非策略高度。中国的反贫困之所以取得全面胜利，根本原因就在于中国共产党和中国政府几十年以来从未放松对扶贫开发的工作要求，不断在巩固已有扶贫成果的基础上，根据社会发展变化与贫困动态及时调整和优化贫困治理体系，提升治理能力。坚持将贫困治理作为民生工程，统筹城乡发展，让全体人民共享发展成果，致力于共同富裕目标，一张蓝图绘到底，一茬接着一茬干，这也是我国贫困治理成功的关键所在。

五是坚持多元共治，凝聚合力。中国在贫困治理实践中坚持构建和不断完善党委领导、政府主导、社会参与的扶贫工作格局。积极引导和组织各方力量，包括国家机关、企事业单位、社会团体以及广大人民群众在内的多方主体共同参与扶贫工作，积极争取世界银行、联合国开发计划署等国际机构组织的支持与援助。在不断强调提升贫困地区自主发展能力的前提下，充分利用东西协作对口支援、定点扶贫、结对帮扶、国际减贫合作等多种外部帮扶机制。这种多方参与的模式有效地强化了贫困治理的合力，切实提高了扶贫工作的实效。可以说，虽然农村地区是我国贫困问题的主要发生场域，但消除贫困却是全国、全社会共同努力的结果。

六是以多措并举提升治理效能。贫困治理，需要解决贫困对象的具体困难，也要解决制约贫困对象、贫困地区发展的深层次难题。中国的贫困治理，体现出强烈的务实导向，授人以鱼，更授人以渔。首先，完善社会保障体系。中国加大了对低保、医疗保障、教育资助等社会保障政策的支持力度，通过低保兜底、健康扶贫、教育扶贫等形式为贫困人口提供了基本的保障和救助，阻断贫困代际传递。这些扶贫措施的"救济"色彩与保障属性较为明显，属于"授人以鱼"。其次，优化发展支持体系。在面对贫困对象发展能力不足、贫困地区发展基础薄弱等问题时，则注重从完善农村基础设施、产业扶贫、生态扶贫等多个领域提供支持，在提升贫困地区发展基础与公共服务质量同时，也为贫困地区发展环境与发展面貌改善，贫困对象持续、稳定增收创造了条件。这些扶贫措施重在提升贫困对象内生发展动力与发展能力，当属"授人以渔"。

三、贫困治理的未来展望

《联合国2030年发展议程》所设定的减贫目标在我国已经提前10年得到实现，创造了人类减贫史上的中国奇迹。习近平总书记语重心长地说："脱贫摘帽不是终点，而是新生活、新

---

[1] 燕连福，赵建斌，王亚丽. 我国扶贫工作的历程、经验与持续推进的着力点[N]. 经济日报 2019-10-16(12).

奋斗的起点。解决发展不平衡不充分问题、缩小城乡区域发展差距、实现人的全面发展和全体人民共同富裕仍然任重道远。"[1]现阶段，我国贫困治理的工作重心在于做好脱贫攻坚与乡村振兴的有效衔接工作，满足农村群众日益增长的美好生活需求，夯实农业农村现代化发展的基础。

（一）巩固拓展脱贫攻坚成果与乡村振兴有效衔接

脱贫攻坚与乡村振兴是党的十八大以来党和国家农村工作的重中之重，二者虽各有侧重，但又存在密切的关联性。汪三贵等人分别从两者的实施时间、目标、重点、对象等方面对其内在逻辑关系进行了细致深入的梳理，结论如表 10-1 所示。

表 10-1 脱贫攻坚与乡村振兴战略的逻辑关系[2]

类别	脱贫攻坚、精准扶贫	乡村振兴
时间	2013—2020 年	2018—2050 年
目标	到 2020 年，稳定实现农村贫困人口不愁吃、不愁穿，义务教育、基本医疗和住房安全有保障。实现贫困地区农民人均可支配收入增长幅度高于全国平均水平，基本公共服务主要领域指标接近全国平均水平。确保我国现行标准下农村贫困人口实现脱贫，贫困县全部摘帽，解决区域性整体贫困	实现农业农村现代化。到 2020 年，乡村振兴取得重要进展，制度框架和政策体系基本形成。到 2035 年，乡村振兴取得决定性进展，农业农村现代化基本实现。到 2050 年，乡村全面振兴，农业强、农村美、农民富全面实现
重点	贫困人口稳定实现"两不愁三保障"和稳定增收	农业兴旺、生态宜居、乡风文明、治理有效、生活富裕
对象	建档立卡贫困人口与贫困地区	相对贫困
贫困瞄准	绝对贫困	

2021 年印发的《中共中央国务院关于实现巩固拓展脱贫攻坚成果同乡村振兴有效衔接的意见》（以下简称《意见》）从长效机制、重点工作、常态化帮扶机制等多个方面对二者如何有效衔接作了部署安排。结合现有相关研究，本书将围绕"强基固本，互补提升"的思路，从三个方面对有效衔接的主要做法与基本思路进行阐述。

一是目标衔接。脱贫攻坚的核心目标在于消除绝对贫困，而乡村振兴的目标则着眼于农业农村现代化。从目标层次上，乡村振兴显然要求更高。从发展逻辑上看，消除绝对贫困显然只是农业农村现代化前提之一。因此，如何在目标上实现有效衔接，就需要通过充分利用《意见》中所提出的 5 年过渡期，巩固脱贫成果，确保不发生规模性返贫，做好这一步工作，乡村振兴才能有坚实的基础保障。因此，这一阶段的工作重心在于保持主要帮扶政策总体稳定、健全防止返贫动态监测和帮扶机制、巩固"两不愁三保障"成果、做好易地扶贫搬迁后

---

[1] 习近平. 习近平著作选读（第二卷）[M]. 北京：人民出版社，2023：443.
[2] 汪三贵，冯紫曦. 脱贫攻坚与乡村振兴有机衔接：逻辑关系、内涵与重点内容[J]. 南京农业大学学报（社会科学版），2019(5): 10.

续扶持工作、加强扶贫项目资产管理和监督。当上述具体目标在过渡期内顺利达成以后，农业农村现代化才有了实现的前提条件。换言之，如果认为脱贫攻坚结束就可以立即将重心切换到乡村振兴，显然是一种思维简单化的表现。

二是政策衔接。脱贫攻坚阶段的政策，核心目的是扶贫，重心在于解决贫困对象与贫困地区的发展问题，而乡村振兴的政策目标，则在于为全体农村人口和所有农村地区改善发展条件。要实现两者在政策上的有效衔接，关键在于找准着力点。脱贫与振兴，关键靠发展，因此，对于能够带动农村发展与农民群众增收致富，具有"造血"功能的普惠性发展类政策，应当作为政策衔接的优先选择，此类政策涵盖了基础设施、产业发展、公共服务、就业创业等领域，它们在过去的脱贫攻坚工作中发挥了极大作用，同样也是乡村振兴的有力抓手。此外，对于特殊群体的保障类政策，涉及社会救助、养老、医疗、最低生活保障等方面，也应作为衔接关注的点，它们在任何时候都能起到民生兜底的作用。但保障类政策在衔接时，需要结合实际，合理确定其保障对象、范围、标准与规模。

三是机制衔接。做好脱贫攻坚与乡村振兴的机制衔接，关键在于坚持和完善领导机制、投入机制与参与机制。其一，领导机制上，要坚持中央统筹、省负总责、市县乡抓落实的工作机制，充分发挥各级党委总揽全局、协调各方的领导作用，省、市、县、乡、村五级书记抓巩固拓展脱贫攻坚成果和乡村振兴。[1]其二，投入机制上，"切实在资金投入、要素配置、公共服务和干部配备等方面将农业农村放在优先位置"[2]，要探索建立涉农资金整合长效机制，"对支持脱贫地区产业发展效果明显的贷款贴息、政府采购等政策，在调整优化基础上继续实施"[3]，加大培育新农人和新型农业经营主体的力度，制定农村吸引人才、留住人才的政策措施。其三，在参与机制上，坚持和完善政府主导、全社会参与和群众为主体的参与机制。坚持和完善东西部协作和对口支援、社会力量参与帮扶机制。进一步激活农村群众内生发展动力，促使其在实现乡村振兴战略目标的各个环节、各个领域中积极发挥自身主体作用。

（二）为全球的贫困治理贡献中国智慧与中国方案

彻底消除贫困是全人类的共同事业与共同使命，中国在贫困治理领域所取得的成功对于世界范围内的反贫困斗争都具有深远影响和重大意义。中国作为最大的发展中国家和负责任大国，一方面，通过解决自身贫困问题对全人类反贫困作出了巨大贡献；另一方面，中国也应立足于人类命运共同体的高度，同广大发展中国家分享贫困治理的经验，共同致力于破解贫困这一世界性难题。

第一，立足实际，确定贫困治理阶段性目标。广大发展中国家在发展基础、贫困面貌上各有差异，这就要求在减贫过程中，需要结合自身的实际状况与实际能力，合理确定阶段性减贫目标，量力而行。贫困的治理，是一项长期性工作，因此需要高度重视政策的稳定性与持续性。

---

[1] 新华社.中共中央、国务院关于实现巩固拓展脱贫攻坚成果同乡村振兴有效衔接的意见[EB/OL].(2021-03-22)[2023-12-29]. http://www.gov.cn/xinwen/2021-03/22/content_5594969.htm.?ivk_sa=1023197a.

[2] 魏后凯, 姜长云, 孔祥智, 张天佐, 李小云. 全面推进乡村振兴：权威专家深度解读十九届五中全会精神[J]. 中国农村经济, 2021(1): 3.

[3] 新华社.中共中央、国务院关于实现巩固拓展脱贫攻坚成果同乡村振兴有效衔接的意见[EB/OL].(2021-03-22)[2023-12-29]. http://www.gov.cn/xinwen/2021-03/22/content_5594969.htm.?ivk_sa=1023197a.

第二，精准施策，坚持贫困治理的效果导向。对贫困的规模、致贫原因有准确的把握，这是贫困治理的前提条件。致贫原因的复杂多样，要求在减贫实践中需要根据不同类型的贫困提供差异化、针对性的帮扶政策。在实践过程中，要不断健全防止返贫动态监测和帮扶机制，及时阻断或化解帮扶对象的返贫风险，确保贫困对象的脱贫质量经得起检验。

第三，突出重点，丰富治理形式与治理手段。贫困治理的重点与难点在于解决贫困对象发展的内生动力不足问题。要将开发式扶贫作为贫困治理的重要手段，注重通过产业发展、基础设施改善、教育水平提升等多种形式增强贫困对象、贫困地区的自主发展能力与发展基础。对因病、因残等特殊类型贫困对象，通过医疗救助、社会保障等手段，保障其基本生活。

第四，强化合力，注重贫困治理的多元参与。贫困问题的本质是社会发展问题，解决这一难题，须集全社会之力。政府要发挥贫困治理的主导作用，积极有为；国际组织、社会组织、企业与个人，也需提供力所能及的资金、项目和智力支持；贫困对象既是帮扶对象，也是贫困治理的重要主体，他们的发展意愿、发展能力，直接决定了扶贫的效果。

联合国秘书长古特雷斯盛赞中国减贫方略是"精准减贫方略是帮助最贫困人口、实现2030年可持续发展议程宏伟目标的唯一途径"[①]。中国在贫困治理领域所取得的伟大成就与积累的成功经验，对于增强全人类反贫困事业的信心，并在立足实际的前提下采取行之有效的措施解决各国所面临的贫困问题，无疑具有重要的参考借鉴意义。

【思考题】

1. 国家治理现代化的内涵是什么？
2. 如何理解乡村治理现代化？
3. 乡村治理现代化的主要路径有哪些？
4. 乡村数字治理的应用情境有哪些？
5. 乡村数字治理在当前阶段面临的挑战主要来自哪些方面？
6. 什么是农业面源污染？
7. 如何理解中国贫困治理所取得的成就？
8. 为什么要高度重视巩固拓展脱贫攻坚成果同乡村振兴有效衔接？
9. 中国减贫经验对于其他发展中国家有何启示？

【案例分析】

案情：垃圾处理既是农村人居环境整治中的重点工作，也是一个普遍性难题。近年来，湖南省湘潭市在这一领域展开了积极探索，构建起以网络化、项目化、分类化为抓手的工作体系，在全省范围内率先解决了农村垃圾集中处理难题，实现了集中处理率100%，乡镇垃圾压缩中转设施全覆盖的可喜成绩。

此外，韶山市通过完善垃圾终端处理设施，从硬件上解决了过去农村垃圾在集中处理过程中面临的设施不足短板。该市还在辖区内实施垃圾分类减量工作，通过定期评分、积分兑

[①] 国家统计局. 扶贫开发持续强力推进 脱贫攻坚取得历史性重大成就——新中国成立70周年经济社会发展成就系列报告之十五[EB/OL]. (2019-08-12). http://www.stats.gov.cn/sj/zxfb/202302/t20230203_1900412.html.

奖等措施，在全域范围内逐渐形成良好的行动氛围。该市的做法既强调了设施装备在垃圾处理中的重要作用，也借助人居环境整治的契机对农村群众的生活习惯与生活理念转变作出了有益探索。

湘乡市泉塘镇在垃圾处理问题上的做法也颇有亮点，当地在群众认可且注重操作可行性的前提下，围绕"精细""实效""自主"做文章，一方面强调通过健康、科学的生产生活方式尽量减少垃圾"产量"；另一方面又对已经产生的垃圾通过分类处理，将其"剩余价值"最大化利用。不少村民发现，原来垃圾也可以变废为宝，这也极大地激发了他们主动参与垃圾处理的积极性。

湘潭市还借助网格化管理模式，对农村垃圾处理工作从源头到末端实施"全流程"管理，确保每一个环节都有明确的责任主体和具体的工作职责。当地还通过 PPP 模式积极争取外部支持，使得全市农村地区在垃圾处理的各类硬件设施都得到极大改善与提升，并在生活垃圾处理、污水处理、粪污集中处置等方面取得了不俗成绩，这也进一步提高了当地垃圾处理能力与处理水平。

——案例来源：中国农网，https: //www.farmer.com.cn/2021/12/23/99885109.html

问题：农村人居环境整治应如何提质增效？

分析：人居环境整治关乎农村群众生活质量，是农业农村现代化进程中一项复杂的工程，其涉及范围广，情境差异大，基础设施薄弱，需要投入大量的人力、物力、财力，不断完善相关配套设施，做好衔接管理，理顺不同主体、部门之间的关系，帮助群众转变生活观念与生活习惯，积极争取社会支持，从而实现齐抓共管、各尽其责的善治格局。

第十一章

乡村治理的评价指标

内容提要：乡村治理评价指标是用于考核、评估、比较乡村治理活动质量及其效果的统计指标。本章介绍了乡村治理指标的概念、功能、分类，分析了乡村治理指标体系的设计要素，并从国家相关部门的文件中，摘取、总结乡村治理的综合性评价指标、质量评价指标、民主法治评价指标、乡村数字治理评价指标的具体内容。

学习目标与要求：掌握、理解乡村治理评价指标的设计要素，了解各类乡村治理评价指标的具体内容。

第一节 乡村治理的指标体系概述

一、乡村治理指标体系的概念

（一）乡村治理指标

指标体系是指一套用来描述社会整体或某一领域、行业、个体状况的数据系统，可用于考核对象性质、达成度、发展度的分析，可对社会、领域、行业、个体的现状和未来做出评价[1]。乡村治理指标是用来判断乡村治理在准则、价值和目标等方面实现程度的依据，以性质界定、数据呈现的方式具象化描述乡村治理的现状，精确揭示乡村治理的相关信息，包括乡村治理结构、治理行为和治理效果的变化。乡村治理指标的思维结构是以观察为基础，采用定性、定量的方式评价乡村治理的现状并测量其变化，有助于对乡村治理主要方面的状况作出简明、综合、均衡的判断。乡村治理指标既包括反映客观实际的乡村治理统计指标，也包括反映乡村治理利益相关者主观感受的主观指标。

（二）乡村治理指标体系

乡村治理指标体系是指乡村治理指标群或指标组合，是依据不同考核、研究目的的要求，根据考核、研究对象的性质、特征，把相互联系的、能反映乡村治理整体或领域的性质、状态的若干个指标，分类、组合而形成一种指标体系。从宏观上分析，乡村治理指标体系能反映一个地区在一定时期乡村发展的状况和进程。

---

[1] 朱庆芳，吴寒光. 社会指标体系[M]. 北京：中国社会科学出版社，2001：3.

二、乡村治理指标的功能

乡村治理指标有以下五个方面的功能。

（一）描述功能

乡村治理指标通过定性或定量的方式对乡村治理的全貌或特定领域进行客观描述，如实反映情况，主要说明乡村治理的现状，描述"是什么"，用以判断乡村治理及其特定领域的性质与特征，揭示乡村治理中存在的问题。

（二）解释功能

乡村治理指标可以通过指标数据的对比，对乡村治理现状进行追根溯源，揭示乡村治理现状背后的原因，回答"为什么"，而原因的明晰往往能明确解决问题的途径。

（三）评价功能

乡村治理指标作为一种测量尺度，可以将乡村治理的现状与规划目标进行纵向比较，将不同地区乡村治理的现状进行横向比较，以对乡村治理的现状和发展作出适当的、科学的判断和评价。

（四）监测功能

乡村治理指标数值可以反映乡村治理的运行情况，以便及时发现问题、解决问题，研究解决措施，对乡村治理政策进行适时修订。

（五）预测功能

根据已有的乡村治理指标数据库，以时间为序，分类对数据进行纵向对比，以探索乡村治理的发展变化规律，从而对未来时期可能的变化趋势作出预测。预测不仅要推算某一指标未来的数值趋势，而且要分析数值变化背后的社会经济原因，揭示出发展的一般规律。

三、乡村治理指标的分类

（一）按照研究对象和范围分类

乡村治理指标按照研究的对象和范围，可以分为以下三类。

1. 综合性乡村治理指标

这类指标用于观察一个国家或一个地区乡村治理的整体状况，其内容包括乡村治理的各个重要领域，如产业发展、文化繁荣、环境治理、法治建设等，以便对该国或地区乡村治理发展计划、目标和实现进程进行全面深入的分析和评价，进而帮助该国或地区对乡村治理进行有效的调控。

2. 特定领域的乡村治理指标

由于我国乡村治理的发展计划主要是分部门、按照领域划分来执行，因此就有了按照部门管理领域的指标，如经济、文化、教育、卫生等领域的指标。这些指标内容反映了一个部门职能范围内的乡村治理业务和工作的运行情况，反映了该部门在乡村治理某领域工作的实效。因此，这类指标也是乡村治理指标的重要组成部分。

3. 专题性的乡村治理指标

这是为了进行各种专题性研究而建立的乡村治理指标，如专门研究返乡农民、新型职业农民、乡村医生等问题而设计的乡村治理指标。这类指标具有很强的专业性和时效性，一般是为进行一次性调查、研究、收集必要资料而设计的。

（二）按照指标的性质分类

乡村治理指标按其性质可以分为客观指标和主观指标。

1. 乡村治理的客观指标

乡村治理的客观指标是指反映乡村治理对象客观状况的指标，一般都通过统计指标表现出来，如在研究农村人居环境问题时，村庄的绿化覆盖率、符合要求的厕所普及率、生活污水处理率等都是客观指标。

2. 乡村治理的主观指标

乡村治理的主观指标是指通过数值来表现人们对乡村治理的感受、愿望、评价和态度等方面的程度或倾向的指标，如村民对居住环境、村干部管理、集体资产股权化分配等方面的感受和评价等。这类指标一般采用问卷的形式，将人们对调查客体的感受、评价或态度进行满意或不满意分层程度调查。通常人们会用李克特五分量表法编制问卷，将人们的主观状态分为五个层次，并给予不同的赋分，以分值大小判定人们对调查客体的主观态度。在乡村治理中，人们的态度和行为是研究的一个重要方面，态度通过主观指标来衡量，行为通过客观标准来衡量，主观指标在乡村治理研究中有特殊的作用。

四、乡村治理指标体系设计的要素

（一）乡村治理指标体系的理论依据

不论设计和制定什么样的指标体系，都应该有其一定的理论依据。乡村治理指标体系应以历史唯物主义、习近平新时代中国特色社会主义思想等为理论基础，按照国家治理体系现代化的需要，应用统计科学的理论和方法，根据社会研究的有关专业科学理论知识和实践经验，结合乡村治理的性质和特点，确定各项乡村治理指标的基本概念、口径范围、分类方法和计量方法等。

（二）乡村治理指标体系的基本原则

设计和制定乡村治理指标体系，首先必须有明确的目的，同时还要重视其所具有的科学性、联系性、统一性和可比性。

1. 目的性

在编制乡村治理指标体系时，首先明确指标体系的测评目的，根据乡村治理研究和管理不同目的和要求，确定相应的测评维度，再选取能反映测评维度的考核对象，根据考核对象的性质和特征，确定指标的名称、含义和口径范围。就认识乡村治理本身而言，有许多指标可供选择，但是究竟确定哪些指标才能科学地对所研究的乡村治理现象加以反映和分析，则必须充分考虑到。

2. 科学性

乡村治理指标体系的科学性，主要体现在两个方面。第一，在定性方面，指标选择有理论上的科学依据，指标的名称、含义、口径范围与考核目标、考核维度相契合。第二，在定量方面，指标数据具有可采集性，能通过客观描述或主观测试获得，并且能保证真实性。其中，对乡村治理的定量认识要以定性认识为前提和基础。

3. 联系性

乡村治理指标体系中的指标并不是相互独立的，指标相互之间具有关联性。同一维度下的多个指标从不同方面共同支撑测评目标，指标之间相互印证，多组数据、多个指标共同揭示乡村治理现状背后原因，有助于全面地认识乡村治理之间的数量关系、内在联系及其规律性。

4. 统一性

乡村治理指标的统一性包括两个方面的内容：第一，乡村治理的测评指标与乡村治理的战略、计划相统一。第二，同一指标体系内的含义、口径范围、计算方法、计算时间和空间范围等，都必须是统一的，便于在统一标准之下进行比较分析。

5. 可比性

乡村治理指标体系具有的科学性、联系性和统一性，最终都是为了保障指标具有可比性。可比性包括：第一，纵向比较，同一空间不同时间指标数据的比较，可以揭示特定空间范围乡村治理的成效。第二，横向比较，同一时间不同空间范围的指标数据比较，可以揭示不同空间范围乡村治理的差异性。指标的比较一般采用相对数、比例数、指数和平均数等进行比较。

（三）乡村治理指标体系的设计方法

乡村治理指标是由许多有内在联系的单项指标组合而成的。在设计乡村治理指标体系时，既要从整体上全面考虑乡村治理指标所应包括的内容及其框架体系，也要逐一考虑各个单项指标的含义、口径及计算方法等。

1. 指标体系总体框架的设计

乡村治理指标体系的总体框架根据测评目标的不同,有不同范围的指标选择。测评乡村治理的整体情况,可以从组织结构、村务管理、乡风培育、文化建设、法治乡村、平安乡村等维度进行指标选择;测评乡村治理的文化建设、法治建设等特定领域,则需要从特定领域选择对应的指标。指标选择之后,需要进行分类、编排,进行结构、层次的排列组合。

2. 指标名称、含义和口径范围的确定

在指标体系的总体框架确定之后,下一步需要根据测评的目标,依据相应的科学概念,结合治理实践情况,确定指标的名称、含义和口径范围。如"人口数"这个指标,有常住人口数、现有人口数、流动人口数等,不同测评目标会选择不同内涵的指标。

3. 指标计算方法和计量单位的确定

指标的计算方法和计量单位的厘定是指标体系设计的一个重要步骤。客观指标的计量单位通常与日常统计单位一致,主观指标一般没有标准化的计量单位。指标的计算方法多数情况下表现为计数与简单的汇总,一些主观指标,如表示满意度的指标,也可以采用赋值的方法进行计算。

4. 指标测评时间和空间范围的确定

乡村治理指标体系测评时间的选择有两种:第一,以截止时间确定测评时间段,如截至2023年12月31日24:00中国总人口数。第二,以起止时间来确定测评时间段,如2022年度完成厕所改造的数量。具体采用哪种测评时间方式,由具体测评目的、指标性质决定。

乡村治理指标体系的空间范围根据测评目的决定,一般包括地域范围,如省、市、县(区)、乡镇、村等。

(四)乡村治理评价指标的筛选

乡村治理实践活动纷繁复杂,涉及面广,现实中存在大量的指标可以反映乡村治理的现状,在制定乡村治理评价体系时,需根据测评的目的、原则,合理选择具有代表性的重要指标组成乡村治理评价指标体系,这是正确、客观评价乡村治理发展水平的关键。代表性指标的筛选,一般分为经验预选和专家咨询两个步骤。

1. 经验预选

首先,参考乡村治理工作的政策设计框架,结合治理实际情况,凭借经验,总结出符合测评目标、原则的指标,并预选出具有代表性、与测评目标、维度具有高关联度的指标,一般以比确定的入选指标多50%的指标组成预选指标集。

2. 专家咨询

将预选指标集中制成咨询问卷,征求熟悉乡村治理的专家的意见,请他们对预选指标集中的指标进行限量选择,通过差额筛选,汇总分析,确定入选指标。

（五）乡村治理评价指标的评价方法

由于乡村治理评价指标的单位不同，不能直接相加，通常采用综合评价法来对乡村治理状况进行综合评价，常用的有综合指数法、因子分析法、标准化评分法、无量纲法、综合评分法等。综合评分法操作方便，计算的结果也比较符合实际，适用的范围也较为广泛。综合评分法包括三个步骤：第一，收集评价指标的准确数据；第二，合理确定权数；第三，科学确定评分标准。

第二节　综合性乡村治理评价指标体系

乡村治理综合评价指标体系，是从众多的乡村治理指标中选择出具有代表性的重要指标组成的，用科学的计算方法来评价乡村治理发展的各个侧面及整体发展水平的指标体系。

一、乡村治理评价指标体系

（一）乡村治理评价指标体系的基本要求

1. 要遵循乡村治理的指导思想

乡村治理综合评价指标体系的建立，要以习近平新时代中国特色社会主义思想为指导，紧紧围绕统筹推进"五位一体"总体布局和协调推进"四个全面"战略布局，按照实施乡村振兴战略的总体要求，体现党对乡村治理的集中统一领导，把治理体系和治理能力建设、保障和改善农村民生、促进农村和谐稳定作为核心指标。

2. 要反映乡村治理的目标要素

乡村治理的"善治"目标由基层党组织建设加强，党组织领导的自治、法治、德治相结合的乡村治理体系更加完善，乡村公共服务、公共管理、公共安全保障水平显著提高，乡村社会治理有效、充满活力、和谐有序，乡村治理体系和治理能力基本实现现代化。乡村治理的综合评价指标体系的建立应该全面反映以上目标要素。

3. 要从中国乡村实际情况出发

乡村治理简言之就是"乡村社会场域的治理"，其具有乡域的特殊性。首先，乡村治理是乡村场域空间的主体力量——乡镇政府、村支"两委"、村民组长、乡村精英、乡村民众协作参与乡村事务合作治理的过程，治理主体具有乡土性。其次，由于我国长期实行城乡二元体制，乡村公共产品供给、乡村社会发展力度、乡村经济社会制度等都具有特殊性，因此乡村治理综合评价指标体系的建立应充分考虑乡村实际情况的特殊性。

4. 要有可操作性

乡村治理综合评价指标体系的建立要从现有的社会统计指标出发，充分开发和利用现有的社会统计信息财富，要便于向基层单位推广普及，具有可操作性。

（二）乡村治理评价指标的评价层次

要建立乡村治理综合评价指标体系，首先要对评价对象进行界定并做出评价层次的划分。乡村治理综合评价指标反映的是经济、政治、文化、社会、生态各个领域的全面发展，结合乡村治理的目标要素，其评价层次可以分为以下六个子系统。

1. 党的领导

中国共产党是中国特色社会主义事业的领导核心，必须坚持和加强党对乡村治理的集中统一领导，包括村党组织自身建设、村党组织对各类组织的领导、村党组织对各类工作的领导、党员在乡村治理中的先锋模范作用。

2. 村民自治

我国实行村民自治制度，村民委员会是基层群众性自治组织。乡村治理包括健全村民自治制度，丰富村民议事协商形式；健全村务监督委员会，加强和规范村务监督工作；村民参与制定并完善村规民约，健全合法有效的村规民约落实执行机制。

3. 乡村法治

全面建设社会主义现代化国家，必须全面推进依法治国。乡村治理同样离不开法治，乡村治理的法治活动包括深入开展农村法治宣传教育；加强村"两委"班子成员培训，培育一批"法律明白人""法治带头人"；完善农村公共法律服务，推进乡村依法治理。

4. 乡村德治

"德治"是国家治理的重要方式，乡村治理的德治内容包括加强农村思想和文化引领；开展道德建设实践活动；开展移风易俗，抵制不良社会风气。

5. 乡村发展活力

乡村发展活力包括经济发展、人居环境、公共服务三个方面，具体而言包括：增强集体经济实力，农民生活水平稳步提高；完善村庄基础设施，改善人居环境；构建乡村便民服务体系，健全社会救助保障机制。

6. 社会安定

社会安定是经济社会发展的保障，乡村有效治理必然包括社会安定。社会安定包括乡村矛盾纠纷调处化解机制建设、农村社会治安防控体系建设、农村公共安全体系建设。

以上六个方面的评价与乡村治理的指导思想、目标要素相符合，共同构成乡村治理综合评价指标体系的子系统评价层。在每一个子系统中，选择若干具有代表性的指标，这些指标能综合反映每一子系统所包含的乡村治理各个侧面的实际状况。具体指标参见附件《乡村治理评价指标体系（村级）》《乡村治理评价指标体系（乡镇级）》。

（三）乡村治理评价的运用

近几年，社会综合评价指标体系的应用，指标化管理的推广，是社会科学研究成果为决策服务、为管理服务的新路子，乡村治理综合评价指标可以运用于以下几个方面。

1. 客观描述乡村治理发展现状

通过乡村治理综合评价指标定量地对乡村治理的实际过程进行客观、简明的描述，可以使各级决策部门对本地区乡村治理情况有具象化的把握，清楚治理"家底"。

2. 为乡村治理科学决策提供依据

各级决策者可以依据对本地区乡村治理实际状况的定量把握，根据指标数值升降幅度变化，找出薄弱环节和不协调之处，从而对症下药，及时进行行政或经济调整，推动乡村治理的各方面协调发展。

3. 考核干部业绩的重要量化依据

综合评估成为一种新型的管理手段和考核干部、检查政绩的重要量化依据，综合评估得分可以从历史上纵向比较该地区乡村治理进步快慢，也可以从横向上与其他地区进行比较，找出本地区的进步之处与差距。

4. 预测乡村治理发展趋势

各级决策者可以根据乡村治理各指标的变化，预测本地区乡村社会经济发展趋势，增强协调本地区社会经济发展的自觉性、预见性，并可根据乡村治理发展趋势合理制定发展战略、发展规划或者新的目标管理计划。

二、乡村治理质量指标体系

中央农村工作领导小组办公室、农业农村部、中央宣传部、民政部、司法部发布的《关于开展乡村治理示范村镇创建工作的通知》（中农发〔2019〕7号）[1]列举了乡村治理的质量标准，根据该质量标准，可以演化乡村治理质量指标体系。

（一）乡村治理（村级）质量指标

乡村治理（村级）指标测评维度有村党组织领导有力、村民自治依法规范、法治理念深入人心、文化道德形成新风、乡村发展充满活力、农村社会安定有序六个维度，具体指标如表11-1所示。

---

[1] 中央农村工作领导小组办公室 农业农村部 中央宣传部 民政部 司法部关于开展乡村治理示范村镇创建工作的通知[Z/OL]. (2019-6-24)[2023-12-23]. http://www.gov.cn/xinwen/2019-07/02/content_5405291.htm.

表 11-1　乡村治理（村级）质量指标

测评维度	指　标
村党组织领导有力	村党组织班子是否有规范的工作流程/制度
	是否对村级各类组织实现统一领导
	是否发挥党组织战斗堡垒和党员先锋模范作用
村民自治依法规范	是否有健全的村民自治制度
	议事形式的种类/数量
	是否建立村务监督机构
	村民知晓并认同村规民约的占比
	村民参与村民会议的人数占比
法治理念深入人心	开展群众性法律法规宣传活动的场次/频率
	法治文化阵地建设数量
	法治文化活动开展场次/频率
	为村民提供法律基本服务的方式
	村"两委"成员学习法律的频率
	村民法治意识水平评价
文化道德形成新风	开展社会主义核心价值观教育的场次/频率
	开展道德建设实践活动的次数/频率
	是否建立崇德向善的激励约束机制
	是否保护和弘扬传统优秀文化
	开展移风易俗行动的种类/场次/频率
乡村发展充满活力	是否有明确的发展规划
	村级集体经济组织数量/规模
	村民增收渠道种类
	村容村貌整洁美观评价
	人居环境改善评价
农村社会安定有序	开展农村基层综合治理的类型
	参与乡村建设和治理的组织类型/人员类型
	是否有矛盾调处机制
	是否有黑恶势力、封建迷信活动和不良社会风气
	重大治安刑事案件、越级上访和非法宗教等活动的数量/规模
	村民关系和谐的评价

（二）乡村治理（乡镇）质量指标

乡村治理（乡镇）指标测评维度有乡村治理工作机制健全、基层管理服务便捷高效、农村公共事务监督有效、乡村社会治理成效明显四个维度，具体指标如表 11-2 所示。

表 11-2 乡村治理（乡镇）质量指标

维度	指标
乡村治理工作机制健全	是否有乡镇党委抓乡村治理工作的责任规范
	乡镇党委和政府为乡村治理提供人力的评价
	乡镇党委和政府为乡村治理提供物力的评价
	乡镇党委和政府为乡村治理提供财力的评价
	是否建立政府治理、社会参与、村民自治良性互动的机制
基层管理服务便捷高效	乡镇是否对农村公共服务事项内容有明确的权责清单
	乡村资源、服务、管理重心是否有效下移
	乡镇和村对农民管理和服务职责是否清晰、合理
	行政村是否为农民提供"一门式办理""一站式服务"
农村公共事务监督有效	是否制定乡村小微权力责任清单
	是否基本建立农民群众、村务监督委员会和上级部门等多方监督体系
	农村党务、政务、村务、财务是否有公开制度
乡村社会治理成效明显	是否建立各行政村党组织领导的自治、法治、德治相结合的乡村治理体系
	是否有化解社会矛盾纠纷的机制/结案率是多少
	治理非法宗教活动的数量
	是否存在黑恶势力
	乡村发展充满活力的评价
	村容村貌整洁优美的评价
	社会秩序良好的评价

第三节 乡村特定领域治理评价指标体系

一、民主法治乡村建设的评价指标体系

《中共中央、国务院关于实施乡村振兴战略的意见》[1]和《乡村振兴战略规划（2018—2022年）》[2]明确提出建设法治乡村重大任务，《中共中央办公厅、国务院办公厅关于加强和改进乡村治理的指导意见》[3]对法治乡村建设提出明确要求，中央全面依法治国委员会于 2020 年印发《关于加强法治乡村建设的意见》[4]，提出民主法治乡村建设的主要任务与建设标准。以上文件既是民主法治乡村建设的标准，也是民主法治乡村建设的评价体系。

---

[1] 中共中央 国务院关于实施乡村振兴战略的意见[Z/OL]. (2018-1-2)[2023-12-23]. http://www.gov.cn/zhengce/2018-02/04/content_5263807.htm.
[2] 中共中央 国务院印发《乡村振兴战略规划(2018－2022 年)》[Z/OL]. (2018-09-26)[2023-12-23]. http://www.gov.cn/zhengce/2018-09/26/content_5325534.htm.
[3] 中共中央办公厅 国务院办公厅印发《关于加强和改进乡村治理的指导意见》[Z/OL]. (2019-06-23)[2023-12-23]. http://www.gov.cn/zhengce/2019-06/23/content_5402625.htm.
[4] 中央全面依法治国委员会印发《关于加强法治乡村建设的意见》[Z/OL]. (2020-03-25)[2023-12-23]. http://www.moj.gov.cn/pub/sfbgw/qmyfzg/202003/t20200325_150392.html.

（一）民主法治乡村建设的评价原则

1. 坚持党的领导

党的领导是推进全面依法治国的根本保证，也是确保法治乡村建设有序进行的前提。农村基层党组织作为党在农村的战斗堡垒，可以协调和整合乡镇政府、农村自治组织、司法所、农业合作社等各方资源，确保法治的有效实施，维护农村社会的和谐稳定。

2. 坚持以人民为中心

坚持以人民为中心，坚持人民主体地位，是我们的制度优势。法治乡村建设最广泛的基础在村民，根本的目的是依法保障村民的权益。在乡村法治建设中以人民为中心，有利于确保每个农民都能有平等的法律权益，促进社会公平和社会和谐，切实增强人民群众的获得感、幸福感、安全感。

3. 坚持法治与自治、德治相结合

法治虽然以国家的强制力为后盾，通过法律规则规范人的行为，调整社会关系，具有国家意志性和强制性，但是法治不足以调整全部的社会关系。在社区管理方面，村民自治可以使得村民更好地参与社会决策，更能满足当地村民的实际需求。在村民行为价值引导上，德治可以将法律价值内化为社会成员的内心准则，在传递良善友爱、推动精神文明建设、增进社会团结等方面具有重要作用。因此，法治乡村建设坚持法治与自治、德治相结合，以自治增活力、法治强保障、德治扬正气，可以更好地实现乡村良法善治的目标。

4. 坚持从实际出发

不同的乡村地区有不同的社会经济状况、风土人情和自然环境，乡村法治建设只有从实际出发，因地制宜，制定的法律政策才契合村民的实际需求，才具有可行性和实施性。同时，随着乡村的发展，法律政策的外在环境在不断变化，需要不断评估法律实施效果，灵活调整法律政策，满足乡村发展需要。

（二）民主法治建设的评价指标

中央全面依法治国委员会印发的《关于加强法治乡村建设的意见》[①]要求，民主法治乡村建设应该达到村级组织健全完善、基层民主规范有序、法治建设扎实推进、经济社会和谐发展、组织保障坚强有力五项标准。据此，可以设计民主法治乡村建设指标如下。

1. 村级组织健全完善度

（1）村级党组织建设情况。主要考评村级党组织设立的完备程度，包括独立党支部、联合党支部、党小组、临时党支部的设立。

（2）村自治组织建设情况。主要考评村自治组织的合法性与工作效能，包括村委会、村民（代表）大会设立、运行合法合规情况，村级组织成员行为合法情况。

---

① 中央全面依法治国委员会印发《关于加强法治乡村建设的意见》[Z/OL]. (2020-03-25)[2023-12-23]. http://www.moj.gov.cn/pub/sfbgw/qmyfzg/202003/t20200325_150392.html.

（3）村组织工作作风建设情况。主要评价村组工作制度、执行能力、廉政建设情况。

2. 基层民主规范有序度

（1）村级组织选举程序。主要评价村级组织选举程序是否公平、透明，是否合法合规。

（2）村务管理的规范性。主要评价村民对村务管理的参与程度，村级重大事项决策程序合规性、村务公开规范程度、村规民约的制定及执行情况，以及村务监督制度运行情况等。

3. 法治建设扎实推进

（1）法制宣传与普及情况。主要评价宪法法律，特别是与群众生产生活密切相关的法律法规是否得到有效宣传，村民是否形成良好的法律意识和法治素养。可以通过法制宣传的内容、形式、频率考评。

（2）各类人群学法守法情况。主要评价村内的关键少数，如村级组织成员、党员、村民代表带头学法守法情况，可以通过学习内容、学习方式、学习频率、学习人群规模等衡量学法状况。

（3）法治文化建设情况。主要评价法治文化载体建设与法治文化传播情况，法治文化载体包括法治公园、法治宣传墙等，法治文化传播包括传播形式与传播力度两个评价指标，法治文化传播形式包括以案普法、以案释法、法治文艺演出、法治讲座等各种形式，法治文化传播力度包括传播范围与传播频率等。

（4）纠纷解决机制建立运行情况。主要评价乡村是否设立争议解决的专门场所，是否配置法律服务人员或者争议调解人员，如是否培育"法治带头人""法律明白人"等，能否快速有效解决纠纷矛盾。可以通过法律援助的案件数量、纠纷解决率、当事人满意度等衡量。

（5）法德并举情况。主要评价乡村道德文化建设、移风易俗情况，可以通过衡量社会主义道德观念和文化宣传、良好家风家训典型事例、乡贤培育人数、移风易俗工作成效等来评价。

4. 经济社会和谐发展

（1）经济社会发展情况。主要评价乡村的产业发展、村民收入、贫困状况等，可以通过（特色）产业数量和规模、经济增长率、村民人均收入水平、贫困人口占比等指标衡量。

（2）村公共事务和公益事业发展情况。主要评价公共卫生设施和服务、合作医疗制度、社会安全等，可以通过公共卫生设施和服务的数量/规模/等级/覆盖率、社会医疗保险参保人数/比例、社区活动规模/频率、治安监控覆盖率、治安案件发案率、刑事案件发案率等衡量。

（3）人居环境发展情况。主要评价村容村貌、乡村环境保护、村民关系和谐情况，可以通过供水质量、厕所革命完成率、绿化覆盖率、村民居住满意度、可回收垃圾处理设施覆盖率等衡量。

5. 组织保障坚强有力

（1）责任落实情况。主要评价乡村法治建设责任机制，可以通过是否有明确的责任规范、是否有部门协同创建机制、目标达成度等衡量。

（2）经费保障情况。主要评价法治建设经费来源、使用等情况。可以通过经费来源、数额、预算执行率、资金使用率等指标衡量。

二、数字乡村的评价指标体系

数字乡村是乡村振兴的战略方向，也是建设数字中国的重要内容，旨在利用数字化和信息化技术来改善农村地区的社会、经济和生活条件，促进农村地区的可持续发展。乡村治理数字化不仅仅是数字化技术在乡村治理过程中的应用，关键在于数字化治理手段的应用，从根本上是对乡村治理流程的再造，也是对乡村治理体系的重塑。数字乡村的评价指标可以为数字乡村建设发挥引领性、支撑性作用。

（一）数字乡村评价指标体系结构

根据《数字乡村标准体系建设指南》[①]（以下简称"建设指南"），数字乡村评价指标体系应该包括基础与通用、数字基础设施、农业农村数据、农业信息化、乡村数字化、建设与管理、安全与保障等七个维度。《建设指南》对每一维度的评价内容有详细的规定。具体如图11-1所示。

图11-1 数字乡村评价体系的评价对象

（二）数字乡村评价指标体系的具体内容

1. 数字基础设施的评价指标

数字基础设施评价指标用于衡量和评估一个区域或组织数字基础设施的质量、性能。可以从宽带覆盖率、互联网速度和性能、网络安全性、实时监测网络等方面衡量。

[①] 中央网信办等四部门关于印发《数字乡村标准体系建设指南》的通知[Z/OL]. (2022-08-08)[2023-12-23]. http://www.cac.gov.cn/2022-09/01/c_1663666394684797.htm.

2. 农业农村数据的评价指标

农业和农村数据是指与农业、农村地区和相关领域的信息和统计数据。这些数据对于决策制定、政策制定、农村发展、农业生产和食品供应链管理非常重要。农业农村数据的评价指标主要包括对数据资源、数据治理、数据服务等方面的评价。

数据资源可分为基础库资源与专题库资源，基础库资源是指人口、自然资源、地理空间等农业农村基础数据资源，专题库资源主要包括规范与农业生产经营、农业农村管理和服务相关的数据资源。数据资源的评价可以从数据质量、数据可用性、数据适用性等方面衡量。

数据治理是指通过管理、保护数据资源，确保数据的质量、可用性、合规性与安全性。可以从数据治理政策、数据权责配置、数据质量管理、数据全生命周期管理、数据安全与合规、数据资产化管理等方面衡量。

数据服务是指向用户或应用程序提供数据的过程和机制，可以从乡村数据服务、数据系统、应用支撑平台的服务质量、服务性能、服务安全、服务成本效益、用户满意度等评价。

3. 农业信息化的评价指标

农业信息化是将信息技术和数字技术应用于农业领域，以提高农业生产、管理和决策的效率、质量和可持续性。农业信息化包括农业生产、经营、管理和服务的信息化。

（1）农业生产信息化的评价指标。农业生产信息化是将信息技术和数字技术应用于种植业、畜牧业、渔业等农业生产过程中，以数字化、自动化和智能化，提高农业生产的效率、质量和可持续性。农业生产信息化包括育种信息化、农业行业生产信息化、农业绿色生产信息化、农机信息化。农业生产信息化可以通过农田信息化覆盖率、智能农机使用率、生产决策支持系统使用率、智能灌溉系统普及率等评价。

（2）农业经营信息化的评价指标。农业经营信息化是将信息技术和数字技术应用于农业经营管理的过程，以提高经营效率、风险管理和决策制定的能力。农业经营信息化包括农产品加工信息化、农产品市场信息化监测、农产品质量安全追溯信息化、农产品价格指数等方面。农业经营信息化评价指标包括农业经营信息数据库完备率、平台数据更新频率及访问量、农业经营软件使用率等。

（3）农业管理信息化的评价指标。农业管理信息化是将信息技术和数字技术应用于农业管理过程中，以提高决策、管理、资源分配的效率与准确性。农业管理信息化包括农产品系统管理信息化、农业风险管理信息化、农业行政执法信息化等方面。农业管理信息化的评价指标包括信息技术在农业管理中的普及率、在风险防控中的普及率、在农业执法监督中的普及率。

（4）农业服务信息化的评价指标。农业服务信息化是将信息技术和数字技术应用于提供农业支持和服务的过程中，以帮助农民和农业从业者更好地管理和改进其农业活动。农业服务信息化包括农业生产管理服务、农产品市场流通服务、农业科技教育服务、农业资源环境服务的信息化。农业服务信息化的评价指标包括服务覆盖率、服务满意度等。

4. 乡村数字化的评价指标

乡村数字化是将数字技术和信息技术应用于农村地区的各个方面，以改善农村社区的生活质量、提高农村经济活力、促进农村发展和提升农村社会管理的效率。乡村数字化的评价指标主要包括乡村产业数字化、乡村文化数字化、乡村治理数字化、乡村公共服务数字化、乡村环境监测数字化等方面。

（1）乡村产业数字化的评价指标。乡村产业数字化是指在农村地区推动农业、农村经济和相关领域的数字化转型，以提高生产效率、增加农村居民收入、改善农村生活和社会发展，包括农业生产、农村旅游、农村电子商务、农村数字金融等多个方面的数字化转型。乡村产业数字化的进程可以通过农业物联网普及率、电子商务渗透率、电子支付采用率、乡村旅游平台交易占比、农村数字金融推广度等衡量。

（2）乡村文化数字化的评价指标。乡村文化数字化是指将乡村地区的文化遗产、传统艺术、历史、文化活动等资源数字化，并利用数字技术、互联网和信息通信技术来保存、传承、推广和传播。这有助于保护和弘扬乡村文化，促进文化产业的发展。乡村文化数字化可以表现为乡村文化资源的数字化、文化活动的数字化、文化教育的数字化、文化推广的数字化。乡村文化数字化的进程可以通过文化遗产数字化率、在线文化资料库规模、在线文化活动覆盖范围与参与者满意程度、在线文化教育覆盖率、文化网站流量、文化 App 使用率等评估。

（3）乡村治理数字化的评价指标。乡村治理数字化是指利用数字技术和信息通信技术来改进和优化农村地区的社会治理体系，以提高政府服务效能、加强农村社区参与、促进农村发展和提升治理透明度。乡村治理数字化的评价指标主要包括乡村"互联网+党建"、乡村"互联网+政务服务"、网上村务管理、乡村"互联网+法律服务"、乡村社会治理信息化、乡村公共安全管理数字化、智慧应急管理等方面。可以从网站建设完备程度、访问量、群众满意度等指标予以评估。

（4）乡村公共服务数字化的评价指标。乡村公共服务数字化是指利用数字技术和信息通信技术提供、管理农村地区的教育、医疗、社会保险等各种公共服务，提升公共服务供给效率性与便捷性，具体包括乡村"互联网+人社"、乡村"互联网+医疗健康""互联网+教育"、信息无障碍和适老化、乡村信息服务站点整合等方面。乡村公共服务数字化可以通过自主终端设备配置数量、数字化服务覆盖范围、平台访问量、业务办理量等指标评估。

（5）乡村环境监测数字化的评价指标。乡村环境监测数字化是指利用数字技术和信息通信技术来监测、评估和管理自然环境中的各种因素，包括空气、水、土壤、气象、生态系统等，以获取环境状况的数据和信息，为保护环境、维护生态平衡提供决策支持。乡村环境监测数字化的评价指标主要包括农村人居环境监测信息化、农村生态保护信息化等方面，可以通过传感器部署广度与密度、数据采集频率、数据实时性、数据精度等评估。

5. 建设与管理评价指标

数字乡村建设与管理评价指标用于评估数字化技术在农村地区的应用程度、效果和可持续性，主要包括数字乡村相关信息系统或平台的规划设计、投资建设、运营管理方面。

（1）规划设计指标。规划设计指标是评估乡村数字化项目信息系统和平台的规划、设计水平的指标，用于确保规划和设计方案能满足特定要求及项目目的。具体包括需求分析、总体规划、目标设计、实施计划等方面的指标。

（2）投资建设指标。投资建设指标用于评估和指导数字乡村相关信息化项目建设实施的关键性量度和标准，可以帮助投资者、政府和决策者评估项目的可行性、效益和风险，以做出明智的投资决策。具体包括成本估算、建设部署、流程实施、质量和风险管理、采购和招投标要求等方面的指标。

（3）运营管理指标。运营管理指标是用于度量和评估数字乡村相关信息系统和平台运营管理绩效的关键性量度和标准，有助于管理层了解运营的效率、效益和质量，并支持决策制定、绩效改进和战略规划。具体包括运营能力成熟度、运营方法、服务工具等方面的指标。

6. 安全与保障评价指标

安全与保障指标是用于评估和监测数字乡村相关信息系统和平台安全性和保障性的关键量度和标准，有助于评估组织、项目或社会的安全性、风险管理和紧急应对情况。安全与保障指标主要包括安全管理、技术应用安全、数据安全等标准。

（1）安全管理指标。安全管理指标是用于度量和评估数字乡村相关信息系统和平台的安全性和安全管理措施的关键性量度和标准，主要包括信息安全管理体系、风险管理、运维管理、事件管理与应急处置、关键信息基础设施安全等相关标准。

（2）技术应用安全指标。技术应用安全指标用于评估和监测数字乡村相关信息系统和平台的安全性。这些指标有助于确保信息系统和平台受到保护，避免数据泄漏、网络攻击和其他潜在威胁。技术应用安全指标包括系统安全标准、通信网络安全标准、新技术应用安全情况等。

（3）数据安全标准指标。数据安全标准指标用于评估和监测数字乡村相关信息系统和平台的数据安全性和合规性，确保数据受到保护，免受未经授权的访问、泄露或滥用，可以从数据分类分级、重要数据安全、应用与服务数据安全、数据处理活动安全、个人信息保护等方面评估。

【思考题】

1. 乡村治理指标体系的内涵与外延是什么？
2. 乡村治理指标体系有哪些分类？
3. 乡村治理指标体系的基本原则是什么？
4. 乡村治理评价指标包含哪些评价层次？
5. 乡村治理质量标准体系包括哪些内容？
6. 乡村治理民主法治治理体系包括哪些内容？
7. 乡村数字治理体系包括哪些内容？

参考文献

[1] Sorokin P A, Zimmerman C C. Principles of Rural-urban Sociology. [M]. New York: Henry Holt and Company, 1929.

[2] 徐松. 宋会要辑稿[M]. 北京：中华书局，1957.

[3] 黄遵宪，钱仲联. 人境庐诗草笺注·下册·附录：黄公度先生年谱[M]. 上海：上海古籍出版社，1981.

[4] 费孝通. 乡土中国[M]. 北京：生活·读书·新知三联书店，1985.

[5] （唐）杜佑. 通典·食货三[M]. 北京：中华书局，1988.

[6] 塞缪尔·亨利顿. 变化社会中的政治秩序[M]. 北京：生活·读书·新知三联书店，1989.

[7] 毛泽东. 毛泽东选集：第4卷[M]. 北京：人民出版社，1991.

[8] 张哲郎. 乡遂遗规村社的结构，吾土与吾民[M]. 上海：生活·读书·新知三联书店，1992.

[9] 中共中央文献研究室编. 建国以来重要文献选编（第一册）[M]. 北京：中央文献出版社，1992.

[10] [法]孟德斯鸠. 论法的精神[M]. 北京：商务印书馆，1993.

[11] 中共中央文献研究室. 建国以来重要文献选编（第四册）[M]. 北京：中央文献出版社，1993.

[12] 中共中央文献研究室. 建国以来重要文献选编（第五册）[M]. 北京：中央文献出版社，1993.

[13] 中共中央文献研究室. 建国以来重要文献选编（第八册）[M]. 北京：中央文献出版社，1993.

[14] 张厚安. 中国农村政治稳定与发展[M]. 武汉：武汉出版社，1995.

[15] 孟祥才. 中国政治制度通史（第三卷：秦汉）[M]. 北京：人民出版社，1996.

[16] 黄惠贤. 中国政治制度通史（第四卷：魏晋南北朝）[M]. 北京：人民出版社，1996.

[17] 中共中央文献研究室. 建国以来重要文献选编（第十五册）[M]. 北京：中央文献出版社，1997.

[18] 全国人民代表大会常务委员会法制工作委员会. 中华人民共和国法律行政法规规章司法解释分卷汇编[M]. 北京：北京大学出版社，1998.

[19] 罗伯特·达尔. 论民主[M]. 北京：商务印书馆，1999.

[20] 米有录，等. 静悄悄的革命——中国村民自治的历程[M]. 北京：中国社会出版社，1999.

[21] （元）俞希鲁. 至顺镇江志（卷2：地理·金坛县·乡都）[M]. 南京：江苏古籍出版社，1999.

[22] 中央档案馆. 中国共产党组织史资料（五）[M]. 北京：中央党史出版社，2000.

[23] 马小泉. 国家与社会：清末地方自治与宪政改革[M]. 开封：河南大学出版社，2000.

[24] 方龄贵. 通制条格校注（卷第十六：田令，理民）[M]. 北京：中华书局，2001.

[25] 朱庆芳, 吴寒光. 社会指标体系[M]. 北京：中国社会科学出版社, 2001.

[26] [英]阿克顿. 权力与自由[M]. 北京：商务印书馆, 2001.

[27] 赵秀玲. 中国乡里制度[M]. 2版. 北京：社会科学文献出版社, 2002.

[28] 陈振明. 政策科学——公共政策分析导论（第二版）[M]. 北京：中国人民大学出版社, 2003.

[29] 赵秀玲. 村民自治通论[M]. 北京：中国社会科学出版社, 2004.

[30] 张文显. 法学概论[M]. 北京：高等教育出版社, 2004.

[31] 梁漱溟. 梁漱溟全集：第3卷[M]. 济南：山东人民出版社, 2005.

[32] 浦兴祖. 中华人民共和国政治制度[M]. 上海：上海人民出版社, 2005.

[33] （宋）马端临. 文献通考[M]. 长春：吉林出版集团有限责任公司, 2005.

[34] （清）顾炎武. 日知录集释（卷8：乡亭之职）[M]. 上海：上海古籍出版社, 2006.

[35] （清）钱仪吉. 三国会要[M]. 上海：上海古籍出版社, 2006.

[36] 朱宇. 中国乡域治理结构：回顾与前瞻[M]. 哈尔滨：黑龙江人民出版社, 2006.

[37] 习近平. 之江新语[M]. 杭州：浙江人民出版社, 2007.

[38] 肖唐镖. 当代中国农村宗族与乡村治理[M]. 北京：中国社会科学出版社, 2008.

[39] （清）孙诒让. 周礼正义[M]. 北京：中华书局, 2008.

[40] 陈锡文, 等. 中国农村制度变迁60年[M]. 北京：人民出版社, 2009.

[41] 吴理财. 从"管治"到"服务"乡镇政府职能转变研究[M]. 北京：中国社会科学出版社, 2009.

[42] 恩格斯. 马克思恩格斯文集（第九卷）[M]. 北京：人民出版社, 2009.

[43] 国家中长期人才发展规划纲要（2010—2020年）[M]. 北京：人民出版社, 2010.

[44] 中共中央党史研究室. 中国共产党历史[M]. 北京：中共党史出版社, 2011.

[45] 沈云锁, 潘强恩. 共产党通史（第三卷·下册）[M]. 北京：人民出版社, 2011.

[46] 胡锦涛. 坚定不移沿着中国特色社会主义道路前进　为全面建成小康社会而奋斗[M]. 北京：人民出版社, 2012.

[47] 吴苗. 当代中国政治发展研究[M]. 北京：人民出版社, 2012.

[48] 春秋繁露·精华[M]. 张世亮, 钟肇鹏, 周桂钿, 译注. 北京：中华书局, 2012.

[49] 张健. 中国社会历史变迁中的乡村治理研究[M]. 北京：中国农业出版社, 2012.

[50] [美]詹姆斯·C. 斯科特. 农民的道义经济学：东南亚的反叛与生存[M]. 南京：译林出版社, 2013.

[51] 中共中央办公厅. 关于培育和践行社会主义核心价值观的意见[M]. 北京：人民出版社, 2013.

[52] 中共中央编写组. 中共中央关于全面深化改革若干重大问题的决定[M]. 北京：人民出版社, 2013.

[53] （清）孙诒让. 周礼正义[M]. 北京：中华书局, 2013.

[54] 习近平. 在庆祝中国人民政治协商会议成立65周年大会上的讲话[M]. 北京：人民出版社, 2014.

[55] 中共中央文献研究室. 十八大以来重要文献选编（上）[M]. 北京：中央文献出版社, 2014.

[56] [瑞典]冈纳·谬尔达尔. 亚洲的戏剧——南亚国家贫困问题研究[M]. 北京：商务印书馆，2015.

[57] 卜建华. 当前社会思潮的传播与维护国家意识形态安全研究[M]. 南昌：江西人民出版社，2015.

[58] 习近平. 在网络安全和信息化工作座谈会上的讲话[M]. 北京：人民出版社，2016.

[59] 荀子·成相[M]. 方达，评注. 北京：商务印书馆，2016.

[60] 中共中央 国务院关于稳步推进农村集体产权制度改革的意见[M]. 北京：人民出版社，2017.

[61] 习近平. 决胜全面建成小康社会 夺取新时代中国特色社会主义伟大胜利——在中国共产党第十九次全国代表大会上的报告[M]. 北京：人民出版社，2017.

[62] 习近平关于社会主义文化建设论述摘编[M]. 北京：中央文献出版社，2017.

[63] 贺雪峰. 新乡土中国[M]. 北京：北京大学出版社，2017.

[64] 习近平. 习近平谈治国理政（第二卷）[M]. 北京：外文出版社，2017.

[65] 《党的十九大报告辅导读本》编写组. 党的十九大报告辅导读本[M]. 北京：人民出版社，2017.

[66] 习近平. 决胜全面建成小康社会 夺取新时代中国特色社会主义伟大胜利[M]. 北京：外文出版社，2018.

[67] 陈锡文，罗丹，张征. 中国农村改革40年[M]. 北京：人民出版社，2018.

[68] 乡村振兴战略规划（2018—2022年）[M]. 北京：人民出版社，2018.

[69] 孔祥智，等. 乡村振兴的九个维度[M]. 广州：广东人民出版社，2018.

[70] 王兴国. 惠农富农强农之策——改革开放以来涉农中央一号文件政策梳理与理论分析[M]. 北京：人民出版社，2018.

[71] 图解十九届四中全会精神编写组. 图解十九届四中全会精神[M]. 北京：人民出版社，2019.

[72] 中国共产党第十九届中央委员会第四次全体会议文件汇编[M]. 北京：人民出版社，2019.

[73] 中共中央党校（国家行政学院）党建部. 基层党组织如何提升组织力[M]. 北京：人民出版社，2019.

[74] 数字乡村发展战略纲要[M]. 北京：人民出版社，2019.

[75] 安娜. 改革开放以来中国共产党乡村治理的理论与实践[M]. 北京：当代中国出版社，2019.

[76] 中国共产党第十九届中央委员会第四次全体会议文件汇编[M]. 北京：人民出版社，2019.

[77] 中共中央党史和文献研究院. 习近平关于"三农"工作论述摘编[M]. 北京：中央文献出版社，2019.

[78] 《党支部工作八讲》编写组. 党支部工作八讲（图解版）[M]. 北京：人民出版社，2019.

[79] 周振鹤. 中国地方行政制度史[M]. 上海：上海人民出版社，2019.

[80] 习近平关于"三农"工作论述摘编[M]. 北京：中央文献出版社，2019.

[81] 全国干部培训教材编审指导委员会. 改善民生和创新社会治理[M]. 北京：人民出版社，党建读物出版社，2019.

[82] 杨超. 目标、基层与策略：中国城乡利益格局调适的内在逻辑[M]. 北京：人民出版社，2019.

[83] 中国扶贫发展中心，全国扶贫宣传教育中心，李海金，等. 脱贫攻坚与乡村振兴衔接：人才[M]. 北京：人民出版社，2020.

[84] 刘刚. 乡村治理现代化理论与实践[M]. 北京：经济管理出版社，2020.

[85] 中央纪委国家监委新闻传播中心. 全面从严治党职责与实践探索（调研卷）[M]. 北京：人民出版社，2020.

[86] 习近平. 论坚持全面依法治国[M]. 北京：中央文献出版社，2020.

[87] 汪旭. 中国农户参与农村公共产品供给动力研究[M]. 北京：人民出版社，2020.

[88] 《社会学概论》编写组. 社会学概论（第二版）[M]. 北京：人民出版社，2020.

[89] 雷国珍. 21世纪以来中国农村治理结构改革研究[M]. 北京：人民出版社，2020.

[90] 李建伟. 我国乡村治理创新发展研究[M]. 北京：人民出版社，2020.

[91] 中国小康建设研究会. 中国小康之路——乡村振兴与农业农村热点问题研究[M]. 北京：人民出版社，2020.

[92] 中共中央 国务院关于加强基层治理体系和治理能力现代化建设的意见[M]. 北京：人民出版社，2021.

[93] 杨宜勇. 等. 中国社会治理如何开启现代化[M]. 北京：人民出版社，2021.

[94] 中华人民共和国国务院新闻办公室. 人类减贫的中国实践[M]. 北京：人民出版社，2021.

[95] 中共中央. 中共中央关于党的百年奋斗重大成就和历史经验的决议[M]. 人民出版社，2021.

[96] 曹健华，吴厚庆. 农业大省的乡村振兴之路研究[M]. 北京：人民出版社，2021.

[97] 韩保江. "十四五"《纲要》新概念——读懂"十四五"的100个关键词[M]. 北京：人民出版社，2021.

[98] 仝志辉. 中国乡村治理体系构建研究[M]. 武昌：华中科技大学出版社，2021.

[99] 朱安祥. 魏晋南北朝货币研究[M]. 北京：中华书局，2021.

[100] 仝志辉. 中国乡村治理体系构建研究[M]. 武昌：华中科技大学出版社，2021.

[101] 北京师范大学中国乡村振兴与发展研究中心，北京师范大学中国扶贫研究院. 全面推进乡村振兴：理论与实践[M]. 北京：人民出版社，2021.

[102] 汪三贵. 中国扶贫事业的理论创新与实践探索[M]// 黄承伟，燕连福. 新时代脱贫攻坚前沿问题研究. 北京：人民出版社，2021.

[103] 中国行政体制改革研究会. 数字政府建设[M]. 北京：人民出版社，2021.

[104] 张峰，等. 推进协商民主广泛多层制度化发展研究[M]. 北京：人民出版社，2021.

[105] 中华人民共和国生态环境部. 中国生态环境统计年报2021[M]. 北京：中国环境出版集团，2022.

[106] 《党的二十大报告辅导读本》编写组. 党的二十大报告辅导读本[M]. 北京：人民出版社，2022.

[107] 中国农业绿色发展研究会，中国农业科学院农业资源与农业区划研究所. 中国农业绿色发展报告2022[M]. 北京：中国农业出版社，2023.

[108] 中共中央　国务院关于做好 2023 年全面推进乡村振兴重点工作的意见[M]. 北京：人民出版社，2023.

[109] 中共中央宣传部. 习近平新时代中国特色社会主义思想学习纲要[M]. 北京：人民出版社，学习出版社，2023.

[110] 袁红英. 新时代农业农村现代化理论·实践·展望[M]. 北京：人民出版社，2023.

[111] 习近平. 习近平著作选读[M]. 北京：人民出版社，2023.

[112] Louis Wirth. Urbanism as a Way of Life[J]. American Journal of Sociology, 1938, 44（1）.

[113] 全国农村已基本实现人民公社化参加公社的达一亿二千多万户[J]. 统计工作，1958（20）.

[114] 吴益中. 秦什伍连坐制度初探[J]. 北京师院学报（社会科学版），1988（2）.

[115] 臧知非. 先秦什伍乡里制度试探[J]. 人文杂志，1994（1）.

[116] 俞可平. 治理和善治引论[J]. 马克思主义与现实，1999（5）.

[117] 景跃进. 国家与社会边界的重塑[J]. 江苏社会科学，1999（6）.

[118] 许光建. 中国农村税费改革的回顾与评价[J]. 山西财经大学学报，2004（1）.

[119] 郭正亮. 乡村治理及其制度绩效评估：学理性案例分析[J]. 华中师范大学学报（人文社会科学版），2004（4）.

[120] 臧知非. 秦汉里制与基层社会结构[J]. 东岳论丛，2005（6）.

[121] 孟庆瑜. 农村法治的运行机制探讨[J]. 国家行政学院学报，2006（1）.

[122] 张立平. 我国农村法律服务及其体系建构[J]. 湘潭大学学报（哲学社会科学版），2007（2）.

[123] 贺雪峰. 乡村治理研究与村庄治理研究[J]. 地方财政研究，2007（3）.

[124] 徐勇. 政权下乡：现代国家对乡土社会的整合[J]. 贵州社会科学，2007（11）.

[125] 陈华栋，顾建光，蒋颖. 建国以来我国乡镇政府机构沿革及角色演变研究[J]. 社会科学战线，2007（2）.

[126] 马兆亭. 论党内基层民主创新的生成机制——基于基层乡镇党委"公推直选"的案例分析[J]. 桂海论丛，2009，25（2）.

[127] 苏敬媛. 从治理到乡村治理：乡村治理理论的提出、内涵及模式[J]. 经济与社会发展，2010，8（9）.

[128] 任中平. 公推直选乡镇党委的经验、问题与思考——基于十年来四川省公推直选乡镇党委试点经验的实证分析[J]. 社会科学研究，2012（1）.

[129] 李红波，张小林. 城乡统筹背景的空间发展：村落衰退与重构[J]. 改革，2012（1）.

[130] 李祖佩. 村庄空心化背景下的农村文化建设：困境与出路——以湖北省空心村为分析对象[J]. 中州学刊，2013（6）.

[131] 杨光斌. "国家治理体系和治理能力现代化"笔谈[J]. 政治学研究，2014（2）.

[132] 徐勇，吕楠. 热话题与冷思考——关于国家治理体系和治理能力现代化的对话[J]. 当代世界与社会主义，2014（1）.

[133] 王浦劬. 全面准确深入把握全面深化改革的总目标[J]. 中国高校社会科学，2014（1）.

[134] 何增科. 理解国家治理及其现代化[J]. 马克思主义与现实，2014（1）.

[135] 王浦劬. 国家治理、政府治理和社会治理的含义及其相互关系[J]. 国家行政学院学报, 2014（3）.

[136] 徐勇, 赵德健. 找回自治：对村民自治有效实现形式的探索[J]. 华中师范大学学报（人文社会科学版）, 2014, 53（4）.

[137] 丁永华. 农村党风廉政建设及预防腐败体系的完善[J]. 人民论坛, 2015（7）.

[138] 郝亚光, 徐勇. 让自治落地：厘清农村基层组织单元的划分标准[J]. 探索与争鸣, 2015（9）.

[139] 陈建平, 胡卫卫, 郑逸芳. 农村基层小微权力腐败的发生机理及治理路径研究[J]. 河南社会科学, 2016（5）.

[140] 王燕飞, 段晓颖. 论社会主义协商民主在国家治理体系中的适用性与功能[J]. 云南社会主义学院学报, 2017（1）.

[141] 杨一介. 我们需要什么样的村民自治组织[J]. 首都师范大学学报（社会科学版）, 2017（1）.

[142] 周少来. 中国乡村治理结构转型研究——以基层腐败为切入点[J]. 理论学刊, 2018（2）.

[143] 邓大才. 走向善治之路：自治、法治与德治的选择与组合——以乡村治理体系为研究对象[J]. 社会科学研究, 2018（4）.

[144] 余雅洁, 陈文权. 治理"微腐败"的理论逻辑、现实困境与有效路径[J]. 探索与争鸣, 2018（9）.

[145] 蒲实, 孙文营. 实施乡村振兴战略背景下乡村人才建设政策研究[J]. 中国行政管理, 2018（11）.

[146] 徐顺青, 逯元堂, 何军, 陈鹏. 农村人居环境现状分析及优化对策[J]. 环境保护, 2018（19）.

[147] 庄龙玉, 龚春明. 新时代乡村治理的理念与路径[J]. 西南民族大学学报（人文社科版）, 2018, 39（6）.

[148] 王文彬. 自觉、规则与文化：构建"三治融合"的乡村治理体系[J]. 社会主义研究, 2019（1）.

[149] 崔超. 农村集体经济组织发展的内部困境及其治理[J]. 山东社会科学, 2019（4）.

[150] 党国英, 卢宪英. 新中国乡村治理研究回顾与评论[J]. 理论探讨, 2019（5）.

[151] 汪三贵, 冯紫曦. 脱贫攻坚与乡村振兴有机衔接：逻辑关系、内涵与重点内容[J]. 南京农业大学学报（社会科学版）, 2019（5）.

[152] 颜佳华, 王张华. 数字治理、数据治理、智能治理与智慧治理概念及其关系辨析[J]. 湘潭大学学报（哲学社会科学版）, 2019（5）.

[153] 陈进华. 治理体系现代化的国家逻辑[J]. 中国社会科学, 2019（5）.

[154] 袁忠, 刘雯雯. 我国乡村多元治理格局的困境及其破解——基于"三治合一"乡村治理体系的思考[J]. 广东行政学院学报, 2019（6）.

[155] 董长瑞. 把农村思想道德建设落到实处[J]. 党建文汇. 2019（7）.

[156] 陈端. 数字治理推进国家治理现代化[J]. 前线, 2019（9）.

[157] 吕德文. 乡村治理70年：国家治理现代化的视角[J]. 社会科学文摘, 2019（12）.

[158] 习近平. 坚持和完善中国特色社会主义制度 推进国家治理体系和治理能力现代化[J]. 求是，2020（01）.

[159] 唐鸣. 从试点看以村民小组或自然村为基本单元的村民自治——对国家层面24个试点单位调研的报告[J]. 中国农村观察，2020（1）.

[160] 高强，孔祥智. 论相对贫困的内涵、特点难点及应对之策[J]. 新疆师范大学学报（哲学社会科学版），2020（3）.

[161] 王勇. 健全"三治结合"乡村治理体系的路径研究[J]. 中共太原市委党校学报，2020（4）.

[162] 陈文胜. 农民主体地位与乡村治理现代化[J]. 中国社会科学文摘，2020（5）.

[163] 郑会霞. 如何突破乡村治理面临的四重困境[J]. 人民论坛，2020（18）.

[164] 魏后凯，姜长云，孔祥智，张天佐，李小云. 全面推进乡村振兴：权威专家深度解读十九届五中全会精神[J]. 中国农村经济，2021（1）.

[165] 赵洁，陶忆连. 乡村振兴中提升农村基层党组织组织力研究[J]. 北京航空航天大学学报（社会科学版），2021（1）.

[166] 李松，李云，刘晨峰. "十四五"农业农村生态环境保护：突出短板与应对策略[J]. 中华环境，2021（1）.

[167] 邓力. 乡村振兴进程中社会主义核心价值观融入乡村治理的价值导向及路径选择[J]. 辽宁经济管理干部学院学报，2021（1）.

[168] 任剑涛. 奢侈的话语："治理"的中国适用性问题[J]. 行政论坛，2021（2）.

[169] 韩鹏云. 乡村治理转型的实践逻辑与反思[J]. 中国社会科学文摘，2021（2）.

[170] 燕连福，李晓利. 从"饥寒交迫"到"全面小康"——中国共产党百年贫困治理的历程与经验[J]. 南京大学学报（哲学·人文科学·社会科学），2021（3）.

[171] 曾美海. 乡村振兴视域下乡风文明建设路径研究[J]. 贵阳市委党校学报，2021（6）.

[172] 周丽娜，陈宏达. 村民自治制度的变迁及当代思考[J]. 长春理工大学学报（社会科学版），2021，34（1）.

[173] 王浦劬. 新时代乡村治理现代化的根本取向、核心议题和基本路径[J]. 华中师范大学学报（人文社会科学版），2022（1）.

[174] 陈明. "十四五"乡村治理现代化走向及2035年远景展望[J]. 治理现代化研究，2022（3）.

[175] 薛楠山. 全面推进乡村振兴中村级微权力腐败治理探析[J]. 安徽乡村振兴研究，2022（3）.

[176] 李彬，张振. 在乡村振兴中培育践行社会主义核心价值观[J]. 人民论坛，2022（6）.

[177] 徐进，李小云. "人才回乡"：乡村人才问题的历史叙事与现实遭遇[J]. 中央民族大学学报（哲学社会科学版），2022（6）.

[178] 汤蕤蔓. 中国共产党乡村治理政策的演进逻辑与内在机理[J]. 重庆社会科学，2022（9）.

[179] 韩玉祥，石伟. 村组共治：乡村治理有效的路径选择[J]. 理论月刊，2022（12）.

[180] 任大鹏. 乡村建设的保障制度构建[J]. 人民论坛·学术前沿，2022（15）.

[181] 韦少雄. 新时代村民自治的有效实现形式：探索、论争与展望[J]. 西南民族大学学报（人

文社会科学版），2022，43（11）．

[182] 徐勇．中国式基层治理现代化的方位与路向[J]．政治学研究，2023（1）．

[183] 吴一凡，徐进，李小云．城乡人才要素流动：对接现代性的浪漫想象——"乡村 CEO"的理论分析与现实困境[J]．贵州社会科学，2023（1）．

[184] 陆益龙，李光达．中国式乡村治理现代化的本质要求与路径选择[J]．江苏社会科学，2023（2）．

[185] 唐丽霞等．招聘到村工作大学生"引育管用留"精准发力青年人才工作的阳泉实践[J]．国家治理，2023（7）．

[186] 陈锡文．当前农业农村的若干问题[J]．中国农村经济，2023（8）．

[187] 习近平．各级领导干部都要树立和发扬好的作风[N]．人民日报，2014-03-10（1）．

[188] 韩振峰：社会主义核心价值观体现社会主义的本质要求[N]．光明日报，2015-05-07（2）．

[189] 习近平．在第十八届中央纪律检查委员会第六次全体会议上的讲话[N]．人民日报，2016-05-03（1）．

[190] 张华伟．乡风文明：乡村振兴之"魂"[N]．学习时报，2018-09-14（3）．

[191] 高云才．全国新型职业农民超过1500万[N]．人民日报，2019-03-05（4）．

[192] 董长瑞．有的放矢：把农村思想道德建设落到实处[N]．人民日报，2019-6-19．

[193] 习近平．习近平法治思想学习纲要[N]．人民日报，2019-08-01（6）．

[194] 国务院扶贫办综合司．人类历史上最波澜壮阔的减贫篇章——新中国成立70年来扶贫成就与经验[N]．光明日报，2019-09-18（9）．

[195] 燕连福，赵建斌，王亚丽．我国扶贫工作的历程、经验与持续推进的着力点[N]．经济日报，2019-10-16（12）．

[196] 中国社会科学院习近平新时代中国特色社会主义思想研究中心．全面把握社会主义核心价值观的特点[N]．经济日报，2019-12-24（4）．

[197] 韩美群，杨威．新知新觉：充分发挥文化在乡村振兴中的作用[N]．人民日报，2020-11-18．

[198] 加强农村精神文明建设——论学习贯彻中央农村工作会议精神[N]．人民日报，2021-01-04（2）．

[199] 李静，张兴宇．以乡风文明建设助推乡村振兴[N]．光明日报，2021-04-20（3）．

[200] 推动农村基层党建全面进步整体提升 为农村改革发展稳定提供坚强组织保证（奋斗百年路 启航新征程·党旗在基层一线高高飘扬）——党的十八大以来农村基层党建工作综述[N]．人民日报，2021-06-08（1）．

[201] 刘卫东，加强农村基层党组织建设的四大对策[N]．农民日报，2021-09-11（003）．

[202] 郑磊．数字治理不能成为"炫技治理"[N]．中国社会科学报，2022-01-04（A08）．

[203] 陈东辉，乡村治理面临的现实问题及破解对策[N]．农民日报，2022-01-22（005）．

[204] 李鹃．推动基层监督从有形覆盖到有效覆盖[N]．中国纪检监察报，2022-07-13（2）．

[205] 蔡翠红．数字治理的概念辨析与善治逻辑[N]．中国社会科学报，2022-10-13（A05）．

[206] 习近平．高举中国特色社会主义伟大旗帜 为全面建设社会主义现代化国家而团结奋斗[N]．人民日报，2022-10-26（01）．

[207] 郑世林. 更好服务全面推进乡村振兴 提升乡村治理数字化水平[N]. 人民日报，2022-11-09（09）.

[208] 郑有贵. 扎实推动乡村组织振兴[N]. 光明日报，2023-02-15（6）.

[209] 罗昊. 完善乡村监督体系 推动乡村治理现代化[N]. 中国社会科学报，2023-03-15（A08版）.

[210] 褚松燕. 构建从山顶到海洋的保护治理大格局 推进生态环境治理体系和治理能力现代化[N]. 人民日报，2023-08-11（09）.

[211] 邓小云. 推进生态环境保护的制度建设[N]. 河南日报，2023-08-16（06）.

[212] 王雅男. 村干部未经民主程序决定重大事项怎样定性[N]. 中国纪检监察报，2023-09-13（06）.

[213] 罗贝. 新时代我国普通乡村德治研究[D]. 成都：西南财经大学，2020.

[214] 任惠宇. 新时代中国特色社会主义协商民主研究[D]. 长春：吉林大学，2020.

[215] 熊茜. 改革开放以来四川省基层协商民主实践研究[D]. 成都：西南交通大学，2021.

[216] 范文澜. 历史论文选集[C]. 北京：中国社会科学出版社，1979.

[217] 王文庆. 论践行社会主义核心价值观——浅谈社会主义核心价值观的发展形态与认识[C]. 甘肃省培育和践行社会主义核心价值观理论研讨会，2015.